KB097148

역사에 관한 글들

ÉCRITS SUR L'HISTOIRE 1963~1986

LOUIS ALTHUSSER

역사에 관한 글들

비-역사의 조건으로부터
역사의 조건으로

루이 알튀세르 지음
배세진 · 이찬선 옮김
진태원 해제

오월의봄

"역사주의, 그것은 역사(학)의 꽁무니를 쫓아다니는 정치,
부르주아 역사(학)의 꽁무니를 쫓아다니는 공산주의자들의 정치이다."

— 알튀세르가 자신의 논선집
《입장들Positions》을 소개하는 글의 초안 여백에 적은
1976년 4월 23일자 메모.

"역사주의가 정치적 기회주의의 철학적 표현,
정치적 기회주의에 대한 정당화 혹은 그 명예가 걸린 지점이
아니라면, 도대체 무엇이겠습니까?"

— 알튀세르가 이탈리아 동지들에게 보낸
1986년 7월 28일자 편지.

일러두기

- 본문 하단의 주는 모두 옮긴이가 붙인 것이다. 각 글 끝에 달린 미주는 편집자,
  즉 고슈가리언의 것이다.
- ( )는 저자, 즉 알튀세르의 것이며, { }는 편집자의 것이다. [ ]는 옮긴이가 본문 내용의
  이해를 돕기 위해 보충 설명한 부분이다.
- 각 글의 제목 혹은 글 안 소제목에 붙은 { } 역시 편집자가 제목 선정에 개입했음을
  알리는 표식이며, { }이 붙지 않은 제목들은 모두 알튀세르 자신의 것이다.
- 본문에서 인용된 문헌 중 한국어판이 있는 경우에는 [ ] 안에 서지사항을 기재했다.
- 글의 순서는 원서(연대순)를 따르되, 책 한 권의 구성을 갖춘 《제국주의에 관하여》는
  맨 마지막 순서로 재배열했다. 자세한 내용은 158쪽의 옮긴이 설명을 참조하라.
- 외래어 표기는 국립국어원 원칙을 따르되, 경우에 따라 관행화된 표기를 쓰기도 했다.

G. M. 고슈가리언

극소수의 예외를 제외한다면, 루이 알튀세르는 우리가 여기에 한 권의 책으로 모은 역사에 관한 텍스트들 중 그 어떤 것도 출간하지 않았다.** 역사적 시간에 관한 자신의 이론이 지니는 다양한 측면들을 명확히 설명하는 네 가지 짧은 노트들, 저명한 마르크스주의 역사학자 피에르 빌라르Pierre Vilar가 출간한 비판, 자신의 역사에 관한 개념화conception[즉 역사관]에 대해 제기한 우정 어린 비판에 알튀세르가 한 답변, 문학의 역사에 관한 마르크스주의적 접근의 기초에 대해 형식적이지 않고 자유로운 스타일로 알튀세르가 했

---

* 이 편집자 노트는 《알튀세르의 문제들: 알튀세르 탄생 100주년 기념 학술 대회 특별 자료집》에 〈《역사에 관한 논고: 1963~1986》 편집자 노트(배세진 옮김)〉라는 제목으로 수록된 바 있다.

** 아래에서 고슈가리언이 설명하겠지만, '극소수의 예외'란 피에르 빌라르의 알튀세르 비판과 이에 대한 알튀세르의 답변을 의미한다.

던 토론의 녹취록, 소련의 어느 철학자이자 언론인의 요구로 역사주의historicisme에 관한 알튀세르 자신의 정의에 대해 집필했던 텍스트, '마르크스와 역사Marx et l'histoire'라는 세미나 혹은 강의를 위해 집필한 것으로 보이는 텍스트, 그리고 마지막으로 이 논선집의 중심을 이루는 《제국주의에 관하여》라는 제목의, 세계화된 자본주의에 관한 이론화를 제시하는, 그리고 또한 알튀세르적 마주침의 유물론을 정초하는 글들 중 하나인 텍스트.

아마도 이 글들은 초안과 스케치, 즉흥적으로 행해졌으며 우연히 녹음될 수 있었던 구두 발언, 자신의 주변에서 자신과 함께하는 소수의 동료들만을 위한 노트인 것 같다. 이 책 출간의 토대가 된 원고들 모두는 캉Caen 근처 생-제르망-라-블랑슈-에르브Saint-Germain-la-Blanche-Herbe에 위치한 현대출판기록물연구소IMEC에 보관 중인 알튀세르 문서고에서 열람할 수 있다. 이 원고들의 물리적 상태[예를 들어 원고 위에 손으로 수정이 가해졌는지 아닌지 등등]로 판단해보건대, '마르크스와 역사'에 관한 강의[이 책에 실린 〈마르크스와 역사에 관하여〉]만이 이 텍스트들 중 유일하게 제대로 된 수정이 진행된 텍스트인 듯하다. 이 책을 이루는 다른 여덟 개의 원고들은 지난 25년간 유고 형식으로 출간되었던 알튀세르의 대부분의 미출간 텍스트들 ─ 그중 상당수는 매우 심하게 수정되어 몇몇 군데는 정확한 내용을 알아보기조차 힘들 정도다 ─ 과 달리 극히 적은 수정만 가해졌다. 이 텍스트들의 저자인 알튀세르 자신이 출간을 미뤄놓았던 이 작업들이 그의 다른 텍스트들과 달리 부차적인 성격을 지닌다고 결론 내릴 수 있을지는 독자들이 판단할 문제다. 그리고 우리가 거의 알고 있는 것이 없는, 이 텍스트들의 생산

역사에 관한 글들

을 둘러싼 우연적 상황들에 대해 밝히는 것은 전기 작가가 해야할 일이다.[1] 우리는 원고들의 상태와 그 집필 시점에 대한 몇몇 정보들을 제공하는 정도로, 그리고 《제국주의에 관하여》의 경우 알튀세르가 이 텍스트의 출간을 포기하고 서랍 속에 넣어두기 전에 그가 이 텍스트를 어떤 형태로 출간하려 했는지에 대해 한두 페이지 짚어보는 정도로, 그리고 빌라르에 대한 답변의 경우 이 두 사람 사이의 미완의 대화가 겪은 역사에 대해 몇 마디 덧붙이는 정도로 만족하고자 한다.

이 책을 여는 첫 번째 텍스트인 문학사 이론에 관한 '대화conversation'는, 좀 더 정확히 말하면, 누구인지 알 수 없는 어느 대화 상대자의 질문에 따라 세 부분으로 나뉘는 1만여 자가 넘는 〔대화라기보다는〕 독백이다. 비록 알튀세르가 자신의 문서고를 정리하면서 이 담화discours의 타자로 친 녹취록의 생산 연도를 1965년으로 적어놓기는 했지만, 이 텍스트의 내용은 이 담화가 1963년에 이뤄졌음을 명확히 드러내준다. 이 담화의 녹음 테이프는 현대출판기록물연구소에 소장되어 있지 않으며 우리는 이를 찾을 수 없었다. 하지만 원본 녹음 테이프가 없다고 해서 걱정할 이유는 없다. 녹음 테이프를 대신하는 이 문서는 알튀세르가 발화한 것을 강박에 가까울 정도로 세심한 방식으로 충실히 옮기고자 노력했다는 점을 보여주기 때문이다. 그 증거로 이 텍스트의 첫 부분, 하지만 자신이 손수 지웠기 때문에 이 책에 실리지는 않은 첫 부분에서 알튀세르는 다음과 같이 말한다. "전혀 준비가 안 된 상태로 말했던 이런 것들까지 기록한다는 것은 조금 어리석은 일이다." 이것은 이 담화로 집약된 자신의 성찰들이 곧이곧대로 받아들이기는 힘든 너무 즉흥적인 성격의 〔헐거운〕 성찰들이라는 점을 다소간 노골적으로 고백하는, 텍스트 바깥에서 알튀세르 자신이 덧붙인 언급이다. 그 결과물〔즉 〈문학사에 관한 대화〉〕이 사실은 이 담화가 처음부터 끝까지 그리고 그 세부 사항에서까지 꼼꼼하게 준비된 것임을 보여주는 반면, 시작 부분에 나오는 알튀세르의 이러한 멋부림은, 말로 할 때는 대수롭지 않지만 글로 적혀 지면 전체에 나올 때는 살짝 불편한, 어떤 언어적 자유분방함 속에서 이어진다.* 형식적이지 않고 자유로운 이 텍스트의 성격을 제거하지는 않으면서도, 특히 반복되는 단어들, 침묵을 메우기 위한 단어들 그리고 알튀세르의 언어 습관에서 나오는 다른 버릇들을 제거함으로써 우리는 녹취록 텍스트를 편집의 측면에서 자유롭게 수정했다. 또한 우리는 녹음 테이프가 혹시라도 발견되기를 기다리면서, 그리고 이 녹취록이 포함하고 있는 손으로 한 몇몇 수정들이 알튀세르의 것이 아닌 한에서, 녹취록 생산상의 오류로 판단되는 몇몇 알 수 없는 표현들을 자유롭게 수정했다. 편집 측면에서의 이러한 개입에 논의의 여지가 있을 경우, 우리의 개입을 대괄호 {}를 활용해 표시했으며, 녹취록이 원래 보여주는 바는 각 쪽 하단에 각주로 표시했다.** 그래서 우리는 "즉 역사적으로 거부당하도록c'est-à-dire un refus historiquement"을 "그러한 역사적 위상을 갖도록

---

* 고슈가리언이 복잡하게 이야기한 이 문장을 쉽게 풀어 말하면 다음과 같다. 알튀세르가 이렇게 짓궂은 겸손의 태도를 보인 이유는 담화에서는 문제될 것 없는 거침없는 언어들이 지면의 형태로 재생산되었을 때 독자들에게 약간의 불편함을 유발할 수도 있기 때문이라는 것이다.

** 원서에서는 녹취록이 원래 보여주는 바를 각 쪽 하단의 각주로 처리했지만, 이 한국어판에서는 각 글의 미주로 처리했다.

a un statut historique comme telle"으로, "그는 말mot이 사물 그 자체 내에 있다고 생각한다il pense que le mot est dans la chose"를 "그{롤랑 바르트}는 아름다움beau이 사물 그 자체 내에 있다고 생각한다il{Roland Barthes} pense que le beau est dans la chose"로 수정하면서, 두 경우 모두 녹취록이 애초 제시한 바를 각주로 표시해놓았다. 반면 "역사의 어떤 특정한 유형을 떠올리다penser à un certain type d'histoire"를 "역사의 어떤 특정한 유형을 사유하다penser un certain type d'histoire"로 수정한 것은 표시하지 않았다. 이 텍스트를 절별로 나누고 이 절에 이름을 붙인 것은 알튀세르가 아닌 우리다.

네 가지 노트의 원고에 관해 말하자면, 이 원고들에 포함된 약간의 수정을 제외하면 다른 원고들과 차별화되는 특징은 전혀 없다. 가장 오래전에 집필된 노트인 것으로 보이는 〈역사에 관한 보충노트〉의 집필 시기는 정확히 알 수 없다. 이 노트에서 알튀세르는 자신이 《'자본'을 읽자Lire Le Capital》에 실은 두 논문 중 한 논문〔〈'자본'의 대상L'objet du Capital〉〕[2]에서 정교하게 발전시킨 역사적 시간성의 이론에 대한 더욱 정확한 설명을 제시한다. 그러므로 우리는 알튀세르가 1965년 11월 출간한 이 집단 저작〔《'자본'을 읽자》〕 직후 자신을 덮친 우울증에서 1966년 초 회복된 이후에 자신의 공저자들에게 이 노트를 회람시켰을 것이라고 추측할 수 있다. 1966년 9월 22일에 집필한 〈발생에 관하여〉는, 확실히 확인된 것은 아니지만 의심의 여지 없이 8월 22일 르네 디아트킨René Diatkine에게 보낸 편지를 출발점으로 삼아 (그 당시에는 존재하지 않았던 표현을 활용하자면) 우발성의-유물론적matérialiste-aléatoire인 더욱 정확한 설명을 역사적 시간의 이질성이라는 동일한 개념에 제시해준다.

1970년 4월 28일에 작성된, 그리고 타자기로 잘못 친 한 부분에 대한 수정만을 포함하고 있는 〈어떻게 실체적인 무언가가 변화할 수 있는가?〉(이 제목은 우리가 붙인 것이다)라는 노트는 수정을 거쳐 조판소에 넘겨질 타자본의 모습을 취하고 있다. 물론 알튀세르가 이 노트를 조판소에 넘기려 했을 가능성은 거의 없는데, 이 예언적 성격의 짧은 텍스트를 출판했다면 그 당시 프랑스 공산당에 남겠다고 결심했던 이 텍스트의 저자[알튀세르]는 아마도 그 당으로부터 출당당했을 것이기 때문이다. 1986년 7월 6일 집필된 〈역사에 관하여〉는 수아시-쉬르-센Soisy-sur-Seine의 정신병원에서 [정신병으로 인해] 비틀거리는 손으로 집필한 텍스트이다. 〈유물론적 철학자에 관한 초상화Portrait d'un philosophe matérialiste〉[3]와 함께, 이 텍스트는 알튀세르가 가장 마지막으로 행한 철학적 성찰들 가운데 하나다.

〈발생에 관하여〉는 최근 온라인상으로 공개된 바 있다.[4] 아마도 1972년에서 1973년 사이에 집필되었을 것으로 추정되는 피에르 빌라르의 질문에 대한 답변의 초고 또한 이와 마찬가지로 2016년에 온라인으로 공개된 바 있으며, 알튀세르의 이 답변을 촉발했던 피에르 빌라르의 비판, 즉 〈마르크스주의 역사학, 건설 중인 역사학Histoire marxiste, histoire en construction〉 또한 함께 실려 있는 판본으로 웹상에서 읽어볼 수 있다.[5] 원래는 피에르 노라Pierre Nora와 자크 르 고프Jacques Le Goff가 편집해 1974년 출간할 예정인 어느 논선집에 한 꼭지로 실릴 계획이었던 빌라르의 알튀세르 비판은 르 고프의 "열정적인" 요구로 그보다 이전에 잡지 《아날Annales》[6]에 출간되었다(알튀세르가 빌라르의 비판에 대한 답변을 어떤 정신으로 집필했는지를 증언해주는, 출간 이후 거의 15년 뒤에 이루어진 어느 대담에

역사에 관한 글들

서 빌라르는 그 당시 르 고프의 요구를 이렇게 "열정적"이라는 단어로 회상했다).[7] 〈마르크스주의 역사학, 건설 중인 역사학〉은 **'알튀세르에 반대하는'** 글이 전혀 아니다. 이 글은 알튀세르와 **함께 대화하려는 시도**[에세이]이다. 나는 이 글의 초고를 알튀세르에게 보여주었고, 알튀세르는 나에게 이 글에 대한 완전한 동의를 전해주었다. 알튀세르는 다음과 같이 말했다. "이 글에는 역사학자의 관점이 존재합니다. 이 역사학자는 '역사주의에 빠져 있다'는 [나의] 비판 앞에서 저항합니다. 그리고 이 역사학자는 [오히려] 내가 조금은 '역사주의에 빠져' 있는 것이 아닌지 의심합니다. 한편에는 철학자가, 다른 한편에는 역사학을 실천하는 이가 있죠. 아마도 마르크스는 이 둘 모두가 되고자 노력했던 유일한 이였을 겁니다. 그러므로 이 둘 사이의 토론은 매우 유익한 것이죠!" 르 고프가 《아날》에 내 글을 싣기를 요구했을 때 나는 [놀랍게도] 《아날》이 내가 아는 한 알튀세르의 이름을 처음으로 언급했다는 사실을 발견했는데, 반면 아테네Athènes에서 그레나다Grenada까지, 그리고 리마Lima에서 버클리Berkeley까지, 그곳의 모든 사람들이 나에게 요구했던 것은 전부 "알튀세르에 대해 말해주세요!"였다. 다양한 분과 학문을 경계 없이 다루면서 '유행을 선도하던' 잡지가 알튀세르의 이름을 비로소 이때 처음 언급했다는 사실은 역설적이었다(혹은 너무 그럴 만했다). 알튀세르가 자신의 문서고에 보관해놓은 빌라르 글의 별쇄본에 실려 있는 헌사가 이 점을 더욱 강조해준다. "나의 의도를, 그러니까 사실은 공동의 방어를 위한 나의 '공격'을 그토록 다정히 이해해주었던 루이 알튀세르를 위해. 나의 우정을 담아 피에르 빌라르가."[8]

알튀세르는 〈피에르 빌라르에게 보내는 답변 초고〉를 미완성 상태로 남겨두었던 것일까? 타자본의 물리적 상태도 그 내용도 이 텍스트가 미완성 상태라는 점을 보여주지 않는다. 심지어 우리는 저자〔알튀세르〕가 이 짧은 글을 빌라르가 제기한 자신에 대한 비판에 이어 1973년 《아날》에 그 상태 그대로 게재하려 했던 것은 아닐까 자문해볼 수 있을 정도도. 철학자와 역사학자 사이의 이 공식적 대화는 이때 실제로 이뤄지지는 않았으나, 그 대신 2년 뒤 알튀세르가 〔국가박사학위 취득을 위해〕 아미엥대학에 제출했던 자신의 작업들에 대한, 다수의 청중들과 심사위원(다섯 명의 심사위원들 중 한 명이 바로 빌라르였다) 앞에서 진행된 논문 심사에서 시작되었다.[9] 1980년 자신의 아내를 살해한 뒤 그에게 강요되었던 침묵 속에서 작업했던 최후의 알튀세르가 집필한 몇몇 지면들에서 "정세적 문제설정problématiques conjoncturelles"[10]을 지닌 역사학자와의 대화—아마도 이 대화는 자신의 결실을 맺기 위해 알튀세르가 말한 바 있던 '사후의 마주침들rencontres posthumes'[11] 중 하나의 마주침을 좀 더 기다려야 할 운명인 것 같다—를 위한 새로운 시도를 읽어내지 못하도록 우리를 가로막는 것은 아무것도 없다.

알튀세르가 1973년 1월 20일에 집필했다고 손수 표시해놓은 〈그레츠키에게〉라는 텍스트는 알튀세르의 마주침의 유물론이 1982~1983년에 탄생했다고 생각하는 이들을 놀라게 만들 운명을 지니고 있었다. 1988년, 이 책에 수록된 이 텍스트의 발췌본이 《철학과 마르크스주의: 루이 알튀세르와 페르난다 나바로의 대담 Filosofía y marxismo: Entre-vista a Louis Althusser por Fernanda Navarro》[12]에 통합된 바 있다. 이 책은 1990년 10월의 알튀세르 사망하기 대략 3년쯤 전에 '최후의 알튀세르'[말기 알튀세르]의 부활을 알렸던 소책자이다. 이 장은 [스페인어로] 번역될 때 순전히 형식적인 변형만을 겪었으며, 따라서 ([스페인어로 출간되었다는 점에서] 원본이 저자 생전에 고유한 의미에서의 출간의 대상이 되었다고 주장할 수는 없겠지만) 이는 우리로 하여금 이 텍스트를 여기에 다시 출간하는 것을 진정한 사후 출간이라고 말하지는 못하도록 만든다. 1973년 원본에서 이 텍스트는 그레츠키라는 이름의 한 소련인이 제기한 단 하나의 질문, 즉 "당신에게 '**역사주의**historicisme'는 무엇을 의미하는가?"라는 질문에 대한 답변으로 제시된다. 1988년 《철학과 마르크스주의》판본에서 이 답변의 몇몇 주장들은 강의식 독백을 생생한 대화로 변형시켜주는 질문들로 바뀌게 된다.* 예를 들어보자. 〈그레츠키에게〉에서 우리가 발견할 수 있는 "물론, 절대적 상대주의는 유지될 수 없으며(왜냐하면 플라톤이 이를 잘 반박했다시피, 극단적인 경우에 우리는 그것을 **언표**할 수조차 없기 때문이다)"라는 알튀세르의 문장은 15년 뒤 질문자의 입장에 서는 페르난다 나바로Fernanda Navarro의 입에서 "사실, 절대적 상대주의는 유지 불가능하죠. 그렇지 않습니까? 플라톤 자신 또한 이에 분명히 반대했는데요. 왜냐하면 결국 우리는 이를 언표할 수조차 없기 때문입니다"라는 문장으로 바뀐다. 이러한 방식으로 구성된 대화가 《철학과 마르크스주의》의 네

---

* 《철학과 마르크스주의》는 실제로 알튀세르와 나바로가 만나 행한 대담을 녹취한 것이 아니라, 나바르가 자신과 알튀세르가 교환한 서신들을 바탕으로 만들어낸 대담 형식의 텍스트를 알튀세르의 허락을 구해 출간한 책이다. 다음의 한국어판을 참조하라. 루이 알튀세르, 〈1부 철학과 마르크스주의〉, 《철학에 대하여》, 서관모·백승욱 옮김, 동문선, 1997.

번째, 즉 마지막 장을 구성한다.[13] 이 장이 이 스페인어 인터뷰의 1994년 프랑스어 번역본인 《철학에 대하여Sur la philosophie》에는 포함되지 않았기 때문에,[14] 이를 원어[프랑스어]로, 그리고 원본 형태로 프랑스어권 독자들에게 소개하는 것이 우리에게는 의미 있는 작업으로 여겨졌다. 나바로를 따라 우리는 〈그레츠키에게〉라는 텍스트의 절반 뒷부분, 즉 뤼시앵 세브Lucien Sève의 마르크스주의적 인간주의와 '과학자의 자생적 철학'으로서의 구조주의에 대해 다루는 부분은 수록하지 않았다. 이에 대해서는 알튀세르가 다른 텍스트들에서 더 잘 설명하고 있기 때문이다.

〈마르크스와 역사에 관하여〉라는 텍스트는 알튀세르의 미출간 원고들이 겪는 전형적인 과정을 거쳐 출간되었다. 이 텍스트에는 세 가지의 연속적인 판본들이 존재한다. 타자기로 친 가장 오래된 판본은 알튀세르가 직접 진행한 다수의 수정들을 포함하고 있다. 이 수정들은 다시 타자기로 쳐 수정한 두 번째 판본에 반영되었고, 그다음 알튀세르가 손수 이 타자기로 친 수정본에 또다시 수정을 가했다. 그 뒤 이 두 번째 판본이 복사되어 수기를 통한 약간의 수정이 가해진 뒤 서류보관함에 들어갔다.* 우리는 40년이 지난 뒤 이 [세 번째] 판본을 서류보관함에서 꺼냈다. 하지만 알튀세르 자신이 묻어놓은 앞의 두 가지 판본 중 하나가 독자까지는 아니라고 해도 강의 혹은 세미나에서 청중을 만났을 가능성이 있다. 타자기로 친 텍스트에 포함되어 있는 표시들은 알튀세르가 강의 혹은 세미나에서 자신이 직접 옮겨놓을 필요까지는 없는 구절

---

* 복사한 뒤 수기로 약간의 수정을 가한 이 원고가 세 번째 판본이다.

역사에 관한 글들

을 인용하고자 할 때 습관적으로 사용했던 "X쪽을 보라"라는 식의 형태를 취하고 있기 때문이다. 1975년 5월 5일에 만들어진 이 〔세 번째〕 판본은 또한 첫 쪽에 읽기 매우 힘든 글씨로 'Gien' 혹은 'Giens'이라는 지명(아니면 다른 이름일 수도 있다)으로 보이는 손으로 쓴 단어를 포함하고 있다. 이 단어는 차후에 서지사항 참조 표시로 바뀌게 되는 "192쪽을 보라"와 같은 표시와 마찬가지로, 이후의 판본들에서는 사라진다. 그러므로 〈마르크스와 역사에 관하여〉는 알튀세르가 특정 시기에 어떤 형태로든 편집해 출판하고자 했던 어느 강연 텍스트일 수도 있어 보인다. 우리는 이전 판본들에 담겨 있는 가장 흥미로운 변화들을 각 쪽 하단에 각주로 표시해줌**과 동시에, 마찬가지로 1975년 5월 5일에 만들어진 가장 마지막 판본이자 이 강연의 텍스트로 추정되는 텍스트를 이 책의 편집본으로 삼았다.

이 논선집의 가장 중심이 되는 미출간 텍스트는 (알튀세르가 네 가지 판본의 원고 중 한 편에 휘갈겨 쓴, 그리고 읽기 힘든 글씨로 7월 9일이라고 집필 시기를 적어넣음으로써 완성시킨 메모에 따르면) '볼로냐Bologna와 포를리Forlì 사이를 달리는 기차에서 1973년 7월 {며칠인지는 쓰여 있지 않음} 집필한' 《제국주의의 최종적 위기에 관하여Sur la crise finale de l'impérialisme》라는 원고에 토대를 두고 있다. 브르타뉴Bretagne에서 체류하는 동안 에티엔 발리바르Étienne Balibar에게 보낸 7월 19일자 편지가 보여주듯, 얼마 지나지 않아 알튀세르는 진

** 원서에서는 이를 각 쪽 하단의 각주로 처리했지만, 이 한국어판에서는 각 글의 미주로 처리했다.

행 중인 이 작업을《제국주의란 무엇인가: 제국주의의 최종적 위기를 향하여Qu'est-ce que l'impérialisme: vers la crise finale de l'impérialisme》라는, 별로 세련되지는 않은 가제가 달린 소책자의 서론으로 만들고자 했다.* 그러므로 이 저서의 초안이 제시하는 여러 장들은 저자인 알튀세르 자신이 종이 위에 옮기기 전에 이미 머릿속에서 이 저서를 집필해놓았다고 믿을 수 있을 만큼 빠른 속도로 집필되었던 것이다. 이 점은 8월 15일 파리에서 [자신의 애인인] 프란카 마도니아 Franca Madonia에게 보낸 편지에서 알튀세르 자신이 직접 밝히고 있는 바이기도 하다. "이론적이고 정치적인 관점에서 핵심적인 두세 가지 것들을 써야 할 것 같아. 그런데 이것들은 이미 내 머릿속에 있어······."[15]

이 시기 알튀세르는 이 초고를 포기하기 이전에 자신이 생산하고자 계획해놓았던 10개의 장(혹은 10개의 절**) 중 두 개의 장([초고 수준이 아닌] 온전한 의미의 장) 집필을 이미 마쳤다. 이 두 개의 장은 8월 14일에 집필한 〈마르크스의 저작과 마르크스주의자들이 맺는 관계에 관하여Sur le rapport des marxistes à l'œuvre de Marx〉[16]와 여기에 우리가 수록하지 않은 7월 말에 집필한 다른 장이다. 현재 우리가 가지고 있는《제국주의에 관하여》의 나머지 전체는 알튀세르가 〈생산양식이란 무엇인가?〉의 집필을 시작한 8월 17일부터

---

* '세련되지 않게inélégamment' 달린 제목이라고 고슈가리언이 표현한 이유는 위의 제목에서 '제국주의'가 두 번 반복되기 때문인데, 프랑스어 글쓰기에서는 반복을 피하는 것이 매우 중요하다.

** '장'은 'chapitre'를 옮긴 것이고 '절'은 'sous-chapitre'를 옮긴 것인데, 고슈가리언이 장 혹은 절이라고 표현한 이유는《제국주의에 관하여》가 장으로 보기에는 분량상 약간 짧은 부분들로도 구성되어 있기 때문이다.

일러두기의 네 가지 판본 중 8월 29일이라는 날짜가 적혀 있어 가장 마지막 판본으로 추정되는 일러두기 판본이 나타내는 (아마도) 8월 말까지의 기간에 집필되었다. 집필을 시작하고부터 알튀세르는 자신의 원고에 있는 몇몇 장들에 대해 이브 뒤루Yves Duroux, 에티엔 발리바르, 에마뉘엘 테레Emmanuel Terray, 엘렌 리트만Hélène Rytmann과 같은 가까운 동료들의 평가를 받고자 했다. 발리바르와 테레, 그리고 알튀세르의 부인 리트만은 텍스트로 작성한 논평들을 알튀세르에게 제시했고, 이 논평들은 그의 문서고에 보관되어 있다. 그중 작성 날짜가 적혀 있는 테레의 논평을 통해 알튀세르가 쓴 이 원고의 집필 날짜를 확인할 수 있었다.

하지만 이 장들은 그의 동료들이 제시한 비판을 수용하는 방식으로 수정되지는 않았다. 이 장들과 관련해서는, 타자로 치면서 수정한 다수의 〔내용 외적인〕 것들을 제외하고는 〔내용상으로는〕 거의 아무런 수정도 이루어지지 않은 단 하나의 판본만이 존재한다. 이 텍스트의 나머지 전체 또한 마찬가지이다. 그러므로 이 논선집에 수록된 《제국주의에 관하여》(이 '제국주의에 관하여'라는 제목이 최종적으로 결정된 이 텍스트의 제목이다)의 토대가 되는 이 원고는, 상당한 정도로, 미완성 상태 및 다뤄지는 문제들의 다양함으로 인해, 제국주의라는 질문과의 관계를 항상 잘 드러내지는 못하는 여러 글들의 논선집이라는 인상을 주는 '책livre'의 초판본이라고 말할 수 있다. 알튀세르 자신 또한 자신이 집필하고 있는 이 텍스트의 비일관적 성격을 잘 의식하고 있었으며, 테레와 8월 19일에 공유했던 초반부 장들에 대한 스스로의 평가에 따르면, 이 텍스트는 "가능한 모든 종류의 타격점들을 향해 끊임없이 총알을 발사하고 있는 총"[즉 비일관적으로 여러 목표점들을 겨냥하는 엉성한 텍스트]이었다. 집필 단계에서 알튀세르는 심지어 이 원고를 변별적인 두 개의 저서로 만들 생각까지도 했는데, 〈생산양식이란 무엇인가?〉의 복사본을 동봉하고 있는 테레에게 보내는 편지에서 알튀세르가 쓴 바에 따르면, 그중 한 권은 다른 한 권보다 "더욱 짧"으며 "매우 정돈된 교과서적 성격"을 지닐 것이었다.

"교과서적 성격"의 이 저서는, 알튀세르의 계획에 따르면 아셰트Hachette 출판사가 이보다 조금 전에 그에게 기획자 역할을 제안한 바 있었던 새로운 총서에서 최소한 한자리를 차지했을 가능성이 있다. 아셰트 출판사의 총서 기획자를 맡아달라는 제안을 알튀세르 또한 원하고 있었던 이유는 부분적으로는 프랑수아 마스페로François Maspero(마스페로 출판사에서 알튀세르는 '이론' 총서의 기획자로 활동했으며, 1965년 이래로 이 총서에서 자신의 텍스트들을 출간했을 뿐 아니라 자신의 동료들이 쓴 다수의 텍스트들 또한 출간했다)의 생산성이 점점 떨어지고 있다는 점에 그가 동의했기 때문이다. 새로운 총서인 '분석Analyse' 총서의 '토대'는, 이 총서의 미래의 기획자 [알튀세르]가 8월 28일 르네 발리바르Renée Balibar에게 보낸 편지에 따르면,* 여름이 끝나기 전에 이미 '결정acquis'되었다. 즉 이 총서로 출간될 최종 저서들은 이보다 훨씬 전에 이미 작업 중이었던 것이다. 이 중 두 권은 르네 발리바르 자신이 주요 저자였으며, 이 중 한 권, 즉 알튀세르 자신의 논선집인 《자기비판의 요소들》은 이

---

* 르네 발리바르는 에티엔 발리바르의 모친이다. 참고로 프랑스의 저명한 물리학자 프랑수아즈 발리바르François Balibar는 에티엔 발리바르의 부인이다.

책의 제목인 '자기비판의 요소들'과 동일한 제목을 달고 있는 핵심 텍스트[즉 〈자기비판의 요소들〉]의 경우 1972년 여름에 집필했으며 다른 텍스트의 경우 1970년 6월에 집필했다.[17] 따라서 [1973년에 집필을 시작했던] "제국주의에 관한 매우 중요한 것"[《제국주의에 관하여》라는 원고]은 이 총서에 포함될 시간을 갖지 못했다.[18] 1974년 가을 아셰트 출판사에서 《자기비판의 요소들》이라는 논선집이 출간된 지 몇 달 뒤, 이 알튀세르의 ['이론' 총서 이후의] 두 번째이자 마지막 총서[인 이 '분석' 총서]는 [아셰트 출판사의 결정에 의해] 출간이 중지되었다. 1973년 10월부터 (마스페로에 따르면 "아셰트 출판사가 관리하는 지역 신문들에서") 배포된 아셰트 출판사의 여러 유사한 공식 발표들의 내용을 인용하자면, 이는 본질적으로 이 총서의 기획자[알튀세르]가 1975년 1월 '분석' 총서와 "직접적으로 경쟁하는 성격의 어떤 저서들에 대한 기획에도 혼자서든 아니면 협력 작업을 통해서든 참여하지 않기"(달리 말해 "프랑수아 마스페로를 버리고 부르주아 출판사에서[만] 책을 내기")를 거부했기 때문이다.[19]

출판사와의 관계에서의 이러한 실패가 《제국주의에 관하여》라는 프로젝트에 치명적인 제동을 건 것이었을까? 혹은 그가 이 프로젝트를 포기한 것은, 한 달 뒤 우울증이 다시 덮쳐 자신을 정신병원으로 끌고 가기 전 8월의 마지막 며칠간 [우울증의] '지연'[20]을 요구했던[가능케 했던] 광란적 집필 동안 (혹은 그의 광란적 집필이라는 형태 아래에서) 전조가 명백히 나타났던 고통스런 우울증 때문이었을까? 혹시 그도 아니라면, 이는 1974년 이 철학자로 하여금 우울증에서 회복된 뒤 이 프로젝트를 계속 이어나가는 것이 적절치 않다고 여겨지도록 만들었던 이 텍스트의 우발성의-유물론적 이단성 때문이었을까?(어찌되었든 결국 이 텍스트는 그 이단성을 전혀 명료하게 표현해내지 못했다) 혹시 그도 아니라면, 그 당시 프랑스 공산당에서 통용되고 있었던 제국주의에 관한 이론에 반대하는, 이 이단적 유물론에서 발원하는 자신의 완고한 공격을 이끌어나가면서 치러야만 했던 정치적 위험 때문이었을까? 혹시 그도 아니라면, 자신의 이 책*이 거의 제대로 '정돈'되어 있지 못해 책이라는 이름만을 달고 있을 뿐이며, 그러므로 그 다양한 부분들을 수정하여 미래에 집필할 자신의 다른 저서들에 통합하는 것 — 어떤 의미에서 보자면 1970년대 중후반에 알튀세르가 전념했던 작업이 바로 이것이다 — 이 더 낫다는 사실을 단순히 인정했기 때문이었을까?

그의 결정의 동기가 무엇이었든 간에, 알튀세르는《제국주의에 관하여》를 자신의 서랍 깊숙이 넣어놓았다. 45년 뒤 그의 문서고에서 이《제국주의에 관하여》를 다시 꺼내면서, 우리는 ('분석' 총서에 포함될, 혹은 좀 더 정확히 말하자면 프랑스 공산당과 다른 당들, 그리고 좌익운동의 활동가들을 겨냥하는 이 총서의 이론-정치 '시리즈'[21]에 포함될 '교과서적 성격의 소책자'에 적합할 것으로 생각되는 기준에 따라) 우리가 몇몇 장들 혹은 절들을 다시 나누었다는 점을 제외한다면 이 텍스트에 명백히 부재하는 통일성과 일관성을 [자의적으로] 부여하고자 노력하지는 않았다. 결론을 위해 마지막으로《제

---

* '제국주의에 관하여'로 의역해 옮겼으나, 좀 더 직역하자면 '제국주의에 관한 책'에 가깝다.

국주의에 관하여》에서 우리가 제외시킨 텍스트들에 관해 말해보 겠다.

우선 처음으로 제외시킨 텍스트들은 1960년대 중반 이후로 프랑스 공산당의 지도부가 지지했던 경제 독트린을 비판하는 텍스트들이다. 알튀세르에 따르면 레닌의 테제, 즉 독점자본주의, 그러니까 제국주의는 '사회주의의 대기실'이라는 테제에 대한 자신들의 잘못된 해석을 출발점 혹은 핑계로 삼는 '국가독점자본주의'에 관한 이 이론은 알튀세르의 관점에서 마르크스주의의 역사주의적 도착perversion을 구성하는 바였으며, 따라서 자신이 15년 전부터 프랑스 공산당 내부에서 투쟁해오던 개량주의와 기회주의의 이론적 합리화[정당화]를 구성하는 바였다. 우리가 이 텍스트들을 이 책에 포함시키지 않은 이유는 이것들이 '세계화' 시대에 현재성을 잃었기 때문이 아니라 — 현실은 오히려 그 반대이다 —, 이 텍스트들을 더욱 특수하게 경제적 문제들을 다루고 있는 알튀세르의 다른 미간행 원고들과 함께 취합하는 현재 진행 중인 출판 기획을 용이하게 하고자 했기 때문이다. 독자들은 이 유고집의 실현을 기다리면서, 1976년에 집필된 유고집 《검은 소: 알튀세르의 상상 인터뷰》에서 국가독점자본주의론의 알튀세르적 비판에 대한 훌륭한 소개를 발견할 수 있을 것이다.[22]

우리는 동일한 이유에서 절대적 잉여가치에 관한 한 페이지를, 헤게모니에 대한 그람시적 개념화에 관한 한 페이지를, 그리고 자본주의 안에서 과학과 기술의 역할에 대한 몇 페이지의 저술 —이 세 가지 텍스트들 모두 연속적인 텍스트의 성격보다는 주석의 성격을 띠고 있다—을 이 책에서 제외시켰다. 또한 아마도 알튀세르가 종합하기를 원했으나 미완성된 서로 다른 여러 판본들 사이에서 애매한 상태로 존재하는, 하지만 우리가 자의적으로 그 자리를 지정해줄 수도 없는 노릇인 서론도 제외시켰다. 일러두기의 경우, 다른 판본의 일러두기들은 제외시키고 가장 마지막에 집필된 판본을 수록했다.

　실수로 잘못 쓰인 문장들, 그리고 구두점과 철자 오류는 수정했다. 특히 어떤 때는 대문자로 어떤 때는 소문자로 쓰여진 몇몇 단어들의 경우 현대식 어법에 맞게 수정했다.

번역: 배세진

1   알퇴세르 전기의 1권은 1992년에 출간되었다. Yann Moulier-Boutang,
    Louis Althusser, une biographie. La formation du mythe(1918~1956), Paris,
    Grasset. [이 전기의 2권은 출간되지 못했다.]

2   L. Althusser, «L'objet du *Capital*»(1965), in L. Althusser, Étienne Balibar,
    Roger Establet, Pierre Macherey, Jacques Rancière, *Lire Le Capital*, éd É.
    Balibar, Paris, PUF, «Quadrige», 1996, p.272 *sq.*

3   *Écrits philosophiques et politiques*, éd F. Matheron, t. I, Paris, Stock/Imec,
    1994, pp.581-582[루이 알퇴세르, 《철학과 맑스주의》, 서관모·백승욱 옮김,
    새길아카데미, 1996].

4   «Sur la genèse», éd G. M. Goshgarian, *Décalages, revue d'études
    althussériennes*, 2012, vol. 1, n.2, articles 8 et 9: http://scholar.oxy.edu/
    decalages/vol1/iss2/8, http://scholar.oxy.edu/decalages/vol1/iss2/9.

5   이 판본에는 이 두 텍스트에 대한 펠릭스 보지오 에방제-에페Félix Boggio
    Éwanjé-Épée의 간략한 해제가 실려 있다. *Période, revue en ligne de théorie
    marxiste*(http://revueperiode.net/inedit-althusser-et-lhistoire-essai-de-
    dialogue-avec-pierre-vilar/).

6   *Annales*, janvier-février 1973, vol. 28, n.1, pp.165-198. *Faire de l'histoire*,
    Paris, Gallimard, 1974, t. I: *Nouveaux problèmes*, pp.169-209[〈맑스주의
    역사학, 건설 중인 역사학: 알퇴세르와의 대화〉, 《알퇴세르 효과》, 안준범
    옮김, 진태원 엮음, 그린비, 2011].

7   P. Schöttler, «Paris-Barcelona-Paris. Ein Gespräch mit Pierre Vilar über
    Spanien, den Bürgerkrieg, und die Historiker-Schule der "Annales"»,
    Kommune, 1987, vol. 5, n.7, pp.62-68. 이 대담의 원본을 사용할 수 있게
    해준 페터 쇄틀러에게 감사드린다.

8   Imec, Fonds Althusser, Alt2.A22.01-08.

9   우리는 빌라르와 알퇴세르 간 의견 교환의 흔적을 〈아미엥에서의 주장〉의
    편집자 노트에서 발견할 수 있다. L. Althusser, *Solitude de Machiavel et
    autres textes*, éd Y. Sintomer, Paris, PUF, «Actuel Marx Confrontation»,
    1998, pp.233-234[《마키아벨리의 고독》의 한국어판은 알퇴세르 연구자
    서관모의 번역으로 출간될 예정이다. 참고로 'soutenance'는 '주장'이라는
    의미가 아니라 '논문 심사' 혹은 '논문 심사에서의 방어', 즉 영미권 학계에서
    많이 쓰는 '디펜스defense'의 의미인데, '아미엥에서의 주장'이라는 번역어가
    이미 굳어져 있는 관계로 이를 따르고자 한다].

10 P. Vilar, *Une histoire en construction: approche marxiste et problématiques conjoncturelles*, Paris, Seuil/Gallimard, 1983. «Histoire marxiste, histoire en construction»은 이 책의 마지막에 실려 있다.

11 *Être marxiste en philosophie*, éd G. M. Goshgarian, Paris, PUF, «Perspectives critiques», 2015, p.238.

12 *Filosofía y marxismo: Entrevista a Louis Althusser por Fernanda Navarro*, Mexico, Siglo XXI, 1988.

13 «Sobre el historicismo», *Entrevista*, op. cit., pp.89-97.

14 Paris, Gallimard/NRF, «L'Infini», 1994, pp.13-79[한국어판 《철학에 대하여》(서관모 · 백승욱 옮김, 동문선, 1997)는 이 프랑스어 번역본을 저본으로 삼은 것이다].

15 *Lettres à Franca, 1961-1973*, éd Y. Moulier-Boutang & F. Matheron, Paris, Stock/Imec, 1998, p.806. 엘렌 리트만에게 보내는 날짜를 표시하지 않은 {1973년 8월 28일} 편지에서, 알튀세르는 제국주의가 제기하는 이론적 문제들에 대한 자신의 결론을 그가 얼마나 빠른 속도로 얻어낼 수 있었는지에 대해 자랑한다. *Lettres à Hélène, 1947-1980*, éd O. Corpet, Paris, Grasset, 2011, p.636.

16 우리는 프랑수아 마트롱François Matheron의 지적에 따라 이 텍스트의 제목을 붙였다.

17 *Éléments d'autocritique*, Paris, Hachette Littérature, «Analyse», 1974. 1970년 텍스트는 〈청년 마르크스의 진화에 관하여Sur l'évolution du jeune Marx〉이다.

18 Lettre non datée {28 août 1973} à Hélène Rytmann, *Lettres à Hélène*, op. cit., p.639.

19 Ibid., pp.639-640; lettre du 16 août 1973 à Étienne Balibar; lettre du 18 août 1973 à Étienne Balibar; lettre non datée {automne 1973?} à P. Macherey; «Correspondance au sujet de la collection "Analyse" dirigée par L. A.», Imec, Fonds Althusser, Alt2.A45-02.02. 1980년, 알튀세르와 아셰트는 '분석' 총서를 막 부활시키려던 참이었다.

20 Lettre non datée {28 août 1973} à Hélène Rytmann, *Lettres à Hélène*, op. cit., pp.639-640.

21 피에르 마슈레가 제안한, '분석' 총서를 서로 다른 여러 시리즈들로 나누자는 아이디어(마슈레에게 보낸, 날짜가 적혀 있지 않은 {1973년 가을?} 편지)는 '언어와 문학' 시리즈로 1974년 초 동시에 출간되었던 이 총서의 첫 두

저서들이 출간되기 이전부터 알튀세르가 수용하고 있었다. 이 아이디어 덕분에 알튀세르는 문학 전공자들이 집필한 대중적 성격의 저서들로 '분석' 총서를 개시한다는 점에 대한 자신의 주저함을 극복할 수 있었다. 르네 발리바르가 준비에브 메를렝Geneviève Merlin과 질 트레Gilles Tret와 함께 쓴 《프랑스인이라는 허구Les Français fictifs》와 르네 발리바르가 도미니크 라포르트Dominique Laporte와 공저한 《국민적 프랑스어Le Français national》가 이 두 저서들이다. 알튀세르가 엘렌 리트만에게 보낸 날짜가 적혀 있지 않은 {1973년 8월 28일} 편지를 보라. L. Althusser, Lettre non datée {28 août 1973} à Hélène Rytmann, *Lettres à Hélène*, op. cit., p.640.

22 Éd. G. M. Goshgarian, Paris, PUF, «Perspectives critiques», 2016, pp.391-414[루이 알튀세르, 《검은 소》, 배세진 옮김, 생각의힘, 2018].

차례

편집자 노트 | G. M. 고슈가리언 • 7

{문학사에 관한 대화}

1963

번역 이찬선

❖

*Une
conversation
sur l'histoire
littéraire*

〈문학사에 관한 대화〉를 읽기에 앞서

〈편집자 노트〉에서는 〈문학사에 관한 대화〉가 녹취록의 형태로 생산되었음을 명시하고 있다. 그 점을 고려한다면, 이를 구어체로 옮기는 것이 적절할 것이다. 하지만 알튀세르 고유의 말투, 억양, 호흡을 알기 위해 참조할 수 있는 그의 육성 자료가 거의 남아 있지 않을뿐더러, 〈문학사에 관한 대화〉와 관련된 정황 중 사실상 유일하게 남아 있는 것이 이 텍스트뿐인 상황에서, 이미 문자화된 그의 말을 다시 구어로 옮기는 작업은 (불가능한 것까지는 아니더라도) 다소간 까다로운 작업이라고 판단했다. 일반적인 강의록처럼 경어체로 옮기는 방법도 떠올려보았으나, 그 또한 이 담화의 맥락을 온전히 담아내기에는 제한적일 수밖에 없다고 판단해 불가피하게 다른 글들과 동일한 문체로 옮기는 방식을 택했다. 그럼에도 이 담화가 하나의 '이론적' 텍스트로서 대상의 희소성, 논리적 일관성, 분석의 명확성, 비판의 적확성, 논의의 풍부성, 그리고 그 무엇보다 가장 중요한 이론적 유효성 측면에서 놀라운 가치를 갖는다는 점은 분명하다. 옮긴이가 택한 이러한 번역 방식이 텍스트의 그런 지점들을 효과적으로 드러내줄 수 있기를 바란다.-옮긴이 이데올로기적 체증 상태encombrement를 통과하지 않고, 그 자체로서의 문학사라는 문제설정으로 곧장 향할 수 있는 지름길은 무엇인가라는 물음이 문제가 된다.

어떻게 이를 정식화할 수 있을까? 우리는 받아들여지고, 인정되고 있는 개념, 즉 문학사의 개념에서 출발할 수 있다. 문학사에는 두 개의 단어, 즉 역사와 문학이 존재한다. 이 역사의 유형이 무엇인지, 그리고 가능하다면 이 유형이 무엇으로 구성되는지, 다시 말해 그 유형을 사유하고 또 그것을 언표하도록 해주는 개념들은 어떠한 것들인지를 알아야만 한다.

역사를 연대기chronique로부터 구별하는 것이 가장 기본이 된다는 것은 분명하다. 왜냐하면 연대기는 역사가 아니기 때문이다. 우리는 현재 존재하는 대부분의 문학사들이 [역사로] 위장한 문학 연대기들이라고 말할 수 있다. 이 문학 연대기들은 [스스로에 대한] 알리바이와 핑계로서 구체적인réel 대상을 갖는다. 하지만 문학사를 구성하는 어떤 사람에 의해 문학사가 실제로 이해되고 겨냥되는 그 수준에서 [봤을 때] 이러한 대상은 역사의 대상이 아니다.

우리는 이 점을 심지어 곧바로 확인할 수 있을 것이다.

연대기는 무엇인가? 발생했던 사건들을 이야기하는 어떤 이가 있다고 할 때, 연대기란 바로 이 어떤 한 사람이 말하는 이야기이다. '나는 거기에 있었고, 어떤 일이 일어났고, 이어서 또 다른 일이 일어났어.' 아니면 어떤 이는 다른 사람들이 보았던 것을 이야기하기도 한다. 어떤 경우든 간에, 연대기는 일련의 증언들이다. 이야기하는 사람 본인의 개인적인 증언이든, 다른 사람들이 목격했던 것을 제삼자가 듣고 그것을 증언하든 간에 말이다. 이러한 형태를 띠게 되면 연대기의 토대는 연대기학chronologie이 되며, [이러한 연대기학의 토대는] **크로노스chronos**라는 시간이 된다…… 연대기의 개념은 시간의 연속성이다. 게다가 이러한 연속성은 다소간 자의적이다. 이 연속성이 사실상 [다음과 같이] 분할되기 때문이다. 증인들의 시간은 일상적 삶의 시간이다. 즉 그것은 연도들의 시간, 달력의 시간이다. 이 시간은 또한 문제가 되는 개인에게 중대한 것으로 여겨지는 몇몇의 사건들로 리듬 지어지는 시간일 수도 있다. 예컨대 연도들의 시간에 결혼이나 질병과 같은 어떤 이의 고유한 역사들의 시간이 중첩될 수 있다. (이제 몽테뉴Michel de Montaigne에 관해 작업해야 할 문제는 그에게 있어 공식적인 시간, 즉 모든 이의 시간과 그에게 고유한 시간—그의 삶의 여정들의 역사—의 중첩이 어떠한지를 살피는 일이다.)

대다수의 고전적인 문학사들이 취하는 외적인 형식이 바로 이렇다. (나는 리샤르Jean-Pierre Richard[1]와 다른 이들이 행한 새로운 문학비평 시도들에 대해 말하고 있는 게 아니다.) [이러한 형식 속에서] 누군가는 무슨 일이 일어났었는지 이야기한다. 이 이야기의 근본적인 구조는 분명, 특정한 리듬들을 갖는 연대기학의 구조이다. 그 리듬들이 단지 잇달아 오는 연도들 내지는 월月들의 리듬이거나, 어떤 이의 삶에서 중요한 사건들의 리듬이거나 말이다. 연대기로부터 어떤 이의 심리학적이거나 전기적인biographique 역사를 연역해내기 위함은 아니지만, 분명한 것은 연대기, 즉 연대기로서의 문학사와 한 개인의 문학 전기로서의 문학사 간에 직접적인 연속성이 있다는 것이다.

따라서 한 개인이 먼저 썼던 것과 나중에 썼던 것 사이에 어떤 관계가 존재하는지, 청년기 작품들과 성숙기 작품들이 존재하는지, 어떤 회심들conversions이 존재하는지의 문제가 제기된다. 하지만 결국 이 모든 것들은 어떠한 경우라도 연속된 하나의 시간이라고 전제되는 시간 속에, 즉 연대기학의 시간 속에 자리잡는다. 이러한 연대기학이 외부적이고 사회적인 연대기학이 됐든, 모든 사람들에게 공통적인 연대기학 속에서 어떤 개인의 전기의 연대기학에 해당하는 것이 됐든 간에 말이다.

이 위에 오늘날의(내가 이해하기로는 고전적인) 문학사에서 사용되는, 문학사의 최신 개념의 기초라고 할 만한 모든 것이—반드시 논리적인 연역을 통해서가 아니라, 외부 요인, 외부 개념, 심리적 또는 다른 종류의 개념을 사용함으로써—덧붙여진다. 오늘날의 문학사는 근본적으로 어느 날 [무언가를] 쓰기 시작했고, [또 어느 날에는 다른 무언가를] 쓰기 시작했고, [다시 또 어느 날에는 또 다른 무언가를] 쓰기 시작했고…… 이런 식으로 알려진 한 개인의 실존을 구획 짓는 사건들을 통해 [작가 되기라는] 생성devenir을 해명하고자 한다는 데 있다. [그런데] 이러한 문학사는 우리가 이렇게 역사적으로 인정된reconnu 한 개인을 검토하고 있다는 사실을 숙고하지 않는다. 즉 우리는 근본적으로 모든 사람들이 작가가 될 수 있었다고, 작가가 된 개인들은 그저 다른 사람들에 비해 재수가 좋았을 뿐이라고 간주한다.

게다가 이는 문학비평가로 하여금 자기가 운만 좋았더라면 자신이 설명하고 있는 그 저자가 될 수도 있었을 거라고 여기도록 해준다! 사실상, 이는 [문학비평가에게] 커다란 안도감을 선사해준다. 즉 문학비평가는 근본적으로 샤토브리앙François-René de Chateaubriand이 그러한 작가가 된 건 바로 그가 망명 생활에 내몰렸기 때문이라고, 또한 플로베르Gustave Flaubert가 그러한 작가가 된 건 그가 끔찍한 유년 시절을 보냈기 때문이라고 여긴다. 행복한 유년 시절을 보냈던 어떤 이[문학비평가]는 이렇게 자신을 위로한다.*

---

* 내용 이해를 돕기 위해 정리해보자면, 오늘날 문학사의 근본적인 특징은 한 개인의 삶에서 중요한 특정 사건들을 통해 그 개인이 작가가 된다는 사실을 해명한다는 데 있다. 즉 샤토브리앙이나 플로베르 같은 이가 그토록 위대한 작가가 될 수 있었던 것은 그들이 겪었던 망명 생활이나 끔찍한 유년 생활 때문이라고 말이다. 사실 이는 한 개인이 작가가 될 수 있었던 것은 그저 그 사람이 운 좋게 그러한 사건들을 겪었기 때문이라고 설명하는 것과 같다. 즉 그 사람은 운 좋게도 그러한 사건들을 겪었고, 그 사건들이 여파가 되어 어느 날 문학작품을 쓰기 시작했고, 그래서 작가가 되었다는 식이다.
이런 설명은 한 개인이 작가가 된다는 사실을 그 개인의 전기적 사건으로 환원한다. 이러한 이유에서 이 설명은 문학비평가에게 커다란 안도감을 선사해준다. 그런 안도감 속에서 그는 자신이 위대한 작가가 되지 못하고 문학비평가로 남아 있는 것은 순전히 운이 나빴기 때문이라고 생각한다. 플로베

이는 매우 도식적인 것이다. 하지만 결국 이를 수단으로 해서, 즉 문학사가들이 이야기하는 저자의 전기적인 연대기학을 수단으로 해서, 역사가와 그 역사가가 이야기하는 작가 사이에 일종의 직접적인 개인적 접촉contact이 설정된다. 역사가와 작가는 직접적으로 소통한다. 왜냐하면 그들은 {둘 다}[2] 모두 태어났으며, 그리고 나서 어느 날 그들은 {둘 다} 모두 쓰기 시작했기 때문이다. 즉 문학사가 또한 [작가와 마찬가지로] 어느 날 쓰기 시작했던 것이다. 이렇게 그들은 서로를 동행자로 발견한다.

오직 사소한 차이만이 존재한다. 작가가 문학사가보다 더 잘 쓴다는 것 말이다. 그리고 그들은 동일한 대상을 갖지 않는다. 이는 사소한 차이이다. [하지만] 이 차이는 해명되어야만 할 것이다.

그렇지만 나는 이것[저자의 전기적인 연대기학]이 문학사에서 문제설정의 구조를 규정하는 공통 토대라고 생각한다. 물론 수많은 변이들이 존재할 수 있다. 개인의 심리 상태psychologie 또는 그의 심리적 전기가 매우 다른 여러 방식으로 이해될 수도 있는 것이다. 예를 들어 기유맹Henri Guillemin[3]처럼 우리는 루소Jean-Jacques Rousseau 전기의 비밀이 [그와 관련된] 모든 소란스러운 일들histoires에 있다고 믿음으로써, 많든 적든 그 모든 소란스러운 일들을 찾을 수도 있고, 그렇지 않을 수도 있다. 우리는 그저 이런저런 에피소드에 만족할 수도 있다. 더 깊게 파고들 수도 있고, [작가의] 마음속 깊은 곳에 손을 뻗칠 수도, 아니면 표면에 머물러 있을 수도 있다.

르는 운이 좋게도 불행한 유년 시절을 겪어 위대한 작가가 됐지만, 자신들은 운이 나쁘게도 유복한 유년 시절을 겪어 그러지 못했다고 스스로를 위로하는 것이다.

이는 또한 새로운 심리학적인 기법들techniques의 도움을 통해, 특히 정신분석학적 개념들을 통해 바뀔 수도 있다. 모롱Charles Mauron[4]이 이러한 정신분석학적 개념들을 가지고 무엇을 하는지 살펴보아야만 할 것이다. 왜냐하면 모롱이 사용하는 개념들은 〔어떤 이의〕 전기를 해명해줄 수 있는 개념들로서 취해지고 있기 때문에, 그 개념들이 정확하게는 정신분석학적[5] 개념들이 아닐 가능성이 농후하기 때문이다.

이러한 의미에서, 정신분석학적 개념들은 이러한 녀석들한테는chez ces gars-là 심리학적 개념들의 등가물이다. 모롱이 여러 정신분석학적 개념들을 개입{시키면서} 말라르메Stéphane Mallarmé가 어떤 형태를 어떤 시구에 부여했다고 설명할 때, 이러한 정신분석학적 개념들은 이중의 문double entrée이, 좀 더 정확히 말해 하나의 입구entrée와 하나의 출구issue가 된다. 입구, 그것은 그 녀석le gars의 삶으로, 그에게 일어났던 것으로 들어가는 입구이자, 어떤 이의 전기에 대한 정신분석학적인 해석으로 들어가는 입구이다. 출구, 그것은 그 녀석의 문학적 행위comportement 속에 현전하는 정신분석학적 구조들로 나가는 출구이다. 이는 동일한 것이 아니다. 왜냐하면 모롱은 이 경우에 분명하게 근본적인 무엇인가를, 즉 모든 개인들에게 있어서 모든 정신분석학적인 행위들은 어떤 발현들을 야기하지만 오직 특정한 개인들의 발현들만이 미학적esthétiques 가치들을 지닌 것으로 간주된다는 점을 등한시하기 때문이다.*

---

* 모롱의 경우, 소위 정신분석학적 개념들로 간주된 개념들을 동원해 말라르메의 문학작품을 분석·비평한다. 그 작업을 거칠게 정리해보면, 그는 우선 이러한 개념들을 사용해 어떤 문학작품을 써낸 작가의 삶을 해석한다. 즉 작

가의 전기적 삶에서 일어났던 중요한 사건들이 그 작가에게 각양각색의 감정, 정념과 같은 심리적인 효과들을 유발했고, 이것이 문학적 행위로 이어졌다는 것이다. 이러한 의미에서 모롱이 사용한 개념들은 사실 (무의식을 대상으로 하는 과학으로서의) 엄밀한 의미의 정신분석학적 개념들이 아니라, 전기적 사건들로부터 유발되어 문학적 행위로 이어질 심리 상태를 해석하는 심리학적 개념이라고 할 수 있다. 따라서 여기서 이용된 개념들은 일차적으로 작가의 심리 상태를 해석하는 기능(작가의 전기로의 입구 역할)을 맡으며, 이차적으로 그러한 심리 상태가 어떻게 특정한 문학적 행위로 표출됐는가를 설명하는 기능(문학작품으로 나가는 출구 역할)을 맡는다. 왜냐하면 후자의 경우에 문학작품이 표현하고 있는 것은 작가의 특정한 심리 상태이기 때문이다.

그렇다면 문학작품 속에 어떤 구조가 현존한다고 하더라도, 그것은 결국 작가의 심리적 구조일 수밖에 없다. 이렇게 되면 우리는 어떤 문학작품이 지닌다고 생각되는 문학적·미학적·예술적 가치를 작가의 심리적 구조와 문학작품의 구조 사이에 설정되는 표현 관계 속에서 찾을 수밖에 없다. 즉 문학작품이 지니는 예술성의 비밀은 단순한 반영이든, 아니면 승화든, 심지어는 도착perversion이든 간에, 적절한 형태로 문학작품으로 표현될 수만 있다면 그것으로 족한, 어떤 이의 심리학적 전기 속에 기거한다. 사실 그 사람은 누구라도 상관이 없는 것이다. 앞서 설명된 것처럼, 그 사람은 운이 좋게도 어떤 사건들 때문에 강렬한 심리적 동요를 겪게 되었고, 또 운이 좋게도 그 심리 상태를 문학작품으로 잘 표현할 줄 알았던 것이다.

여기서 비로소 우리는 왜 알튀세르가 모롱을 논하며 '말라르메'라는 **역사적으로 인정된** 작가의 이름 대신, 우리와 하나도 다를 바 없는 '그 녀석le gars', '어떤 이le type'와 같은 일상적 지칭을 사용하는지 알아차리게 된다. 이는 단순히 이 글이 구어의 형식으로 자유롭게 발화된 일종의 이론적 독백을 지면으로 옮긴 것이라는 사실 때문만은 아니다. 왜냐하면 실제로 알튀세르는 방금 요약된 식의 설명을 통해서는 결코 해명될 수 없는 사실 하나를 (부정적으로) 지시하기 위해 그러한 지칭을 사용하기 때문이다. 즉 '그 녀석', '어떤 이'를 비롯해 누구에게나 모든 심리적 행위들은 나름의 방식으로 표현되지만, 모든 사람들의 그러한 표현 모두가 예술적 가치를 지니는 것은 아니라는 사실 말이다. 어떤 이의 심리적 상태 모두가 어떠한 방식으로든 발현된다는 것과 그러한 발현이 예술적 가치를 지닌다는 것은 완전히 다른 문제이다. 이는 곧 문학작품의 예술성이 생산되는 층위, 더 정확하게 말해 문학작품이 문학작품으로서 생산되는 층위는 누구나 공유하고 있는 전기적 연대기의 층위가 아니라는 것을 의미한다.

{문학사에 관한 대화}(1963)

그렇다면 나는 다음과 같이 말하고자 한다. 한편에 우리는 문학사를 갖는데, 이는 그 기반에 있는, 역사에 대한 특정한 개념화를 통해 이해된 것이다. 우리가 역사를 말한다면, 이 역사라는 단어 이면에 우리가 무엇을 놓는지〔역사라는 단어를 어떠한 의미로 새기는지〕알아야 하기 때문이다. 한쪽 극단에는 역사를 연대기, 즉 연대기학으로 개념화한 이 문학사가 있다. 그래서 문학사는 단순히 순수하게 어떤 이의 문학적 산물들/작품들productions의 연대기학이 됐든, 어떤 이의 자서전autobiographie의 연대기학이 됐든, 연대기학인 한에서만 그런 측면들의 설명을 추구할 수 있다. 또 다른 극단에서도 〔마찬가지인데〕, 왜냐하면 새로운 문학비평과 그 비평 대상 사이의 연관성은 양자 모두가 하나의 자서전이라는 사실에, 즉 양자는 동일한 발전 리듬을 공유한다는 사실에 근거하는 이상, 분명하게 〔역사 쪽에 있는〕 저 연대기학은 문제가 되는 것이 문학작품이라는 사실을 해명하지 않기 때문이다. 결론적으로 이는 한 사람은 또 다른 사람이 논평하는 어떤 작품을 쓰지만, 저자의 작품을 논평하기 위해 쓰는 비평가는 결코 저자의 작품처럼 논평되지는 않을 것이라는 사실로 귀결된다.

따라서 저자와 비평가 사이에 가치상으로 〔상이한〕 {등급échelle}이 존재한다. 이러한 수준 차이를 비평가는 해명하지 않는다. 그는 〔이러한 차이에 대한〕 보정compensation을 찾을 수밖에 없는데, 이러한 이유 때문에 심리학적이거나 심지어는 사회학적인 연대기학으로서 나타나는 모든 문학사들은 결국에는 불가피하게 비역사적인 미학 속에서, 즉 그런 예술의 대상 및 문학의 대상이 지니는 종별적인 무언가le spécifique에 대한 이론 속에서 그러한 보정을 모색할 수밖에 없다. 이를 통해 우리는 불가피하게 문학사라는 단어 속에 존재하는 또 다른 개념인 텍스트로서의 문학적인 것 le littéraire을, 즉 문학적 대상 — 문학적 대상으로서의 한 대상을 일상적인 소비 대상이 아니게 만드는 것 — 을 참조할 수밖에 없다. 문학적 대상은 신문 기사도, 빗자루를 선전하는 전단지 등도 아니다. 그것은 상이한 품격을 지닌다. 따라서 이러한 식의 문학적 대상이 지니는 종별적 차이에 대한 이론은 필연적으로 미학으로 이어진다.

다시 말해, 문학사에 대한 고전적인 개념화 속에서 필연적으로 우리는 우선 근본적으로 역사를 연대기로 환원시켜버리는 역사에 대한 개념화와 함께 문학사를 갖는다. 이러한 문학사는 모든 사람들과 마찬가지로 삶을 영위하고, 모든 시간과 마찬가지로 〔연속성 속에서〕 전개되는 하나의 시간 속에서 살아가는 한 개인이 어떤 한 시점에 문학적이라고 일컬어지는 작품의 저자가 된다는 사실을 문학사의 층위에서 해명하는 데 있어 완전히 무력하다. 다른 한편, 우리는 보정의 미학을 갖는다. 즉 우리는 연대기로서의 역사가 해명하지 못하는 것을 해명하기 위해 불가피하게 필요한 연장코드rallonge를 갖는다.*

---

* '연장코드'로 옮긴 'rallonge'는 전선이 짧아 플러그에 닿지 않을 때, 전선을 연장하기 위해 사용하는 도구를 말한다. 이러한 비유를 통해 우리는 어떤 공간적 이미지, 즉 비어 있는 채로 남아 있는 어떤 공간, 거리, 간극, 차이를 '채워 넣는' 이미지를 떠올릴 수 있다. 알튀세르가 거듭 말하듯, 역사를 연대기로서 개념화하는 한에서, 문학사는 어떤 한 개인이 어떻게 역사적으로 인정되는 작가가 되는지, 작가와 비평가 모두 공통적으로 무언가를 씀에도 불구하고 어째서 작가와 비평가 사이에 가치상의 등급 차이가 생겨나는지, 어떤

이는 철학의 소관domaine이다. 필연적으로 모든 문학사는 암묵적이든 명시적이든 간에 문학사의 필수적인 보충물complément로서 미학의 이데올로기를 동반한다. 우리는 성스러운 것을 마주했을 때와 마찬가지로 문학작품의 미학적 성격을 마주하여 어떤 순간에라도* [주의를 기울이지 않고] 지나쳐버리는 문학사가를 단 한 명도 가지고 있지 않다. 모든 문학사가들은 그러한 문학작품의 미학적 성격에 대한 이론을 소묘하기 {위해} 멈춰 선다. 플라톤주의자든 헤겔주의자든, 뭐든 간에 말이다. (일반적으로 헤겔주의자들이 좀 더 일관적이다. 왜냐하면 그들은 역사 자체 속에 미학을 쑤셔 넣고자foutre 하기 때문이다. 하지만 [누가 됐든] 이들은 거의 언제나 자신들이 연구하

대상은 그저 일상적인 대상에 머무는 반면 어떤 대상은 어째서 문학적 대상의 지위를 누릴 수 있는지의 문제를 자신의 개념들로는 전혀 설명하지 못한다. 즉 연대기로서의 문학사 안에는 자신의 문제설정에 기초해서는 전혀 설명될 수 없는, 동시에 이러한 문제설정의 지반 자체를 바꾸어야 할 필연성을 (부정적으로) 지시하는 '공백'이 존재한다.

이렇게 문학사가 미결 상태로 남겨놓을 수밖에 없는 이론적 공백을 채워 넣는 일종의 보충물 역할을 미학이 맡는다. 하지만 이번에는 역사 내부에서 답을 찾는 대신, 역사에 초월적인 미학적 성격(이를 아름다움, 창조, 성스러움, 죽음, 영원성 등 뭐라 부르든 간에)에서 답을 구함으로써, 문학사는 역사의 초월로서의 비역사를 대면하는 한에서 역사로서 문학을 대면한다. 결과적으로 연대기로서의 역사 개념은 그대로 남는다. 따라서 알튀세르가 보기에 이러한 시도는 근본적으로 기존의 문학사의 문제설정 안에 머물면서 이론적 공백을 역사와 미학 간의 분열로 전치시킨다는 점에서, 이론적 답이 아니라 이데올로기적인 답이다. 덧붙여, 이러한 점을 고려해 'compensation'을 '보정'으로 옮겼다. 즉 여기서 'compensation'은 어떤 차이를 상쇄시켜 균형을 맞춘다거나 손해를 갚기 위해 어떤 대상을 제공한다는 의미보다는, 그 차이를 유지하면서도 그 공백을 채워 넣음으로써 보충한다는 의미에 가깝기 때문이다.

* 원문에는 'a un moment donné'라고 되어 있지만 'à un moment donné'의 오기로 보여 바로 잡았다.

는 대상의 미학적 양상이 실존한다는 순전한 사실로서 이 성스러운 것, 이 성스러운 기괴함을 마주하고 멈춰 선다.)

이 성스러운 것, 그것은 예컨대 스스로 인간이 된 신의 역사이다. 이는 어떤 비교도, 어떤 현실적인 적용도 아니다. 아, 성스러운 것, 그것은 태어나면서부터 시작된다. 그러한 미학적인 문학사가는 태어나면서부터 자신의 대상이 지닌 미학적 양상과 마주친다. 이로부터 미학적 창조에 대한 모든 미학이 나온다. 대략 다음과 같은 식이다. '신이 생명을 불어넣어준다면 어린아이는 위대해질 것이다.' 어린아이가 신 그 자신이기 때문에, 그 어린아이는 자기 자신에게 생명을 불어넣는다. 그래서 그 아이는 일단 태어나서 온갖 종류의 우여곡절을 겪고, 정념/열정passion을 비롯해 온갖 종류의 불행을 겪으며 스스로 발전한다. 이렇게 계속된다. {그러고 나서} 종말을 맞는다. 그리고 그 모든 것이 미학적이다.

달리 말해, 우리는 미학적 창조, 미학적 정념/열정, 미학적 번민, 미학적 죽음과 같은 미학적 범주들을 갖는다. 이러한 미학적인 유사-역사pseudo-histoire는 결국 미학적 범주들, 즉 미학의 이데올로기를 〔연대기로서의 역사 안으로〕 투사한 것에 지나지 않는다. 인간이 된 신인 예수의 흔적을 인류의 구체적인 역사 속에서 찾는 신학자들처럼, 문학사가는 세계의 감각적인sensible 역사 속에서 미학의 이데올로기의 흔적들을 찾는다.

구약성경, 중동Moyen Orient 〔경전〕 등에서 바로 이런 일이 벌어진다. 어째서 저기서 그런 일들이 벌어지는 걸까? 그냥 그럴 뿐이며, 그게 다이다. 〔문학사에서 제기된 동일한〕 문제가 반대 방향에서 다시 발견된다. 어째서 미학이라는 성스러운 것, 그런 미학은 어떤 날에 어떤 개인으로, 즉 어느 날 신들린 상태로 미학적 창조의 중심이 된 어떤 개인으로 육화되었던 걸까? 저 구석에 있는 우유 장수는 어째서 동일하게 미학적 창조의 권리를 갖지 못하는 걸까?

분명하게 이 모든 것들은 그런 식의 미학적 실재réalité의 세계와 관계를 맺는 사람들, 어째서인지는 잘 모르겠지만 그들이 실제로 작가이기 때문에 탁월할 따름인 사람들이 존재한다는 것을 〔그저〕 전제할 뿐, 그들이 작가라는 사실〔그들이 어떻게 작가가 되는지〕은 전혀 숙고하지 않는다.

구조로서의 미학: 롤랑 바르트

이러한 미학 그 자체는 다양한 변주들, 다양한 주제들 등의 대상이 될 수 있다. 어쨌든 그 기본적인 전제는 미학은 미학적인 어떤 것, 미학적 대상이라는 것이다. 예를 하나 들어보자. 현대 비평이론들, 그러니까 리샤르나 아니면 바르트Roland Barthes[6]의 경우는 더더욱 그러한데, 그들은 전기를 신경 쓰지 않는다. 즉 그들은 저자의 개인적인 **연대기**를 신경 쓰지 않는다. 〔마찬가지로〕 그 시대의 역사적 연대기도 신경 쓰지 않는다. 일반적으로 말해, 그들은 역사를 신경 쓰지 않는다. 그들이 관심을 두는 것은 작품이다.

하지만 작품 속에서 그들은 무엇에 관심을 두는가? 그들은 작품의 미학적 구조라고 부를 수 있는 것에, 구조로 사유된 미학에 관심을 둔다. 예를 들어, 바르트 같은 이가 스스로를 어디에 위치시키는지 묻는다면, 그는 당연하게도 스스로를 구조주의자라 칭할 것이다. 하지만 실제로 그가 상대하는 것은 무엇인가? 그는 예술적 대상으로서 예술작품을 상대한다. 그는 '그러한 작품이 (만일 그것이 실존한다면) 어떻게 미학적 대상으로 간주될 수 있는가?'라는 질문을 스스로에게 전혀 제기하지 않는다. 즉 바르트는 그러한 미학적 대상의 문화적 현상이라는 질문을 스스로에게 전혀 제기하지 않는다. 그는 그저 그가 구조들이라고 부르는 것에 대해서만 물을 뿐이다. 다시 말해, 플라톤적인 유형의 미학을 구성하는 대신, {아름다움}[7] 자체 등을 규정한다.

이는 바르트의 논의에 대한 매우 도식적인 설명이지만, 그의 논의는 대체로 이렇게 귀결된다. 그(원한다면 여기서 그를 아리스토텔레스주의자로 생각해도 무방하다)는 아름다움이 사물 그 자체 내에 있으며, 아름다움의 구조(요컨대 아름다움의 플라톤적인 구조)는 사물 자체 내에 기입되어 있는 것이지, 사물 바깥에 있는 것이 아니라고 생각한다. 그 구조는 작품 안에 있다. 따라서 구조들의 독해, 작품의 구조들의 추출, 그것은 실질적으로 미학 그 자체의 독해이다. 미학은 이제 더 이상 예술작품과 관련해 아름다움이 지니는 초월성의 이데올로기가 아니다. 그것은 작품 자체 내에 존재하는 아름다움의 구조들, 미학적 구조들의 내재성의 독해이다.

이는 매우 중요한데, 왜냐하면 소위 구조주의라 일컬어지지만 실상은 고전적인 미학적 전통의 부산물에 지나지 않는 어떤 구조주의로부터 {바르트를} 구분시켜주는 것이 바로 이것이기 때문이다. 나는 바르트가 대체로 그렇다고 생각한다. 그에게 다른 것들이 존재하긴 하지만, 결국 그것[바르트를 유사-구조주의와 구분시켜주는 것]으로 귀착된다. 그는 이쪽으로 쏠리며, 그가 안착하고,

안착할 곳 또한 이곳이다. 한편에 이 모든 사조들이 예술작품 그 자체에 제기하지 않는 바로 그 모든 질문들을 전제하는〔그 질문을 제기해야 함에도 그저 전제하는 데 그치는〕다른 형태의 구조주의도 있기는 하지만 말이다.

선택적 가시성 : 롤랑 바르트와 장-피에르 리샤르

리샤르 같은 이를 예로 들어보자. 결국 나는 그에 대해 알고 있는 제한된 지식에 기초해 그에 대해 말할 것이다. 리샤르 같은 이 또한 문학작품을 미학적이라고 간주한다. 그는 '이것은 미학적 작품이다'라고 말할 수 있도록 해주는 것은 무엇인가라는 질문을 스스로에게 제기하지 않는다. 이러한 질문은 근본적인 질문이다.

리샤르는 작품의 어떤 주제계thématique를 구성한다. 그는 자신의 방식으로 작품의 특정한 구조를 연구한다. 이 구조는 바르트가 이해한 의미에서의 구조—하나가 다른 하나에 함축되어 있고, 서로가 서로를 참조하는, 그리하여 하나의 닫힌 체계를 형성하는 기표들의 체계. 이 닫힌 체계의 열림 자체는 먼저 닫힘을 그 가능 조건으로 갖는다—가 아니다. 리샤르에게서 문제가 되는 것은 주제들thèmes을 나타나게apparaître 만드는 것이다.〔이때〕이 주제들을 변주들variations을 통해 드러내는 것이 중요하다. 예술작품은 일종의 교향곡symphonie처럼, 가시적visibles일 때와 감춰져cachés 있을 때 모두 동시에 작품을 통해 흐르는 일련의 핵심적인 주제들의 전개 développement로 이해된다. 문제가 되는 것은 핵심적인 주제들을 가시화하는 것이다. 즉 관건은 가시적인 것의 가시적인visible du visible 것에서 출발해 감춰진 것을 가시화시키는 것이다.

모든 문제가 바로 여기에 있다. 정확하게 '가시적인 것은 무엇인가?'가 문제가 되기 때문이다. 가시적인 것, 그것은 보여지는 se voit 것이다. 그것이 가시적일 때, 그것의 가시적인 것에서 출발해서 가시적인 것은 감춰지고, 감춰진다고 해석된다. 따라서 이 가시적인 것은 모든 이에게, 리샤르 그 자신에게 가시적이어야 한다. 다시 말해, 그는 자신이 본 것에서 출발해 작품 속에서 선택choix을 한다. 이는 작품 속에서 자신의 고유한 시각에 해당하는 주제들에 대해 그가 행한 선별sélection과 관련된다. 당신은 엘뤼아르Paul Éluard의 다음과 같은 말을 잘 알 것이다. "자신이 처해 있는 그대로 현실을 보아서는 안 된다."[8] 리샤르의 경우도 이와 얼마간 비슷하다. 리샤르는 자신이 처해 있는 그대로 말라르메를 본다. 그리고 이렇게 자신이 본 것에서 출발해 정확히 교향곡에서 그런 것처럼 핵심적인 주제들의 출현ascension이 일종의 주제계 ─ 엄밀히 말해 주제들의 관계 맺음 ─ 를 발전시킨다. 하지만 서로 엮이고, 교차하며, 숨바꼭질 놀이를 하면서, 하나가 다른 하나의 뒤를 쫓고, 그것을 따라잡기도 하고, 따라잡지 못하기도 하는 비교적 상호의존적인 복수의 주제들이 있을 수 있다. 따라잡는다는 사실이 공간을 정의하는 것처럼, 실존하는 두 주제들 사이에 어떠한 경우든 기입되어 있는 것은 거리, 즉 따라잡지 못한다는 사실이다.

작품을 구성하는 것은 바로 이러한 주제의 공간, 즉 유동적으로 흐르며, 뛰어다니고, 평행선을 달리기도 했다가 그렇지 않고 서로 엇갈리고, 교차하며, 포개지고, 서로를 숨기는 주제의 공간이다. 이러한 주제의 공간은 바르트의 분석보다 훨씬 더 주관적인 종류의 분석을 만든다. 바르트는 미학의 구조를 끌어내는 반면, 리샤르는 미학 그 자체의 구조들이 아닌, 말하자면 미학 그 자체를 통해서 뛰어다니는 흐름들 내지는 주제들을 끌어내기 때문이다.

바르트에 비해 리샤르가 갖는 이점 — 나는 절대적인 이점에 대해서가 아니라, 리샤르 그 자신이 바르트에 비해 갖는 [상대적인] 이점들에 대해 말하고 있다 — 은 리샤르로 하여금 전통 안에, 즉 문학적 전통 안에 머무를 수 있게 해준다. 왜냐하면 이 이점을 통해 그는 개인의 역사, 저자의 역사를 [주제들에] 재도입할 수 있을 것이기 때문이다. 주제들은 오직 일종의 혼합물로부터만 이끌어내진다. 주제들에 대한 독해 — 작품 속에서의 주제들의 현전présence에 대한 확인, 가시적인 것의 확인 — 와 (또한 이 점이 가장 중요한데) 리샤르가 자신이 작품 속에서 보고 싶어 하는 것을 본다 — 그는 작품 속에서 자기 자신을 본다 — 는 사실, 이 독해와 사실이 동시에 개입하는 혼합물로부터만 말이다.

이로부터 감성sensibilité 및 감각sensation의 모든 주제들, 요컨대 바로 자신의/자신에 대한la sienne 해석 — 자신의 고유한 이데올로기이자, 자신이 삶과 맺는 고유한 관계 — 의 토대를 만드는 일종의 문학적 에피쿠로스주의/쾌락주의épicurisme가 생겨난다. 이것이 개인적인 사안이라는 것을 알기 위해서는 리샤르를 조금만 알아도 충분하다. 이는 학술적인 작업œuvre이 아니다. 이는 사적인 문제이며, 단순히 그가 학계와 맺는 관계를 체험하는vivre 방식이 아니라, 그가 자신의 삶과 맺는 관계와 그가 학계와 맺는 관계 [양자를]

역사에 관한 글들

하나의 논문 속에서 [상상적으로] 종합하는 방식이다.* 이에 도달
하다니, 참으로 거창하다! 이는 대학교수이면서도 사람들이 자신

---

* 단행본으로 출간된 이 논문들 중 한 편의 제목이 〈말라르메의 상상적 세계〉
(84쪽에 있는 이 글의 미주 1번 참고)라는 점은 알튀세르의 이데올로기 개념
과 관련해 이중의 기묘함을 불러일으킨다. 그 제목이 우선 '상상적'이라는 점
에서, 다음으로 '세계'라는 점에서 말이다. 우선 이 제목은 알튀세르가 말한
바대로 말라르메에 대한 리샤르의 해석이 그 자체로 동시에 리샤르 자신에
대한 해석이라는 것을 은근슬쩍 자백한다. 즉 그는 말라르메의 문학작품에
서 자신의 상상적 세계를 보며, 이를 거꾸로 그 문학작품에 투영해 말라르메
의 '상상적' 세계를 본다. 다른 한편으로, 그가 말라르메의 문학작품을 자신
의 고유한 이데올로기의 공간으로 취해 이 공간 속에서 보는 것이 자신의 상
상적 '세계'라면, 이는 이 공간 속에 (변형된 형태이기는 하지만) 그의 '세계',
즉 그의 현실 세계가 반영된다는 것을 함축한다.
그런데 알튀세르에 따르면, 이데올로기 속에 현실 세계가 상상이라는 왜곡
된 형태로 반영된다는 생각은 이데올로기를 그저 현실에 대한 허위의식으로
치부하면서 이데올로기의 문제를 관념의 문제로 돌리는 이데올로기에 대한
이데올로기적 관점의 전형이다. 따라서 알튀세르의 입장에서 볼 때, '상상적
세계'라는 제목은 리샤르가 이데올로기적인 관점에서 취해진 이데올로기의
통념 속에서 문학작품을 매우 정합적으로 해석하고 있음을, 따라서 그가 부
지불식간에 매우 일관된 이데올로기적 실천을 행하고 있음을 누설하는 징후
로 읽을 수 있다. 즉 그는 자신의 실천에 있어 그 누구보다 투명하다. 물론 자
신의 투명성을 의식하지도, 그것을 지탱하는 것을 인식하지도 못한다는 조
건에서만 말이다.
알튀세르는 이데올로기 속에서 관찰될 수 있는 모든 상상적 왜곡을 지탱하
는 것은, 이 이데올로기 속에서 우리가 표상/재현/대표하는représenter 어떤
관계의 상상적 본성이라고 말함으로써 이 문제에 답한 바 있다. 즉 리샤르가
자신의 논문 속에서 자신이 자기 삶과 맺는 관계와 자신이 학계와 맺는 관계
를 종합한다면, 이는 그가 자신의 고유한 이데올로기이자 자신의 이야기인,
바로 이러한 의미에서 그 자체가 하나의 자서전인 자신의 논문에서 양자를
상상적으로 종합한다는 것을 의미한다. 즉 이 논문은 자서전인 한에서 그의
일상적 관계를 표상하며, 이 자서전은 논문인 한에서 그의 학술적 관계를 표
상한다. 이 상상적인 상호반영 속에서, 즉 그 자신의 고유한 원환 속에서 그
는 집에 있든, 학교에 있든 언제나 자기 자신이며, 따라서 자유롭다.

을 대학교수라고 생각하지 않기를 바라는 모든 이들의 이상이기 때문이다. 우리가 이에 도달할 때, 우리는 적어도 대학에 대해 자유롭다. 이렇게 우리는 '내가 이런 논문을 썼다면, 그건 대학교수들을 기쁘게 하기 위해서가 전혀 아니라, 나 자신을 기쁘게 하기 위해서이고, 그 논문이 보여주는/증명하는 것, 그것은 바로 내가 매일매일 보내는 삶이라는 것이 이에 대한 가장 좋은 증거이다'라고 대학교수들에게 설명한다. 논문이 일상적인 삶과 (재)결합할 때, 우리는 대학에 대해서 자유롭다.

나는 리샤르가 바르트에 비해 갖는 이점은 그가 미학의 구조에 대해 말하는 것이 아니라, 미학의 영역을 가로지르는 주제에 대해 말한다는 사실에, 그리고 이 미학의 영역은 바르트에게서 그러한 것처럼 미학의 구조에 의해 규정된 닫힌 세계가 아니라, 그 속에서 주제들이 발현되는 일종의 환경milieu이라는 사실에 있다고 말했다. 영화 카메라의 시야champ에서 보는 것처럼, 풀밭을 사방팔방으로 뛰어다니는 젊은이들이 별안간 나타나는 것을 보는 일종의 개방되어 있는 정원 내지는 들판champ처럼 말이다. 아, 이 젊은이들은 [다른] 어디에선가 온다. 바르트의 구조, 즉 닫힌 장champ 속에는 내달리는 젊은이들이 존재하지 않는다. 그 구조 내에 있는 것은 어디에선가 온 것이 아니다. 변화들variations 전체를 지휘하는 것은 부동의 구조이다. 그 구조 내에 있는 그것이 어딘가 녹슬어 있다면, 이는 그것이 움직이지 않기 때문이다. 반면 리샤르의 주제계에서 무언가[주제]가 어딘가로 내달리고 있다면, 그건 그것이 어딘가에서 왔기 때문이며, [주제계를] 돌아다니는 무엇인가가 있기 때문이다. 우리는 부동의 공간 속에서 어떤 병치juxtaposition를,

역사에 관한 글들

즉 미학 그 자체의 영역이라는 공간과 그 공간을 가로질러 내달리는 주제들을 갖는다.

따라서 우리는 〔미학 그 자체의 공간과 주제들 간의〕 분열dissociation을 갖는다. 반면 바르트의 작품에서chez 우리는 그 구조의 대상과 관련해 구조가 내재적인〔구조가 그 대상에 내재하는〕 구조 이론을 갖는다. 왜냐하면 그 구조는 사물의 구조 자체이기 때문이다. {리샤르}의 집에서chez 우리는 다양한 주제들이 돌아다닐 수 있는 영역으로서의 미학 속에서 나타나는 주제들을 갖는다. 말라르메에게서 신중함pudeur, 냉정함frigidité, 요컨대 원하는 것은 무엇이든…… 수정처럼 맑음cristal, 비인간적인 투명함transparence 같은 이런저런 주제는 미학의 영역을 돌아다닐 수 있다. 또 다른 이들의 집에서 또 다른 주제들 또한 그럴 수 있다. 어쨌든 각각의 작가는 자신이 작가인 한에서 마음대로 미학의 장champ에 들어가 그 장에 자신의 애정 어린 개인적 투영물들petites projections personnelles을 뛰어다니게 한다. 이는 사적인privée 투영물이다. 즉 어떤 스크린이 있으며, 저마다 자신의 스크린, 미학의 영역을 가지고 있다. 그리하여 우리는 미학의 영역에 자신의 투영물들을 뛰어다니게 한다.*

---

* 프랑스어에서 'chez'는 기본적으로 '~의 내부에'라는 관계를 표현한다. 특히 'chez' 뒤에 인명이 뒤따르는 경우, 일차적으로 '그 사람의 집에서'라는 의미를 갖는다. 이 인물이 유명한 작가, 철학자, 예술가 등등일 때 '그 사람의 작품 내지는 작업에서'를 의미하며 이 경우 관용적으로 '~에게서'라고 옮길 수 있다. 다만 이 문단에서는 우선 바르트와 리샤르의 변별점을 좀 더 분명하게 부각시키고자, 바르트의 경우 '~의 작품에서'라고, 리샤르와 또 다른 이들의 경우 '~의 집에서'라고 옮겼다. 다음으로 해당 문장의 내용과 썩 어울리지 않는 '~의 집에서'라는 역어를 취한 까닭은 문제가 되는 것이 바로 '주제들'이기 때문이다. 이 주제들은 미학의 영역을 마음대로 돌아다닐 수 있는 권리를

하지만 이 투영물들은 다른 곳에서 온다. 바로 이 점이 리샤르로 하여금 고전적인 미학의 등가물―고전적인 미학 영역의 새로운 현전들présentations―{과} 전기의 영역―사적이고 개인적인 연대기로서의 역사의 영역―을 종합할 수 있도록 해준다. 따라서 그는 자신이 보여주고 싶어 하는 것에 합치하는 심리학을 만들어낸다. 일반적으로 말해, 그는 '그냥 그렇게 어떤 일이 일어나는 거야〔그건 그냥 자연스러운 거야〕'라고 말하는 것이다. 말라르메père Mallarmé가 이러저러한 주제를 미학의 푸른 초원(미학의 초원은 결코 푸르지 않다. 특히 말라르메에게서는/말라르메의 집에서는chez 더 그렇다)을 가로질러 뛰어다니도록 했다고 할 때, 그가 그렇게 한 것은 분명하게 미학이 그에게 권리적으로 속하기 때문이며, 이는 너무나도 잘 알려진 사실이라는 식으로 말이다. 작가들, 예술가들은 〔미학의 영역에〕 무료로 입장한다. 그들에게는 매일이 박물관을 무료로 입장할 수 있는 일요일이니까.

반면 {바르트는} 그렇지 않다. 박물관에 입장하고 돌아다니는 이들은 언제나 동일하지 않은 인물들이다. 박물관을 돌아다니는 다른 방식들이 있는 것이다.

리샤르에 대해 제기되는 문제는 하나의 삶의 연대기로서의 문학사라는 낡은 개념화가 마치 우연인 것처럼 미학적 가치와 정확하게 일치된다는 점이다. 그리고 나서 다른 한편으로 〔그러한 문학사라는 낡은 개념화가,〕 리샤르에게서는 그러한 미학의 구조라고

지닌다는 점(그런데 우리는 자신의 집에서야말로 마음대로 돌아다니지 않는가?)에서, 그리고 그것들이 일종의 사적인 투영물이라는 점(집이야말로 사적인 공간이다)에서 말 그대로 '~의 집에' 있다고 할 수 있기 때문이다.

부를 수 없는 것과, 이를테면 돌아다니고, 흔적들을 남기며, 사방을 가로지르는 운동들, 거의 떨림들, 흐름들, 바람의 흐름들 — 공기의 흐름들이라고는 말할 수 없겠지만, 왜냐하면 그건…… — 요컨대 돌아다니는 흐름들과 일치된다. 일종의 개인적인 흐름이 존재하며, 이는 일종의 원환운동circulation이다.

대담자의 발언:

"리샤르…… 우리가 흐르는 물, 시냇물에서 재발견할 수 있는 유동성의 주제thème……"

아니, 정말 환상적formidable이다! 리샤르가 그 정도일 줄은 미처 몰랐다. 왜냐하면 이는 그가 자신의 고유한 실천의 반영réflexion 자체인 주제를 발견했음을 의미하기 때문이다. 이는 정말로 믿기 힘들 정도다! 왜냐하면 우리가 한 주제에 대해 말할 때, 결국 다음과 같은 생각을 전제하기 때문이다. 어떤 사람un tel은 어딘가quelque chose를, 즉 그 사람이 권리, 요컨대 자유롭게 운동할 수 있는 권리를 가지고 있는 한 세계를 돌아다닌다는 생각 말이다. 그리고 이러한 생각이 그 주제에 미학적 주제라는 본질을 부여한다. 그렇다. 밤에 모든 고양이들은 검다gris. 미학의 영역에서 모든 주제들은 근본적으로 미학적이다. 뭐, 대충 이런 식이다.

따라서 주제들을 특징짓는 것은 돌아다닌다는 사실, 다시 말해 자기 자신에게 충실하면서도 변화할 수 있는 가능성, 바뀔 수 있는 가능성이다. 불충실한 불변성infidèle constance, 불변적인 불충실성constante infidélité. 요컨대 주제들은 변화하며, 이 변화한다는 사실이 주제들이 즉자적으로는 가시적임에도 불구하고 이 주제들을 비가시적이게 될 수 있도록 해준다. 결국 가시성visibilité은 이 가시성이 주제라는 형태 아래에서 이론적으로 재개되는 순간 사라진다. 왜냐하면 가시적이라는 것d'être visible이 주제를 만드는 것[주제의 본질]이 아니기 때문이다. 주제를 만드는 것은 주제의 경험적 가시성이 아니다. 주제를 만드는 것은 선택에 따라 가시적이거나 비가시적일 수 있음[그러한 가능성]이다. 따라서 이러한 세계[미학의 세계]에서 주제 그 자체를 규정하는 내적 본질은 원환운동의 가능성이다. 그것은 원환운동하며circule, 흐른다fluide.

결국, 놀라운 것은 이러한 [원환운동]의 역사이다.

자유의 공간

이는 두 가지 문제를 제기한다. 미학 — 더 정확히 말하면, 문학사에 대한 이런 식의 개념화 — 은 분명하게 다수의 이론적인 문제들 전체를 제기한다. 첫째는 역사의 유형으로서의 전기의 문제이다. 기차의 한 객차에 또 다른 객차가 걸려 있다고 해도, 그 두 객차의 선로들은 동일하지 않다. 이는 러시아 국경의 문제이다. 서구의 객차들과 러시아의 객차들이 동일한 선로에서 운행할 수 있다면야 좋겠지만, [선로들 사이의] 간격écartement이 동일하지 않다. 우리는 간격이라는 이 차이가 양자[서구의 역사적 과정과 러시아의 역사적 과정] 사이의 이론적인 간격[서구에 대한 이론적 분석과 러시아에 대한 이론적 분석 간의 상호적용 불가능성]을 유발한다고 말할 수 있다. 전기, 즉 작가의 개인적이고 심리적인 전기가 갖는 이론적 위상은 전적으로 첫째, 가능한possible 역사와 둘째, [미학적] 세계, 즉 바로 그 속에서 이러한 모든 자유로운 움직임들이 생겨날 미학적 공간과 전적으로 무관하기 때문에, [앞선 경우와 같은] 일이 일어난다.

주제들이 자유로운 상태에 있다[자유롭게 미학적 공간을 돌아다닌다]는 것은 곧 주제들이 지니는 자유를 규정한다. 결국 이 미학적 세계는 주제들이 지니는 자유에 의해, 즉 본질적으로 [그것 또한] 하나의 오래된 주제인 자유에 의해 규정된다. 이는 리샤르의 의미에서만 그러한 것이 아니다. 미학적 세계를 본질적으로 자유로운 영역으로, 자기 집에 있는chez soi 영역으로 규정하는 것이 바로 이 오래된 [자유의] 개념이자, {**자기 곁에 있음**bei sich}[9]이라는 주제이다. 칸트Immanuel Kant에게서 얼마간 그렇고, 헤겔Georg Wilhelm Friedrich Hegel에게서도 마찬가지이다. [헤겔에게서] 미학, 그것은 감각적 직접성 안의 자유이자, 이념idée을 하나의 신체 속에서, 하나의 개인적인 역사 속에서, 하나의 얼굴 내지는 이미지 속에서 표상할 수 있는 사태이다.

결국 이러한 자유를 구성하는 것이 무엇인지를 우리가 자문하게 된다면, 그리고 이 관계에 대해, 즉 이 미학적 세계의 '자기 집에 있음chez lui'의 관계에 대해 우리가 구조적 분석을 행한다면, 우리는 두 가지 것을, [더 정확히 말해] 이 세계의 구조가 두 가지 것을 함축한다는 것을 확인하게 된다. 첫째, 그 구조는 현실적인 개인성réelle individualité을 지니는 다양한 원환 경로들circuits과 주제들이 전개되는 공간을 함축한다. 이것들은 무엇이 됐든 간에 별

상관이 없는 그런 주제들이 아니다. 그 주제들은 개인들을 강하게 자극하여 개인화된 주제들이며, 자유롭게 스스로를 전개시키고 발전시킨다. 그리고 둘째, 그 구조는 이 장의 부동성fixité에 대한 이러한 운동의 자유—미학으로 규정되는 것은 이 장이지만, 이 장은 구조를 전혀 갖지 않기 때문에—를 함축한다. 이는 무엇을 의미하는가?

단적으로 말해, 이것이 의미하는 바는 우리가 자유의 공간과 관계하고 있다는 것이다. 이는 분석의 관점에서 보면 추상적인 표상이다. 리샤르의 단언들 속에 함축되어 있는 이론적 구조는 무엇인가? 그것은 미학 자체의 공간인 어떤 공간이 존재한다는 것이며, 이러한 공간에서 거주하는 방법은 주제들이 거기에 거주하는 방법이자, 주제들이 거기서 자유롭게 원환운동하는 방법이라는 것이다. 이는 원환운동의 자유이자, 공간으로서의 이 미학적 세계와의 관계 속에서 원환운동할 수 있는 자유를 통해 {스스로를} 물질적으로physiquement 재현할représenter 수 있는 자유이다. 당신은 언제나 당신-자신이라는 조건 아래에서 원하는 어디든 갈 수 있으며, 어디를 가든 언제나 당신-자신일 것이다. 이것이 바로 자유이다. 당신 자신이 되어라. 다시 말해 스스로를 산책시켜라, 그러면 당신은 언제나 당신-자신일 것이며, 당신은 산책함으로써 스스로를 실현/전개시킬 것이다. 이것이 바로 원환운동의 자유이다.

확실히, 어디서든 자유롭고 싶다는 자신의 욕망들—그가 어디 있든지 간에, 즉 런던에 있든, 에든버러에 있든, 마드리드 등등에 있든 간에—의 투영을 명시적으로 표현하는 것은 매우 특별한 형상figuration이다. 하지만 이는 다른 문제이며, 사안의 사적인 측면이다. 그것은 리샤르 그 자신이 행하는 원환운동의 자유이자, 자유롭고 싶다는, 도처를 원환운동하고 싶다……는 그의 소원이다. 〔이렇게 된다면〕 우리가 거주하는 나라가 어디든 간에, 우리는 또한 자유로울 것이다. 대학 안에서까지도 말이다. 우리가 심지어 대학 안에서도 자유롭다는 것은 우리가 도처에서 자유롭다는 것을 증명한다. 이는 우리가 대학에 있지 않았을 수도 있었다는 증거이자, 그에 대한 가장 설득력 있는 논증이다. 대학교수는 필연적으로 대학을 감옥처럼 생각하는데, 만약 대학교수가 '대학, 그것은 자유'라는 것을 보여주는 데 이른다면, 그 밖의 것에 대해서는 어떻겠는가? 무슨 말인지 알겠는가? 삶 전체가 쉬워질 것이다!

농담이다. 하지만 이 관계의 구조는 매우 특이하다. 우리가 리샤르 자신에 대해 행할 수 있는 이러한 유형의 분석은 이미 문학사라고 할 만한 것의 서론 격이다. 이 분석은 실존하는 작품에 대한, 사회적으로 결정적인 위상을 점하는 의미심장한 현상에 대한 어떤 성찰réflexion을 함축한다. 리샤르가 대학교수이기 때문에 그가 자기 논문을 썼다고 말하든, 어떤 사람이 위대한 작가이기 때문에 자기 작품을 썼다고 말하든, 결과는 마찬가지다. 왜냐하면 이 분석은 작품의 실질적이고 미학적인 현실성 내지는 작품의 학적인universitaire 현실성 등등을 그 작품의 작가가 지니는 사회적 위상이 아니라, 이렇게 말해도 된다면, 그 작품의 생산의 사회적 위상에 결부시키기 때문이다. 더 정확하게 말하자면, 이러한 작품에 대해서 그 작품의 생산을 말할 수 있도록 해주는 그 작품의 사회적 위상에 결부시키는 것이다. 우리가 리샤르에 대해 말한다면, 이는 그가 모든 사람들이 말하고 읽었던 바로 그 책bouquin을 썼기 때문이다. 다시 말해 그는 문화적 대상objet culturel을 생산했던 것이다. 모든 사람들이 문화적 대상을 생산할 수 있는 것은 아니다. 모든 가능한 성찰의 출발점은 바로 여기이다.

문학사의 병리학pathologie

이는 문학사에 관한 모든 가능한 성찰의 프롤레고메나prolégomènes이다. 우선 그 어떤 문학사가도 해명하지 않는 다음과 같은 사실을 해명해보도록 하자. 만일 문학사가가 문학사를 시험/실천할 수 있는 권리를 지녔다면, 이는 그에게 절대적인 출발점처럼 주어져 있는 실존하는 작품들에 대해서 그러한 것이라는 사실 말이다. 문학사가들은 이를 결코 문제 삼지 않는다.

모든 것의 쟁점이 걸려 있는 곳이 바로 여기이다. 만약 우리가 이를 문제 삼기 시작한다면, 그것[문학사가들의 전제]은 산산조각 날 것이고, 모든 것은 뒤집어질 것이다. 1960년 리샤르라는 나는 어떻게 말라르메에 대한 책을 쓸 수 있었는가? 모든 것이 거기에 있었다! 말라르메는 문화의 대상이었고, 문화적 대상이었다. 이는 리샤르가 저자들을, 바로 그 저자[말라르메]를 선택한 것이 전혀 아니라는 것을 전제한다. 반대로 그는 문화를 통해 자신에게 지정된 하나의 문화적 대상에 대해 문학비평을 하기로 선택했던 것이다. 즉 그 문화 속에서 말라르메는 문화적 대상으로서 살아 있었던 것이다. 달리 말해, 문학작품의 자격qualité은 문학비평의 생산물이 전혀 아니다. 리샤르는 문화적 유산 그 자체로 그 대상을 그저 물려받았던 것이다. 그 누구도 이와 다르게 작업할 수는 없었다. 그 누구도 결코 망각oubli으로부터 아무도 알지 못했던 저자를 끄집어낼 수는 없었다. 누군가가 어떤 인물이 위대한 인물이라고 [새롭게] 보여줄 때를 제외하고는 말이다. 하지만 이때, 작품에 대한 문화적 인정reconnaissance을 자신의 시대에 부과하는 사람은 그렇게 보여준 사람이다. [그리고 이렇게] 알려지지 않은inconnu 인물을 망각으로부터 끄집어낸 사람은 알려질 만한 가치가 있는 알려지지 않은 인물을 자신이 망각으로부터 정말로 끄집어냈다고 인정reconnu받는다는 조건에서만 그 자신이 알려지고connu, 바로 동일한 조건에서만 자신의son 알려지지 않은 인물을 망각으로부터 끄집어낸다. 곧 알려진 적이 없었던 어떤 이는 [그를 끄집어낸 사람이 인정받기 위한] 수단인 셈이다.

역사에서 참 재미있는 것은, 그러한 일이 성공하지 못할 때, 아무도 그것을 눈치채지 못한다는 것이다. 역사에 이러한 종류의 실패에 대한 조서는 결코 존재하지 않는다. 전 세계 모든 문학의 사산아들, 지금도 날마다 소설을 쓰고 있는 수천수만의 젊은이들, 아무도 그들을 알지 못한다. 그들의 친구들은 그들을 알고 있고, 그들을 도울 수도 있지만, 작가로서의 그들은 존재하지 않는다. 문학사의 병리학은 존재하지 않는 셈이다. 이상한 점은 바로 이것이다. 아니 더 정확히 말해, 우리가 문학사의 가능한 병리학이라는 문제를 스스로에게 제기한다면, 모든 고전적인 미학, 즉 고전적인 문학사에서 성찰되지 않았던 전제들 전체를 산산조각 내게 될 것이다.

왜냐하면 다음과 같은 질문이 제기되기 때문이다. 예술작품을 논평할 이에게 예술작품을 건네주는 것이 바로 역사인 이상, 이 예술작품이 그러한 식으로 알려지도록, 그것이 그러한 {역사적 위상을 갖도록}[10] 만드는 것은 무엇인가? 우리가 이러한 질문을 제기할 때, 우리는 다른 식으로 제기될 수도 있을, 하지만 결국에는 동일한 것으로 귀착되는 다음과 같은 질문을 제기하는 것이다. 자신들이 결정적인 예술작품을 쓴다고 생각했던 사람들이 썼던 모든 것들을 죽은 문자lettre morte로 남아 있도록 만든 것은 무엇인가? 이는 정확하게 동일한 질문이다. 다만 난처한 점은, 이러한 사람들에 대해 앞선 질문을 제기할 수 있기 위해, 어떤 문서 자료들documentation을 활용할 수 있어야 한다는 것, 즉 진짜로 잊혀졌던 perdu 것을 우리가 활용할 수 있어야만 한다는 것이다. 일반적으로, 역사적으로 잊혀진 것은 그저 단적으로 잊혀진 것이다. 그것은 할머니댁 다락방에 처박혀 있다가, 어느 날 길거리에 내던져져 불태워졌던 것이다. 반면 역사적으로 보존되어왔던 것, 그것을 우리는 손에 쥐고 있다. 왜냐하면 그것은 미학적 작품의 위상을 부여받았기 때문이다. 사람들은 존재하는 것, 전승되어왔던 것에 대해 작업하지, 잊혀졌던 것에 대해서는 작업하지 않는 법이다.

주목하라. 우리는 이 잊혀졌던 것에 대해 작업하기를 시도해볼 수 있다. 왜냐하면 다락방에 보존되어왔던 것들이 존재하기 때문이다. 모든 다락방이 불태워졌던 것도, 경매에 부쳐져 팔렸던 것도 아니다.

이는 극도로 흥미로운 어떤 반대-증거contre-épreuve가 될 수 있다. 우리는 문학의 어떤 반-역사contre-histoire, 유산된 문학사, 문학작품이라는 위상에 도달하지 못했지만 그럼에도 불구하고 그것

역사에 관한 글들

들을 쓴 저자들은 문학이라고 생각했던 작품들의 역사를 구성해 볼 수 있을 것이다. 이는 진정으로 흥미롭겠지만, 그 누구도 결코 이를 시도하지 않았다. 이는 매우 결정적인 반대-증거일 것이다.

물론 어떤 이는 사소한 저자들, 즉 **소수자들**minores[마이너한 작가들]을 그러모아 그들에 대해 논평 등을 한다. 하지만 무엇이 됐든 소수자들mineurs은 소수자들일 뿐인데, 왜냐하면 그들은 [여전히] 그렇게 인정되기 때문이다. 그들은 하나의 위상statut을 가지며, 그들에 대한 문화적 인정 속에는 위계hiérarchie가 존재한다. 그들이 {아무것도 아닌 것은 아니다}.[11] 하지만 완전히 알려지지 않은 인물을 침묵으로부터 끄집어내고, 그에게 문화적 인정을 부여할 수 있을 어떤 이는 첫째, 알려지지 않은 인물의 작품에 마음대로 접근할 수 있어야만 할 것이며, 둘째, 그 작품에 문화적 인정을 부여하는 데 도달해야만, 즉 나름의 방식으로 문학적 생산에 성공해야만 할 것이다. [그런데] 이 문학적 생산은 (그것이 일종의 생산이자 생산의 층위에 있다는 의미에서) 망각으로부터 끄집어내질 그러한 문학작품을 썼던 인물이 좌초했던, 그러니까 실패했던 바로 그것[문학적 생산]에 정확하게 해당할 것이다.

만일 그가 성공한다면, 그것은 다른 사람[그가 망각으로부터 끄집어낸 작품을 썼던 사람]이 지닌 이유들과는 무관한étrangères 이유들 때문이다. 왜냐하면 이러한 기획이 성공할 문화적 세계는 [그러한 작품이 실패했던 문화적 세계와] 완전히 다르기 때문이다. 모든 것이 이로부터 시작된다.

비-문학의 역사

역설적으로, 비-문학non-littérature의 역사는 우리가 문학사를 만들 수 있기 때문에 전개될 수 있다. 문학사를 만든다는 것은 비-문학의 역사를 만들 수 있는 가능성을 함축한다. 역사에 의해 완전하게 망각되었거나 파괴되었던détruites 예술작품들뿐만 아니라 역사에 의해 비-문학으로 받아들여졌던 작품들까지, 비-문학으로 간주된 모든 부산물들의 역사 말이다.

결국 같은 얘기인데, 문학 그 자체로 간주된 그러한 문학사를 만드는 것은 비-문학의 역사를 만드는 것 또는 병리학의 역사를 만드는 것과 동일하며, 이를테면 어떤 역사, 어떤 병리학, 문학의 병리학에 대한 병리학적인 역사를 만드는 것과 동일하다. 다시 말해 그 자체로 절대적으로 유산되어버린 것의 역사, 성공했지만 비-문학으로서 그러했던 것의 역사, 그리고 성공했지만 문학으로서 그러했던 것의 역사.

우리는 세 가지 단계degrés를 확인할 수 있다. 만약 우리가 문학사를 만들기를 원한다면, 〔첫째로〕 문학으로 추구되었지만 문학에 이르지 못하고 유산되었던 것의 역사를 만들어야만 하며, 〔둘째로〕 동시에 생산되었고 성공했던 것의 역사, 그리고 〔셋째로〕 문학의 은총을 받지 못해 문학으로 간주되지 않은 것(이것의 작가들이 문학으로서 또는 비-문학으로서 겨냥할 수 있었던 것)의 역사를 만들어야만 한다.

예를 들어, 일반적으로 기자는 스스로 문학가라 주장하지 않는다. 그가 《르 피가로Le Figaro》나 그와 비슷한 몇몇 신문들에 글을 쓸 때가 아니라면 말이다. 그는 자신이 신문 기사를 작성한다고 주장한다. 일반적으로 그는 이 기사를 전집의 형태로 모으지 않는다. 모리아크François Mauriac을 제외하고서 말이다. (이는 문학사가 아닌 다른 어떤 것, 다른 어떤 병리학에 속하는 것이다.)

그러므로 이러한 세 가지 것들을 동시에 만들 수 있어야만 한다. 곧 자신이 만들 수 있는 것은 그 자체만의 문학사일 뿐이라고 생각하면서 문학사 내로 가담하는 어떤 이는 길을 잘못 들어선 셈인데, 왜냐하면 그는 앞선 세 가지 역사들을 만들 수 있다는 조건에서만, 또는 그가 그러한 문학작품에 접근하는 방식 자체 내에서 이 세 가지 역사들을 구성할 수 있는 가능성을 숙고한다는 조건에서만, 문학사를 만들 수 있기 때문이다. 이때 그가 문학작품에 접근하는 방식은 곧 다음과 같은 사실을 의미한다. 즉 그는 처음부터 〔문학작품을〕 절대적으로, 근본적으로 인정하며, 그 이후에 문학작품을 다룬다는 사실, 그리고 그가 문학작품에 대해 말한다면, 그것은 그저 그 문학작품이 문화적인 위상을 지니기 때문이며, 그에게 그 문학작품 등을 전승해주었던 어떤 전통 전체에 의해 그 문학작품이 문학작품으로 축성되었기consacré 때문이라는 사실. 또한 그 자신이 이 문학작품에 대한 비평의 장소를 점한다고 규정되는 것은 노동에 대한 현행적인 지적 분할 안에서, 즉 이 문학작품과 관련해 현대 세계에 존재하는 가치 판단들에 의해 생산된 지적인 노동 분할 안에서라는 사실.

이러한 노동 분할 안에, 비평가들이 언제나 존재했던 것은 아니다. 이는 해명할 필요가 있는 현상이다. 한 작품의 문학사에 착수하는 어떤 사람은 한편으로, 그 문학작품이 사실상 역사에 의해

주어졌으며 그것이 문화적인 현상일 때, 그로 하여금 하나의 문학 작품을 문학으로 간주할 수 있도록 해주는 것이 무엇인가라는 질문을 절대적인 출발점으로 제기해야만 한다. 그리고 동시에 다른 한편으로 그는 그 자신으로 하여금 비평 활동을 수행할 수 있도록 해주는 것이 무엇인가라는 질문을 제기해야만 한다. 그는 자신이 그 작품에 대해 비평가로서 말할 수 있다는 사실이 문화적인 관점에서, 그리고 자신이 판단하고 공들여 작업할 미학적 대상과 관련해 무엇을 나타내는지 스스로에게 질문을 제기해야만 한다. 즉 그는 자신의 대상에 대해서뿐만 아니라, 역사적 맥락─그는 자신의 대상을 바로 이 역사적 맥락 속에 위치시키도록 강제된다─속에서도 자기 자신을 비평가의 자리에 놓아야만 하는 것이다. 그는 당연히 미학적인 것으로서의 자신의 대상이 지니는 상황과 양태에 대해 역사적 관점을 지녀야 하는 동시에, 이러한 미학적 대상에 대해 비평할 수 있는 자로서의 그 자신에 대해서도 역사적 관점을 지녀야만 한다.

즉 문학사를 구성하고자 하는 역사가는 역사라는 것이 무엇인지, 그리고 가능한 역사─역사가가 역사를 통해 자신에게 전해진 대상에 대한 역사이론의 구성에 착수하는 바로 그 순간에 그 역사가 자신이 이 가능한 역사 속에 위치하게 된다─라는 것이 무엇인지 알지 못한다면, 문학사가가 될 수 없다. 분명한 것은 그로 하여금 다음과 같은 역설적인 상황을 사유할 수 있도록 해주는 역사이론을 그가 지녀야만 한다는 사실이다. 즉 그러한 역사이론은, 그가 문화적 대상과 관련해 문화적으로 위치를 부여받는 상황과, 역사적으로 자신과 대면하여 위치하는 이 문화적 대상에 대해 바로 이 대상과 마주하여 역사적으로 결정된 위치에 있는 비평가로서의 그가 비역사적인 담론(결국 역사적인 것이 되겠지만 역사 자체 내에서 역사적 정세의 부침들에 항복하지는 않을 담론 — 상대주의 내지는 역사주의 등으로 부를 수 있는 모든 것)을 생산$_{tenir}$할 수 있는 상황을 동시에 사유할 수 있도록 해주어야 한다.

이러한 역사가의 상황 속에서, 다시 말해 역사적 결과를 성찰하고 그 결과에 대한 이론을 구성하고자 하지만, 이러한 성찰을 시작하도록 해주었고 더 나아가 계속하도록 해주었던 역사 속에 자신이 사로잡혀 있는 개인의 상황에서 어떻게 확실하며 절대적인 어떤 것, 즉 이론적으로 절대적인 어떤 것을 말할 수 있을까?

문학사에 대한 모든 시도에는 바로 이러한 전제조건이 내포되어 있다.

역사의 특정한 유형

우리가 체계적으로 성찰한다면, 우리는 문학사의 가능 조건들을 규정할 수 있다. 문학사는 우선적으로 역사 일반의 가능 조건들을 규정해야만 한다는 것을 분명히 전제한다. 그러므로 여기서 우리는 시작점으로 되돌아간다. 역사 일반을 사유할 수 있도록 해주는 이론들은 무엇인가? 이것이 첫 번째 질문이다. 두 번째 질문은 다음과 같다. 확정적인 문화적 대상, 즉 결정된 역사적 상황 속에서 문학적인 것으로, 곧 미학적인 것으로 전승되고 주어진 문화적 대상을 사유할 수 있도록 해주는 이론들은 무엇인가? 달리 말해, 문학적, 문화적, 시적 등등―무엇이 됐든 (대체로 모든 미학적 대상들에 유효한) 모든 것―의 대상이 지니는 미학적 종별성을, 그 대상이 주어지고 전승되는 결정된 역사적 상황 속에서 용해시켜버리지 않도록 해주는 그러한 역사를 사유해야만 하는 것이다.

오직 말라르메가 우리에게 그런 식으로 전승되었기 때문에만, 그리고 그가 우리에게 그런 식으로 전승됐던 역사적 판단의 대상이 되었기 때문에만, 그가 우리에게 존재한다는 것은 사실이다. 하지만 말라르메와 [우리의] 관계가 역사적 관계가 아니라는 것 또한 사실이다. 그것은 역사 속에서 체험된vécu 관계이지만, 비역사적으로 체험된 관계인데, 왜냐하면 말라르메의 독자가 말라르메와 맺는 관계는 무매개적·직접적 관계이고, 이는 말라르메의 미학적 의미화signification와 맺는 관계이지 역사와 맺는 관계가 전혀 아니기 때문이다. 역사와 맺는 관계는 그러한 식으로, 즉 직접적으로 전혀 체험되지 않는다.

그러므로 [이를] 해명하는 역사가 필요한데…… 결국 역사적 현실 전체, 역사적 조건들의 현실 전체를 동시에 수용하도록 해주는 역사이론이 필요하다. 그러한 현실 속에서 문화적 대상이 성찰의 대상으로 한 인간에게, 즉 노동의 사회적이고 기술적인technique 분할 속에서 사회적 기능을 점하며 이러한 자격으로 비평가가 되는 한 인간에게 주어진다. 이를 해명하도록 해주는 동시에, 완전히 역사적인 이러한 상황을 관통하여 말라르메의 독자와 말라르메 사이에서 이루어지는 소비consommation라는 무매개적 접촉contact을 해명하도록 해주는 이론이 필요하다.

말라르메를 탐독하는bouffer 모든 사람이 역사이론을 탐하는

bouffer 것은 아니다. 그럼에도 불구하고 우리는 〔상술한 것과 같은〕 상황의 역사적 성격을 해명해주는 동시에, 말라르메를 소비하는 모든 사람들과 마찬가지로 비평가는 말라르메와 직접적으로 접촉하며, 이런 접촉이 역사적인 것이 아니라는 사실 또한 해명해주는 역사이론이 필요하다. 이는 또 다른 필요조건, 즉 이러한 무매개적 접촉을 가능하도록 해주는 역사이론, 역사를 관통하여 역사 안에 특정한 층위가 존재할 수 있도록 해주는 역사이론을 전제한다. 즉 역사적 상황들 그 자체들을 관통하여 이러한 접촉이 무매개적으로 작용하는 어떤 층위가 존재할 수 있도록 해주는 역사이론 말이다.

이러한 역사이론은 어떤 의미에서 보면 불변하며 안정적인 어떤 층위의 실존, 의미들의 어떤 안정성의 실존을 전제하는데, 이 안전성은 역사적 변화 그 자체를 관통해 상대적으로 항구적인 어떤 접촉 유형을 나타낸다. 이는 역사의 어떤 특정한 유형, 즉 말라르메와 그의 독자 간에 맺어지는 직접적 관계라는 특정 층위의 가능성을 사유할 수 있도록 해주는 특정한 역사적 이론을 사유해야 할 필연성을 나타낸다. 이는, 1910년에 수행되든, 1963년에 수행되든 간에, 역사적 상황이 독자의 취향 등에 부과하는 모든 차이들에도 불구하고, 1910년의 말라르메와 독자의 관계와 1963년의 말라르메와 독자의 관계 사이에 공통적이며 존속하는 무엇인가가 있는 것처럼 말라르메와 그의 독자 간에 맺어지는 직접적 관계라는 특정한 층위의 가능성을 사유할 수 있도록 해주는 역사의 어떤 특정한 유형, 특정한 역사적 이론을 사유해야 할 필요성을 나타낸다.

그게 아니라면, 우리는 말라르메에 대해 말할 수 없다. 우리가 말라르메에 대해 말할 수 있는 이유는 단순히 그가 역사적 전통에 의해 우리에게 전승됐기 때문이 아니라, 말라르메의 동시대인들이 그와 맺었던 접촉 유형이 세부적인 변화들에도 불구하고 근본적으로는 지금 우리가 그와 맺고 있는 접촉 유형과 동일한 것으로 남아 있기 때문이다. 이는 의문의 여지가 없다. 지금 말라르메를 읽는 독자, 즉 말라르메의 독자가 읽었던 것을 읽는 독자는 [그 이전 시대의] 독자를 동시대인으로 재인한다reconnaître. 그들이 역사적으로 동시대인이 아님에도 불구하고 말이다.

다른 가능성들은 존재하지 않는다. 한 명의 작가와 관련해 변화들이 존재할 수 있고, 맹목적인absolus 역사적 오해들이 존재할 수도 있다. 모든 이들이, 특히 괴테Johann Wolfgang von Goethe[12]나 플로베르[13]도 베랑제Pierre Jean de Béranger를 즐겨 말했다는 것은 누구나 아는 사실이다. 하지만 우리는 역사가 현실적인 검증épreuve réelle을 부과하며, 최종적으로, 이러한 의미에서 우연적인contingentes 변화들을 제거한다고 말할 수 있다. 그 변화들은 현실적으로 전혀 우연적이지 않지만, 미적esthéthique 판단과 관련해 우연적이다. 만약 베랑제가 즐겨 말해졌다면, 이는 프랑스 나폴레옹 좌파의 쇼비니즘 때문이다. 그러니까 나폴레옹이 거기 있었고, 그 침대에서, "우리가 스무 살을 보낸 그 다락방에서"[14] 잠을 자고 있었던 것이다! 다시 말해 어떤 정치적 이데올로기가 나폴레옹이라는 신화를 통해 그의 향수를 불러일으켰던pensait 것이다. 괴테가 베랑제를 매우 훌륭한 사람으로 여겼던 것은 이 때문인데, 왜냐하면 괴테는 메테르니히Klemens von Metternich의 반동 속에서 결국에는 나폴레옹에 대한 어떤

역사에 관한 글들

향수를 고수했기 때문이다. 다른 모든 것에 대해서도 그렇지만, 무엇보다도 시민법전과 관련해서 말이다. 베랑제에 대해서도 매한가지인데, 결국 삼색기[프랑스]에 관한 모든 것이 그렇다. 이는 일종의 파토스pathos이자, 이런 식으로 이해된 역사적 요소, 즉 결정된 문화적 상황들에 부합하는 요소다. 역사 스스로가 선별한다.[15]

사실상 괴테 그 자신은, 모든 작가들을 위협하는 역사적 오해의 위험이라 부를 수 있을 것보다 오래 살아남았다. 하지만 베랑제는 그러지 못했다. 특정한 시간이 지난 후에, 사람들은 이러한 병리학적인 조건들을 창출했던 조건들과 함께 사라져버린 병리학적인 역사적 상황들 속에서 선별할 수도 있을 것이다. 그 결과 그러한 역사적 판단들, 특히 겉보기에 문학과 관련된 그러한 역사적 판단들 또한 사라질 것이다. 베랑제는 문학과 큰 상관이 없었다. 하지만 그 당시에 오해는 다음의 형태를 띠었다. 즉 사람들은 베랑제를 문학으로 간주했던 것이다. 그저 주소상의 오류, 이러한 전위transposition, 베랑제에 대한 이러한 문화적인 이전déménagement이 있었을 따름이다. 그는 지하실에 살았음에도 불구하고, 모든 사람들은 그가 1층에 살았다고 믿었다. 사실상 그것은 구역 정비에 관련된 어떤 오류, 즉 주소상의 오류였을 뿐이다. 우체부가 실수를 한 셈이다.

따라서, 한편으로 저자와 동시대인인 독자의 미학적 접촉과 [다른 한편으로] 시기적으로 이 첫 번째 접촉으로부터 훨씬 더 이후에 발생하는, 그 저자의 작품들과 독자의 미학적 접촉 간의 어떤 항구성과 안전성을 해명하도록 해주는 역사이론이 필요하다. 라신Jean Racine과 동시대적으로 행하는 접촉과 오늘날 독자들이 라신과 행하는 접촉은 별개의 것이다. 하지만 〔그 두 접촉 사이에는〕 공통된 무엇인가가 존재한다. 어떤 인간학의anthropologie 의미에서 그런 것은 전혀 아니지만, 무엇이 됐든 이는 해명되어야만 한다. 공통적인 무엇인가가 존재한다는 사실은 가능한 역사의 현상이 며, 이를 해명해야만 하는 것이다.

그러므로 이러한 상대적인 영속성의 가능성을 해명해주는 역사가 필요하다. 이것이 바로 형식적인 조건들이다.

이 문제를 해결해야만 한다. 나는 이 점에 대해, 아마도 얼마 간 너무 개인적일 테지만, 이에 대한 몇 가지 시사점들suggestions을 제시할 수 있을 것 같다.

나에게는 분명 이 문제를 다음과 같은 맥락 속에서 해결하려 는 경향이 있다. 즉 우리가 오직 마르크스주의 이론으로부터 출발 할 때만, 이를 해명할 수 있다고 나는 생각한다. 왜냐하면 오직 마 르크스주의 이론만이 이 모든 것들을 동시에 해명할 수 있기 때문 이다. 즉 한편으로 주어진 문화적 대상이 지니는 역사적 현실성을 해명함과 동시에, 〔다른 한편으로〕 이 문화적 대상과의 직접적인 미적 접촉의 가능성을 보전하기를 원하면서 문학사를 만든다고, 다시 말해 이러한 문화적 대상의 역사를 만든다고 자처하는 문학 비평가의 역사적 상황을 해명할 수 있는 것이다.

원한다면 다음과 같이 말할 수도 있을 것이다. 조금 전에 보 았던 것처럼, 우리가 고전적인 문학사 속에서 한편의 연대기로서 의 역사와 다른 한편의 그러한 역사에서 벗어나는 것으로서의 미 학 간의 분열*에 직면했을 때, 결여를 보충해줄 용도로 마련된 어 떤 보조장치가 필수적이었다. 왜냐하면 연대기로서의 역사는 미

역사에 관한 글들

학적인 종별성le spécifique 전체의 제거réduction이기 때문이다. 따라서 결여되어 있던 것을 보충해줄 필요가 있었다. 즉 미학적 대체보충물supplément이 필요했다. 왜냐하면 미학적인 것이라고는 전혀 남아 있지 않았기 때문이다! 우리가 봤던 것이 이것이다. 다시 말해, 주제들 전체가 그 고유한 공동 거주cohabitation를 사유할 수 없다는 불가능성, 그리고 동시에 기초적인 주제들 내지는 개념들 각각은 자신의 고유한 위치로부터 출발해서 자신에게 결여되어 있는 개념을 통해 보충되어야만 한다는 필연성 말이다. 이는 약간 "시골 공기가 이렇게도 맑은데, 도시들이 시골에 건설되지 않았다는 건 애석한 일이다"[16]라는 이야기histoire와 같은 것이다. 시골에 사는 사람은 도시가 그에게 선사한 모든 것을 결여하고 있으며, 도시에 사는 사람은 시골이 그에게 선사할 모든 것을 결여하고 있다.

시골에서 도시를 가지려고 하는 것, 그것은 얼마간 역사와 미학을 동시에 만들고자 하는 고전적인 문학사 기획programme과 같은 것이다. 영역territoire은 덧씌워질 수밖에 없는데, 왜냐하면 고전적인 문학사에 있어 양자를 동시에 만드는 것은 그야말로 불가능하기 때문이다.

내가 즐겨 제시하는 어떤 가설 — 이 유일한 가설만이 우리가 말했던 기본적인 필요조건들 전체를, 즉 미학적 성찰의 대상이 지니는 문화적인 특성과 그것이 지니는 문화적인, 따라서 역사적인 지위를 해명해준다고 나는 생각한다 — 에 따르면, 당신이 오늘날

---

*   해당 구절의 원문은 "la dissociation entre l'histoire comme chronique d'une part, et d'autre part, à l'esthétique comme telle qui s'en décrochait" 이지만 여기서 'à l'esthétique'가 'l'esthétique'의 오탈자로 보여 바로잡았다.

말라르메에 대해 말한다면, 음…… 그건 역사가 당신에게 말라르메를 미학적으로 인정된 대상으로 부여하기 때문이다. 이것이 첫 번째 해명이다.

두 번째는 그 대상에 대해 말하는 사람이 지닌 역사적 지위를 해명하는 것이다. 만약 오늘날 리샤르가 말라르메에 대해 말한다면, 즉 그가 문학비평가로서 말라르메에 대해 말할 수 있는 권리를 지니고 있다면, 이미 꽤 오래전부터 현대사회société contemporaine에는 노동에 대한 지적 분할에 속하는, 대문자 문학비평La Critique Littéraire의 사회적 기능이 존재해왔기 때문이다. 그들이 대학교수들universitaires이든, 아니면 대학 외부의 사람들non-universitaires이든 간에, 그들은 문학사 일반을 구성하는 것을 자신의 기능으로 삼거나, 그것을 자신의 기능으로 자처한다. 왜냐하면 그들은 문학사 일반의 필요성을 절감하기 때문이다. 여기서 우리는 어째서 그들이 그러한 필요성을 절감하는지 물을 수도 있을 것이다. (이는 다른 문제이다. 왜냐하면 문학비평가들이나 문학사가들 없이, 심지어는 그 어떤 역사 없이 온전히 살아가는 문명들이 있기 때문이다. 그들은 역사를 반성하지réfléchir 않은 채 그들의 역사를 살아간다.) 따라서 이 마지막 현상, 즉 오늘날의 독자와 말라르메—리샤르와 말라르메—간의 직접적인 접촉의 가능성, 그리고 동시에 그 접촉이 말라르메의 동시대인들이 말라르메의 작품들과 행했던 [이전의] 접촉과 공통적으로 갖는 무엇인가를 해명해주는 역사이론이 필요하다.

따라서 한편으로 미학적 대상의 문화적 지위, 그리고 동시에 비평의 역사적 지위와 비평가라는 직업의 역사적 지위, 다시 말해 역사와 역사가의 관계—이 관계야말로 근본적이다—를 그 자체 내에 함축하고 있는 역사이론이 필요하다. 또 다른 한편으로 문제가 되고 있는 미학적 대상과 모든 가능한 독자들 사이에서, 즉 말라르메와 그의 가능한 모든 독자들 사이에서 성립되는 무매개적 관계 — 이를테면 미적 판단이나 일반적으로 말해 미학적 소비 — 의 가능성을 함축하고 있는 역사이론이 필요하다. 우리가 그것의 이름에 걸맞게 어떤 것, 즉 헤겔은 미학의 구sphère라 불렀지만 전혀 둥글지 않다는 점에서 정확하게는 구가 아니라 미학적 **지층**couche, 미학적 **층위라** 할 수 있는 것의 영속성, 항구성을 명명하기를 원한다면 말이다.

역사적 대상들과 맺는 비역사적 관계

이 미학적 층위는 우리가 마르크스주의 이론 안에서 미학적 이데올로기의 층위, 즉 이데올로기로서의 예술의 층위라고 부르는 것에 관련된다. 이는 분명 매우 일반적이고 추상적인 표현이지만, 마르크스Karl Marx에게는 예술을 상술한 의미에서의 이데올로기로 이론화하기 하기 위한 필수적인 전제들 전체가 존재한다. 다시 말해 예술은 미학적 대상들을 생산하는 동시에 소비하는 활동의 지층으로서, 즉 미학적 창조, 미학적 판단, 취향 등등의 형식 아래에서 성찰되는 것{의} 지층으로서 이론화된다. 이 모든 것은 상대적으로 안정적인 이러한 지층에 속하며, 이러한 지층이 가지고 있는 어떤 역사를 우리는 구성할 수 있다.

여기에 어떤 역설이 존재한다. 왜냐하면, 우리가 실제로 그러한 미학적 대상들의 역사, 즉 그러한 미학적 지층의 역사—결과적으로 미학적 대상들의 역사는 미학적 지층의 역사로 귀착된다—를 구성할 수 있다고 한다면, 마르크스주의 역사〔이론〕의 가설은 〔이와 구별되는〕 이데올로기적 지층들, 상이한 이데올로기적 층위들, 또는 상이한 이데올로기적 대상들에 의해 구성된 〔다양한〕 지층들의 역사가 가능하다는 가설을 함축하기 때문이다. 그 각각의 지층들은 그것들을 각각 해명할 수 있도록 어떤 역사의 가능성을, 즉 근본적으로는 일반적인 역사에 기초를 두지만 하나하나가 종별적인 역사인, 그런 역사의 가능성을 전제한다.

실질적으로 이것이 의미하는 바는 무엇인가? 이는 우리가 실존하는 모든 이데올로기적 형태들의 가능성을 함축하는 이론을 마르크스주의 이론 안에서 마주하게 된다는 것을 의미한다. 우리는 철학의 역사, 도덕의 역사, 종교의 역사, 예술의 역사, 미적 판단의 역사, 아름다움의 역사 등등을 구성할 수 있다. 따라서 우리는 미학적 대상으로서의 문학의 역사를 구성할 수 있다. 왜냐하면 문학사를 구성할 수 있는 가능성이 역사에 대한 개념화 자체 내에 이론적으로 정초되어 있기 때문이다.

내가 당신에게 마르크스주의 이론이 유일하게 가능한 가설인 것 같다고 말한 이유는 바로 이 때문이다. 마르크스주의 이론은 이를 정당화하기 위한 모든 종류의 설명들과 전개들을 전제한다. 나로서는 마침내 바로 여기서 다음과 같은 가능성을 어렴풋하게나마 볼 수 있다. 즉 소위 문학작품을 생산했던 작가에 대해 어떤 사람이 〔무엇인가를〕 쓰기 시작할 때, 우리가 직면하는 것은 무엇인가라는 질문이 제기되자마자, 이에 관해 우리가 마주쳤던 모든 문제들을 실존하는 이론 속에서 제기할 수 있는 그 가능성 말이다. 궁극적으로, 그 사람이 무엇을 행하는지를 이론적으로 해명하는 것만이 문제이지, 다른 것이 문제가 아닌 것이다!

루소에 대해 쓰기 시작하는 사람은 무엇인가를 행한다. 무슨 일이 벌어지는가? 그는 어떤 대상과 마주친다. 이 대상은 어떤 대상인가? 그는 1963년에 루소에 대해 쓰는 사람이다. 루소에 대해 쓰는 것이 지니는 그 기능은 무엇인가? 그리고 그는 루소를 하나의 문학적 대상으로, 하나의 미학적 대상으로 간주하면서 루소에 대해 쓴다. 그러니까 그는 루소를 [미학적 대상이 아닌] 다른 대상으로 취할 수도 있으며, 루소를 한 명의 정치가로, 아니면 자신이 원하는 그 어떤 것으로도 간주할 수 있다. 하지만 루소를 문학의 창조자라 말하는 문학사가는 루소를 하나의 미학적 대상, 문학적 대상으로 간주한다. 이것이 그 누구도 부인할 수 없는 참된 진실이기 때문에 이를 설명해야만 한다. 하지만 전형적인 이러한 관계, 역사적으로 결정된 이러한 관계 ─ 문학비평가가 역사를 통해 미학적인 것으로 기록되고 인정된 작품과 맺는 관계 ─ 의 역사적 가능 조건들을 동시에 사유할 수 있도록 해주는 이론 속에서 이를 해명해야만 한다. 문학사를 만들려고 하는 사람이 사회들의 발전사를 만들려는 사람과 혼용될 것이라고 생각하지 않고서 말이다. 양자는 서로 관계가 없거나, 아니면 적어도 직접적인 관계가 없다.

이 모든 것들이 사회들의 역사에 기초를 둔다는 것은 분명 사실이다. 하지만 사회들의 이러한 역사를 통해 겨냥되는 것은 어떤 특정한 유형의 비역사적 관계이다. 이것이 역설적인 점이다. 그 자체로 역사적인 대상들과 맺는 비역사적 관계의 가능성을 해명해줄 수 있는 역사이론을 구성해야만 한다. 결론적으로 내가 말할 수 있는 것이 바로 이것이다.

내가 이러한 답변을 제출한 이유는 다음과 같다. 내가 아는 한에서 미학적 대상, 더 나아가 이데올로기적 대상 일반과 맺는 비역사적 관계의 이론을 구성하도록 해주는 유일한 이론이자, 동시에 역사이론, 다시 말해 역사적 대상들과 맺는 비역사적 관계가 가능하도록 해주는 역사이론은 바로 마르크스주의이다. 즉 마르크스의 이론 말이다. 마르크스는 이 모든 것들을 설명하지는 않았지만, 그것들을 설명하기 위해 필요한 모든 것들을 가지고 있다.

이에 대해 당신은 어떻게 생각하는가?

대담자의 발언:
"여기서 {나는 당신에게} 개인적인 조언{을 구하고 싶다}. 마르크스 안에 그것[앞서 말한 역사이론]이 어디에, 그리고 어떻게 있는지 말해줬으면 좋겠다."

나는 당신에게 어디에 그리고 어떻게를 말할 수는 없다. 어떻게는 그렇다 쳐도, '어디에?' '어디에'는 존재하지 않는다. 우리가 미학에 관한 마르크스의 또는 마르크스주의의 텍스트들을 접할 때, 우리가 [거기서] 발견하는 것은 앞선 문제들과 별 상관이 없는 것이다. 일반적으로 말해, 그것은 이런저런 저자들에 대해 마르크스가 표명한 미학적 판단들이 표현되어 있는 텍스트들이다. 어떤 사람이 뛰어나다거나 신뢰할 만하다고 판단하는 것은 [우리

역사에 관한 글들

가 앞서 논했던 바와는] 다른 문제이다. 이는 문학의 시작의 시작[문학사의 시작]이 아니다. 이는 식도락에나 속하는 일이다. 어떤 사람이 간단하게 식사를 하면서 다음과 같이 말하는 것이다. '이 소고기 찜은 참으로 맛있군!' 이것이 전부이며, 이는 입맛gout에 따른 판단일 뿐이다. 폴린Pauline네 집에서 문학을 소비하는 사람의 판단이 문학사에서 차지하는 그것[문제/위상]을 입맛이 생화학에서 차지한다고 말할 수도 있을 것이다. 이는 동일한 이치의 것이다. 우리가 무엇인가를 발견할 수 있는 곳은 그 내부가 아니다. 우리는 그것을 다른 곳에서 발견한다. 설령 그렇다고 해도, 우리는 그것들을 국지적인 특정한 장소에서는 절대로 발견하지 못한다. 미학의 가능성에 대한 이론은 그 어디에도 존재하지 않는다.

하지만 우리는 하나의 이론을 가지고 있다. 우리는 마르크스의 역사이론 속에서 정확하게, 문학사를 구성하거나, 그렇게 하려고 시도하는 그 누구라도 '내가 지금 무엇을 구성하고 있지? 그리고 무엇이 어떠한 자격으로 — 이론적으로, 역사적으로 등등 — 내가 구성하는 어떤 것을 구성할 수 있는 자격을 나에게 주는 거지? 나는 정당한 권리를 지니고 있기 때문에 아무 문제 없어'라고 자문[자답]하는 순간부터 스스로에게 제기할 수밖에 없는 현실적인 질문들에 대해 대답할 수 있도록 해주는 개념들과 문제틀problématique을 발견할 수 있다. 만약 누군가가 문학사를 구성한다면, 그 사람은 자신이 그것을 구성할 수 있는 권리를 지니고 있다는 것을 단 한순간도 의심하지 않을 것이다. 하지만 모든 권리와 마찬가지로, 의심받지 않는 이러한 권리는 전혀 자연스러운 것이 아니다. 예컨대 어떤 사람이 그 권리에 이의를 제기하거나 어떤

{문학사에 관한 대화}(1963)

문명(역사적 실존의 또 다른 형태들)에서는 그 권리가 자연스럽지 않은 것처럼 말이다.

따라서 그토록 자연스러운 것으로 보이는 이러한 권리가 문제시된다. 그 권리는 역사적 의식에 의해, 심지어 가장 단순한 역사적 의식에 의해 자연스러운 것에서 {파면된다révoqué}.[17] 우리는 이러한 단순한 역사적 의식을 심지어 몽테뉴[18]에게서 발견할 수 있다. 야만인들을 비롯해 모든 것들, 다른 누군가는 신의 실존 증거들 중 하나로 삼았을 수도 있을 피레네 산맥*을 말이다. 신의 실존 증거로서 산맥은 그리 나쁘지 않다. [이렇게] 지리학은 모든 곳에 쓸모가 있지만, 지리학이 자리하는 그곳이 쓸모가 있는 것은 아니라는 점은 아주 기초적인 사실이다. 어찌 됐든, 이는 어떤 문제를 제기한다.

이는 다음과 같은 문제를 제기한다. 당신은 어떠한 권리를 당신이 구성하는 어떤 것을 구성할 수 있도록 해주는 자연스러운 권리로 간주하는가? 이는 문학사를 구성하기 위해 미학적 작품에 스스로를 결부시키는 어떤 사람의 행위가 지니는 자연스러운 성격을 다시금 문제 삼도록 한다. 이는 이 행위의 자연스러운 성격을 다시 문제시하는 것이며, 말하자면 이 행위의 역사적 성격을 다시 문제시하여 그것을 규명하는 것이다. {하지만} 이 상태에 머무른다면 결코 이 문제를 해결할 수 없을 것이고, 역사적 상대주의에 빠지고 말 것이다. 역사적 상대주의에 빠지는 순간, 다음과

---

* '피레네 산맥 이쪽에서는 진리인 것이 저쪽에서는 거짓이 된다'는 몽테뉴의 유명한 경구를 말하는 듯하다.

같이 말하게 된다. 사태가 그러한 것은 지금 그러하기 때문이며, 그뿐이라고. 따라서 예전에는 사태는 달랐다고 말이다. 모든 호교론자들, 아니면 모든 여행객들은 여기에 감탄한다.

사람들은 자신들을 다음과 같이 되도록 만드는 일종의 이론적인 여행을 하게 된다. 이 이론적인 여행 속에서 사람들은 다른 곳에서는 발견하지 못하는 어떤 것을 자신들의 집에서 발견하고서, 역으로 자신들의 집에서 발견한 것을 다른 곳에서는 발견하지 못하고서 너무나도 좋아한다. 이 모든 사람들의 슬로건은 다음과 같다. "집으로 되돌아오는 기쁨을 결코 너무 먼 곳에서 찾지는 않을 것이다."[19] 왜냐하면 이 관광은 결과적으로 떠나지 않았어도 된 이유가 정말로 있다는 것을 깨닫기 위해 산책을 가는 하나의 방식이기 때문이다. 따라서 여행을 하지 않는 사람들이 있는데, 그건 그들이 집으로 돌아오는 길에 자신의 집이 훨씬 더 좋다는 것을 깨닫게 될 거라는 걸 사전에 알고 있기 때문이며, 따라서 그들은 집 밖으로 나가지 않는다. 집 밖으로 나가지 않는다는 사실은 모든 문학사가들을 규정해준다. 그들은 문학사가 존재하지 않는 나라를 보러 가기보다 자기 집에 머무르는데, 왜냐하면 그들은 어쨌든 자신이 집에 돌아올 것을 알기 때문이다. 당신이 집으로 돌아가기 위해서는, 주소만 정확하게 알면 된다. 바로 당신네 집 주소 말이다! 그들은 어차피 집으로 돌아갈 것이기 때문에 집 밖으로 나가지 않는 것을 선호하며, 관광을 한다고 해도 그들 자신은 움직이지 않고 다른 사람을 내세워 하거나 잠깐 동안만 한다. 그들은 가능한 한 여행을 괄호 속에 넣고서는 다음과 같이 말하곤 한다. '아, 문제는 전혀 없지. 왜냐하면 실제로 내가 옆집을 보러 간다고 해도, 어쨌든 난 집으로 돌아올 테니까. 그러니까 우리 일이나 잘하면서 정원이나 가꾸자고!"*

푸코를 넘어서

대담자의 발언:

"어떻게 보면, 푸코의 행보*démarche*와 비슷한 것 같다. 광기*folie*가 아니라 이성의 역사를 구성한 그 푸코 말이다.[20] 비-문학의 역사를 구성함으로써 문학사를 구성하기. 이는 조금 전에 당신이 제시했던 것을 다시 취한 것이다."

아, 맞다. 바로 그렇다. 푸코Michel Foucault의 행보 속에는, 그렇지 않아도 이미 그 자체로 놀라운 그의 책을 방법론적인 측면에서 봤을 때 더욱 놀랍게 넘어서는 무엇인가가 존재한다. 거기에는

---

* 이 문장의 마지막 구절은 볼테르Voltaire의 소설 《캉디드 혹은 낙관주의can-dide ou l'optimisme》(1759)를 끝맺는 구절을 패러디한 것이다. 이 소설은 낙관주의의 전형을 보여주는 팡글로스의 말에 캉디드가 대답하면서 끝이 난다. "팡글로스는 때때로 캉디드에게 이렇게 말하곤 했다. '최선의 세계에서는 모든 사건들이 연계되어 있네. 만일 자네가 퀴네공드 양을 사랑한 죄로 엉덩이를 발길로 차이면서 성에서 쫓겨나지 않았더라면, 또 종교 재판을 받지 않았더라면, 또 걸어서 아메리카 대륙을 누비지 않았더라면, 또 남작을 칼로 찌르지 않았더라면, 또 엘도라도에서 가지고 온 양들을 모두 잃지 않았더라면, 자네는 여기서 설탕에 절인 레몬과 피스타치오를 먹지 못했을 것 아닌가.' 그럴 때마다 캉디드는 이렇게 대답했다. '지당하신 말씀입니다. 하지만 이제 우리는 우리의 밭jardin을 갈아야 합니다.'" 볼테르, 《캉디드 혹은 낙관주의》, 이봉지 옮김, 열린책들, 2009, 200쪽.

방법론에 관한 경이로운 교훈이 존재한다. 푸코의 경우에 모든 문제는 다음과 같다. 즉 그는 광기의 역사를 통해 이성의 역사를 구성했다. 달리 말해 그는 이성-광기라는 쌍의 역사를 구성했다. 그가 보여준 바는, 이 이성-광기라는 쌍이 그가 연구한 시대〔고전주의 시대〕에는 현실적이었다는 점이다. 하지만 우리는 다음과 같은 질문을 제기할 수 있다. 즉 이 이성-광기 쌍은 역사적으로 조건 지어진 쌍이 아니었는가라고, 달리 말해 푸코는 정확하게 그 쌍이 실존했던 역사적 시기를 선택한 것이 아닌가라고 말이다. 왜냐하면 다른 쌍들 또한 있을 수 있기 때문이다. 그러니까 이성이 반드시 광기와의 관계를 통해서만 정위되는 것은 아니며, 비-이성non-raison이 반드시 광기인 것도 아니다. 심지어 17세기에 대해서도, 다음과 같은 질문을 제기할 수 있다. 푸코가 연구한 역사적 시기들 전체에 걸쳐 의미화의 방식에서 정말 변별적discriminante —— 언제나 변별적인 번역어들을 제시했던 샤푸티에Fernand Chapouthier라면 말할 법한 —— 이었던 것이 광기인가라고 말이다.

질문은 변별적인 것이 광기인지 여부이다. 즉 비-이성 안에서 광기가 정말로 지배적인 자리를 점하는지 여부 말이다. 물론 푸코는 광기만이 유일하다고 말하지 않았으며, 광기와는 다른 비-이성의 형태들이 존재한다는 것을 매우 잘 알고 있었다. 이에 대해 다른 곳에서 말하고 있듯 말이다. 하지만 그는 17세기에 비-이성을 가득 채웠던 것은 실질적으로 광기였으며, 그 광기야말로 모든 경우에 있어 비-이성 내의 지도-개념concept guide이라고 말한다. 17세기의 비-이성 속으로 파고들기를 원한다면, 광기의 인솔을 받아야만 하는 것이다.

푸코가 말한 것이 이것이고, 이것이 전부이다. 그는 그것〔광기〕만이 존재한다고 말하지 않았다. 이는 사실 차원의 문제이다. 물론 절대적 사실은 존재하지 않기 때문에 사실 차원의 문제만은 아니겠지만 말이다. 하지만 정말로 광기를 통해 비-이성에 진입해야만 하는 건지 실제로 알기 위해서는 그것〔광기〕이 모든 것과 잘 맞는지 여부를 알아야만 한다. 이는 너무 광대한 주제이다. 사람들은 이에 대한 논의를 이어나갈 수 있을 것이다.

나는 '푹스Fouks'*의 비범한 책에 대해 방법론적으로 매우 동의하지만, 그 책의 몇몇 지점들에 역사적인 질문들을 품고 있다. 왜냐하면 나는 광기만이 존재한다고, 요컨대 광기가 항상 〔비-이성으로 진입하는〕 특권적인 통로이자, 비-이성의 탁월한 점유자라고 확신하지 않기 때문이다. 나는 비-이성으로 접근할 수 있는 또 다른 길들이 존재한다고 생각한다. 나는 비-이성으로 파고들기 위한 다른 방식들을, 즉 다른 개념들의 인솔을 받는 방식들을 시도해야만 하는 것은 아닌지 자문하게 된다. 더 정확히 말해, 문제가 되는 것은 개념들이 아니라 아직 자신의 개념을 발견하지 못한 현실들이므로, 비-이성이 무엇을 알려줄 수 있을지 알기 위해서, 광기에 의해서가 아니라 다른 어떤 것에 의해서 인솔되는 방식들을 시도해야만 하는 것은 아닌지 자문하게 된다. 우리가 다른 어떤 것을, 즉 광기만이 유일하게 비-이성의 세계로 진입하는 열쇠를 쥐고 있기에 비-이성으로 파고들기 위해서는 당연히 광기를

---

* '여우'를 뜻하는 영어 단어인 '폭스Fox'와 유사한 발음을 지닌 '푹스Fouks'는 푸코의 별명이다. 그의 여우 같은 성격 때문에 이런 별명이 생겨났다.

통해야만 한다는 '푹스'의 가설을 아마도 검증할 수 있게 해줄 다른 어떤 것을 발견할 수는 없을지 알기 위해서 말이다.

1   J.-P. Richard, *L'Univers imaginaire de Mallarmé*, Paris, Seuil, 1961. 또한 J.-P. Richard, *Stéphane Mallarmé et son fils Anatole*, Paris, Seuil, 1961도 보라. [앞의 책은] 리샤르의 박사학위 주논문이며, [뒤의 책은] 부논문이다.

2   타자본에는 "모두tous" 뒤에 공백이 있다.

3   Henri Guillemin, 루소에 관해 다수의 저작들을 쓴 저자. "Cette affaire infernale", *L'affaire Rousseau-David Hume, 1766*, Paris, Plon, 1942.

4   C. Mauron, *Des métaphores obsédantes au mythe personnel. Introduction à la psychocritique (Mallarmé-Baudelaire-Nerval-Valéry)*, Paris, José Corti, 1963.

5   타자본에는 "심리학적인psychologiques"이라고 기재되어 있다.

6   R. Barthes, *Sur Racine*, Paris, Seuil, 1963(롤랑 바르트, 《라신에 관하여》, 남수인 옮김, 동문선, 1998]. 1963년 5월 7일 바르트는 이 책의 사본 한 부를 알튀세르에게 보냈고, 알튀세르는 이를 곧바로 읽었다. L. Althusser, Lettre du 8 mai 1963 à Franca Madonia, *Lettres à Franca*, op. cit., pp.412-413.

7   타자본에는 "말 자체un mot en soi"라고 기재되어 있다.

8   "Confections", nᵒ 10, *Œuvres complètes*, t. I, éd. M. Dumas et L. Scheler, Paris, Gallimard, «Bibliothèque de la Pléiade», 1968, p.301.

9   타자본의 이 부분에 공백이 있다.

10 타자본에는 "즉 역사적으로 거부당하도록c'est-à-dire un refus historiquement"으로 기재되어 있다.

11 타자본에는 "그들은 아무것도 내놓지 않는다ils ne sortent rien"라고 기재되어 있다.

12 *Entretiens de Goethe avec Eckermann*, trad. J.-N. Charles, Paris, Claye, «Hetzel», s.d., pp.111-113. "베랑제의 곡들은 완벽하다. …… 이 장르에서 최고이다. 베랑제는 끊임없이 나에게 호라티우스Horace와 하피즈Hafiz를 연상시킨다."

13 L. Ferrère, *L'Esthétique de Gustave Flaubert*, Paris, Conard, 1913, p.113. "먼저 매우 절제된 방식으로 그를 판단한 뒤에, 플로베르는 비로소 그를 진정으로 싫어하게 되었다." G. Flaubert, Lettre à Amélie Bosquet du 9 août 1864, *Œuvres complètes*, éd. Société des Études littéraires françaises, Paris, Club de l'Honnête homme, 1975, t. XIV, p.211. "…… 저는 앞서 언급한 베랑제를 …… 치명적이라고 봅니다. 하지만 아마도 프랑스는 이보다 더 독한 와인을 마실 수는 없을 겁니다! 베랑제는 오랫동안 프랑스의 시인(일

테죠}."

14 P.-J. de Béranger, «Le Grenier», *Œuvres complètes*, t. II, Paris, L'Harmattan, «Les Introuvables. Éditions d'aujourd'hui», 1984, pp.130-131.

15 L. Althusser, *Pour Marx*, Paris, Maspero, «Théorie», 1965, p.126[루이 알튀세르, 《마르크스를 위하여》, 서관모 옮김, 후마니타스, 2017].

16 {J.-L. Auguste} Commerson, *Pensées d'un emballeur pour faire suite aux Maximes de François de La Rochefoucauld*, Paris, Martinon, 1851, p.124. "지금 우리가 도시를 세운다면, 공기가 더 맑은 시골에 지을 것이다"로 번역되는 이 농담은 흔히 알퐁스 알레Alphonse Allais의 것으로 여겨진다.

17 손으로 수정된 타자본에는 "환기된다évoqué"라고 기재되어 있다.

18 *Les Essais*, éd. P. Villey et V.-L. Saulnier, Paris, PUF, «Quadrige», 2e éd., 1992, t. I, p.205, p.212; t. II, p.467; t. III, p.574.

19 A. Michel, «La poétique du voyage: d'Homère à la modernité», dans *Les voyages: rêves et réalités. VIIes Entretiens de la Garenne Lemot* (2008), éd. J. Pigeaud, Rennes, Presses universitaires de Rennes, 2016, p.17. "{해방 이후} 내가 고등사범학교 준비반에 입학했을 때, {이러한} 금언은 고등사범학교 입학을 준비하는 마르세유 1학년 학생들에게 널리 퍼져 있었다." L. Althusser, *Initiation à la philosophie pour les non-philosophes* (1977), éd. G. M. Goshgarian, Paris, PUF, «Perspectives critiques», 2014, p.99[루이 알튀세르, 《비철학자들을 위한 철학 입문》, 안준범 옮김, 진태원 해제, 현실문화, 2020].

20 *Histoire de la folie à l'âge classique*, Paris, Plon, 1961[미셸 푸코, 《광기의 역사》, 이규현 옮김, 나남출판, 2003].

역사에 관한 보충노트
(작성일 미상)

1965~1966?

번역 이찬선

❖

Note
supplémentaire
sur l'histoire

1. 역사에 대해 말해졌던 모든 것 속에서[1] 전적으로 분명해져야만 하는 것은 **역사적인 것**의 개념이 무엇인지, 즉 역사이론이 지니는 종별적인 대상이 무엇인지 정의définition 내리는 연구가 중요하다는 것이다. 역사의 시간은 역사적 사건들이 **그 속에서** 일어나는 공허한 이데올로기적인 시간이 아니라, 고려되고 있는 생산양식, 즉 문제가 되고 있는 규정된 생산양식의 종별적 시간이라고 말했을 때, 우리가 오로지 **역사적인 것**이라고 칭할 수 있을 만한 그러한 시간만을 염두에 두고 있다는 점은 분명하다.

당연하게도 이는, 앞으로 보게 될 것처럼, 역사에 대해, 그리고 역사적 시간에 대해 제시되었던 정의와 일체를 이루는 어떤 구분을 함축한다. 즉 모든 사건들과 사실들 중에서, [그리고] 주어진 하나의 생산양식 속에서 살아가는 인간들의 실존에 영향을 미칠 수 있는 모든 현상들 중에서, 여타의 것들은 제외하고 역사적인 것들로서 간직할 만한 것들을 구분 지어 판별할 수 있게 하는 그러한 구분 말이다. 달리 말해, 맨 처음 발생했다고 해서 그 시간을 역사적인 것으로 간주하지 않는 것과 마찬가지로, 우리는 주어진 한 사회 안에서 발생하는 인간 실존의 모든 사건들 내지 모든 현상들을 역사적인 것으로 간주하지 않을 것이다. 이는 생물학적 시간이든, 물리학적 시간이든, 심리학적 시간이든 등등에 상관없이 모두 그러하다. 역으로 이러한 적절한 구분과의 관련 속에서, 우리는 규정된 하나의 생산양식의 지배를 받고 있는 한 사회구성체에서 항상 살아가는 인간들의 실존에 일어나는 모든 것이 역사에 속한다고 주장할 수 없게 된다. 따라서 역사이론이 인간 실존에 속하는 모든 것들에 대해 이론적 인식을 제공할 수 있다고 주장할 수는 없다.

역사학이 자신이 갖는 대상의 개념을 존중하기를 원한다면, 역사학은 그 개념에 속하지 않는 모든 현상들은 제외하고 자신이 갖는 대상에 대한 가지성만을 제공한다고 주장할 수 있을 따름이다. 그렇다고 해서, 이러한 비역사적인 현상들을 자신의 대상으로 삼는 이러저러한 분과 학문은 역사적 현실이 자신의 대상에 어떠한 효과도 미치지 않는다고 간주해야 한다는 것을 의미하지는 않는다. 다만 이러한 분과 학문의 경우, 역사[적 현실]는 그 분과 학문의 새로운 대상에 속하기는 하지만, 이는 그러한 대상의 [새로운 출현에 있어서] 본질이나 심지어는 지배적인 조건으로서가 아니라, 그 여러 조건들 중 하나로서만 속하는 것이다. 이런 식으로 역사적인 것을 판별할 수 있게 해주는 정의를 역시 이론이 제시해야 한다는 요구는 마찬가지로 역사이론이 이처럼 역사적인 것으로 정의된 대상의 한계들 내에서만 자신의 영향력règne을 발휘하도록 강제하며, 따라서 역사적인 것 그 자체가 지니는 종별성에 대한 정의에 따라 역사적인 것으로부터 분리된 비역사적인 것에 대한 인식은 여타의 분과 학문들에 맡기도록 강제한다.

2. 역사에 대해 말해졌던 것은 확실히, 역사적인 것에 대한 이러한 정의를 사전에 요청한다는 것을 함축한다. 지금까지 고찰된 바에 따르면, 우리는 오직 역사를 **역사적 시간성**의 형식 아래에서만 취해왔으며, 그리하여 우리는 이러한 역사적 시간성이 각각의 생산양식에 고유한 실존 과정processus으로서만 이해될 수 있다는 것을 보여주었다. 따라서 역사이론의 대상은 상이한 생산양식들의 역사 혹은 그것들의 실존 과정(발전 과정 내지는 비-발전 과정)이다. 모든 이론적 문제들을 자신의 대상에 결부시킴으로써, 역사학은 그 대상의 종별성을 다양한 실존 방식들formes 및 이해 방식들로 정의할 수 있다.

1 L. Althusser, *Pour Marx*, op. cit., p.117 *sq.*, pp.136-137[루이 알튀세르, 《마르크스를 위하여》, 서관모 옮김, 후마니타스, 2017]; *idem*, «L'objet du *Capital*», dans *idem*, É. Balibar, R. Establet, P. Macherey, J. Rancière, *Lire Le Capital*, op. cit., p.272 *sq.*, p.295 *sq.*

발생에 관하여

1966

번역 이찬선

❖

Sur la genèse

나는 내 편지에서 아마도 뚜렷하게 부각되지 않았을지도 모를 논점 하나를 명확히 하고 싶다.[1]

발생에 대한 이데올로기적 (종교적) 범주를 대체하기 위해 마련된 '마주침의 이론' 또는 '공접합conjonction의 이론'의 도식 속에는 우리가 **선형적인 계보들**généalogies linéaires이라 칭할 수 있는 것을 위한 자리가 존재한다.

이를테면, 《자본Le Capital》[1867~1894]에서 자본주의적 생산양식의 구성 논리라는 예를 다시금 취해보자면,

1. 마르크스에 의해 정의 내려진 요소들은 서로 '결합한다combinent'. ('Verbindung'이라는 용어를 번역하기 위해) 나는 어떤 새로운 구조 속에서 [그 요소들이] '응고prenant'되는 방식으로 '공접합한다conjoignent'고 말하는 것을 선호한다. 이러한 구조는 그 구조의 돌발surgissement 속에서 친자 관계filiation의 효과로서 사고되는 것이 아

니라, **공접합**의 효과로서 사고된다. 이러한 새로운 논리Logique는 친자 관계의 선형적 인과성causalité linéaire과 아무런 관련이 없을뿐 더러, 선형적 인과성의 논리가 암묵적으로 내포하고 있는 것을 소리 높여 말하는 것에 불과한 헤겔의 '변증법적' 인과성과도 아무런 관련이 없다.

2. 하지만 새로운 구조의 공접합 속에서 서로 결합하는 요소들 **각각**(이 경우, 축적된 화폐-자본, '자유로운' 노동력, 즉 자신들의 노동수단들을 빼앗긴 노동력, 기술적 혁신들)은 그 자체로 하나의 **생산물**이며, 하나의 **효과**이다.

마르크스의 논증에서 중요한 것은, 바로 이러한 세 요소들이, 유일하며 동일한 한 상황의 **동시적인** 산물들이 아니라는 것이다. 달리 말해, 봉건적 생산양식이 혼자의 힘으로, 섭리적인 목적성을 따라, 새로운 구조가 '응고되기prenne' 위해 필수적인 **세 요소들을**[2] **동시에** 야기하는 것이 아니다. 이러한 요소들 각각은 각자의 고유한 '역사' 내지는 (발리바르[3]가 이와 관련해서 성공적으로 사용한 바 있는 니체의 개념을 다시금 취해보자면) 각자의 고유한 **계보**를 지니며, 이 세 계보들은 상대적으로 **독립적**이다. 우리는 심지어 마르크스가, 동일한 한 요소('자유로운' 노동력)가 **완전히 상이한** 계보들에 의해 결과로 생산될 수 있음을 밝혀준다는 것을 볼 수 있다.[4]

그러므로 세 요소들의 계보들은 서로 독립적이며, (세 계보들의 공존 및 그 계보들 각각의 결과물들의 공존 속에서) 실존하는 구조(봉건적 생산양식)에 대해 독립적이다. 바로 이것이 발생의 신화가 재출현할 수 있는 모든 가능성을 배제한다. 즉 봉건적 생산양식은 자본주의적 생산양식의 '아버지'가 아니다. 자본주의적 생산양식이 봉건적 생산양식 속에 **'맹아로'** 포함될 수 있으며, 포함되어 있었다는 의미에서의 그 아버지가 아닌 것이다.

3. 그런데 이러한 요소들과 관련해 (그리고 일반적으로 **모든 요소의 계보**와 관련해), **이 요소들을**, 새로운 구조 속에서 '응고'할 공접합 내의 요소들로 **생산하는 것**을 해명하는 데 작용할 수 있는 인과성의 유형들을 파악하는 일이 남는다.

내가 보기에, 여기서는 서로 구분되는 **두 가지 유형**의 인과성을 구별해야만 할 것 같다.

a. **구조적 인과성**: 하나의 요소는 **구조적 효과**로서 생산될 수 있다. 구조적 인과성은 모든 효과의 **궁극적인**dernière **인과성**이다.

구조적 인과성이라는 개념은 무엇을 의미하는가? 그것은 (매우 거칠게 말해) (요소로 간주된) **효과 B**가 (또 다른 요소인) **원인 A**의 효과가 아니라, **이 요소 A**가 그 속에서 '응고pris'되고 위치하는 **구조**를 구성하는 **관계들 속에 삽입되어 있는** 한에서, 요소 A의 효과라는 것을 의미한다.* 이는 단순하게 말해, 효과 B의 생산을 이해하기 위해서는 (효과 B와 관계된 직접적으로 또는 가시적으로 선행하는) 원인 A만을 고려하는 것으로는 충분하지 않고, 원인 A를 원인 A가 응고되어 자리를 잡고 있는 어떤 구조의 요소로서 고려해야 한다는 것을 의미한다. 다시 말해 원인 A를 관계에, 즉 문제가 되

---

* 이 문장을 풀어보면, 효과 B가 요소 A의 효과라는 것은 다음을 의미한다. 요소 A는 어떤 구조 속에서 응고되어 위치한다. 그리고 이는 요소 A가 이러한 구조를 구성하는 관계들 속에 삽입되어 있다는 것을 의미한다. 이렇게 이 요소 A가 그 속에서 응고되고 위치하는 구조를 구성하는 관계들 속에 삽입되어 있는 한에서, 효과 B는 요소 A의 효과이다.

는 구조를 정의하는 종별적인 구조적 관계에 종속된 것으로 고려해야 한다.

예를 들어, 구조적 인과성의 매우 간략한 형태는 현대 물리학에서 나타나는데, 현대 물리학이 **장**champ 개념을 개입시키고, 그리하여 **장의 인과성**이라고 부를 수 있는 것을 작동시킬 때가 바로 그렇다. 사회과학의 경우, 우리가 마르크스의 생각을 따른다면, 우리는 어떤 경제적 효과를 그것이 어떤 고립된 원인과 맺는 관계를 통해서는 이해할 수 없고, 그 효과가 (생산력과 생산관계의 접합articulation으로 정의된) 경제적인 것의 **구조**와 맺는 관계를 통해서만 이해할 수 있다. 동일한 방식으로 우리는 정신분석에서 어떤 효과(증상)는 **무의식의 구조**의 효과로서만 이해될 수 있다고 생각해볼 수 있다. 어떤 효과 B를 생산하는 것은 어떤 사건 내지는 어떤 요소 A가 아니라, 주체의 무의식으로 정의된 **구조**이다.

b. 이러한 법칙은 일반적인 것 같다. 그러나 구조적 인과성은, 구조적인 것으로서, 즉 구조적 효과로서, **엄격하게 한정되고 제한된 지대 또는 시퀀스**를 규정하는데, 거기서 구조적 인과성은 **선형적 인과성의 형태로** 실행된다. 예를 들어, **노동과정** 속에서 일어나는 일이 바로 그렇다. 선형적인 기계적 인과성causalité mécanique linéaire(이 인과성이 기계에서처럼 복잡한 형태들을 띤다고 해도, 그런 형태들은 **심지어 피드백의 효과들**이나 사이버네틱한 효과들에서도 기계적인 것에, 즉 선형적인 것에 머문다)은 노동과정 안에서 **생산물들을 생산하는** 장처럼 **한정된 장** 속에서 자율적이고 배타적인 방식으로 작동한다. 못을 박기 위해서는 망치로 못을 두드려야 하고, 밭을 갈기 위해서는 땅을 갈아엎는 쟁기에 힘을 가해야 한다. 이처럼

선형적-기계적 인과성(사르트르가 '분석적 이성'이라 부른 것이 이것
이다…… 하지만 주의하자. 사르트르가 (분석적 이성을 대체하기 위해 제
시하며) 변증법적 이성이라고 부른 것은, 그가 그렇게 불렀음에도, 사실
분석적 이성의 복잡한 형태일 뿐이며, 결국 분석적 이성에 불과하다)은
반복과 **축적**에 의해 동일한 효과들을 생산하면서 작동한다.

  헤겔이 양적 축적 내지는 지성entendement의 논리에 대해 말할
때, 우리가 그에게서 발견하는 것이 바로 이 인과성이다. 헤겔은
고유하게 구조적인 효과들을 "질적 도약"의 형태로 사고하고자
했다. 다시 말해 그는 선형적 인과성으로부터 구조적 인과성을 야
기시킴으로써engendrant 전자에서 후자로 넘어가고자 했던 것이다
(바로 이 때문에 헤겔의 '변증법'은, 그가 지양dépassement을 **선언**했음에도
불구하고 기계적이고 선형적인 지성의 경험적 범주들에 사로잡혀 있다.
'지양Aufhebung'이라는 개념은 헤겔의 뜻에 반해 이러한 포로 상태를 고백
하고 인정하는 개념이다).

  따라서 전체적인 시퀀스들이 있지만, 이것들은 언제나 **엄격
한 한계들** 속에서 한정되고, 구조적 인과성에 의해 고정된다. 그
러면서도 이 시퀀스들은 분석적이거나 **선형적인 인과성**(또는 타
동적 인과성causalité transitive)의 자율적인 작동에 종속된다. 이는 매우
뚜렷한 방식으로 경제적·정치적·이데올로기적 현상들의 어떤
시퀀스들에서 일어난다. 이는 또한 정신분석에서도 일어날 것이
다(예를 들어 이차 과정에 속하는 어떤 시퀀스들 속에서 말이다. 내가 보
기에, 우리가 방어적 형성물들처럼 '이차적 형성물들'이라고 부르는 것이
여기에 해당되는 것 같다).

  우리가 앞서 제시한 세 가지 요소들의 예에서, 화폐-자본의

축적은 대부분 이 메커니즘에 속하며, 다른 두 요소들을 생산하는 어떤 시퀀스들 또한 마찬가지이다.

하지만 이 모든 경우에서, 기계적 인과성의 한계들과 그 '작동jeu', 그리고 이 인과성이 생산하는 **대상의 유형**은 최종심급에서 구조적 인과성에 의해 결정된다. 더 나아가, 우리는 구조적 효과들 사이에서 (기계적) 축적 효과들을 관찰할 수 있다고 말할 수 있다(마르크스가 말한 것처럼, '자유로운 노동력'의 실존은 상이하고 독립적인 **복수의** 과정들의 결과이며, 이 과정들의 효과들은 **서로 덧붙여지고**, 더 강고하게 서로 덧붙여진다). 하지만 이 효과들 — 이 효과들 사이에서 기계적 인과성의 작동이 이루어진다s'instaure — 은 따로 보면 구조적 효과들이다.

논의를 더 진전시키지는 않겠다. 나는 단지 이러한 이중의 인과성 및 그것의 접합 — 이 접합에서 구조적 인과성이 선형적 인과성을 결정한다 — 원리를 지적하고 싶었을 뿐이다.

1966년 9월 22일

역사에 관한 글들

1   아마도 «Lettres à D··· (n° 2)», *Ecrits sur la psychanalyse*, éd. O. Corpet et F. Matheron, Stock/Imec, 1993, pp.83-110에 관련된 것 같다.

2   화폐-자본 내지는 "화폐 소유자homme aux écus", "자유로운" 노동자, 생산수단.

3   «Sur les concepts fondamentaux du matérialisme historique», *Lire Le Capital*, op. cit., p.529, p.532.

4   *Principes d'une critique de l'économie politique* {extraits des *Grundrisse*}, trad. M. Rubel et J. Malaquais, *Œuvres*, éd. Rubel, t. I: *Économie*, 2, Paris, Gallimard, «Bibliothèque de la Pléiade», 1968, pp.338-340[카를 마르크스, 《정치경제학 비판 요강》 1·2·3, 김호균 옮김, 그린비, 2007]. *Le Capital*, Livre II, *Œuvres*, t. I: *Économie*, 2, op. cit., p.517[카를 마르크스, 《자본》 II, 강신준 옮김, 도서출판 길, 2010]; Balibar, «Sur les concepts fondamentaux···», op. cit., p.533.

{어떻게 실체적인 무언가가 변화할 수 있는가?}

1970

번역 이찬선

Comment quelque chose de substantiel peut-il changer?

문제: 어떻게 당내에서 실체적인 무언가가 변화할 수 있는가?

여러 분파들이 전통적으로 혹은 [1968년] 5월의 결과로 내놓는 답변은 대중들의 운동에 의해서, 즉 기층 당원들의 혁명적인 항거에 의해서라는 것이다. 하지만 문제는 [다시] 다음과 같이 제기된다. 대중들의 항거의 결실들을 거둘 수 있는 동시에 이러한 항거를 발전시킬 수 있는 조직화로 나아가야 한다. 답변: 새로운 당을 건설하거나 또는 어떤 조직(새로운 당을 건설하는 데 기여할 것이지만 그렇게 건설될 새로운 당 내부에서 때가 되면 사라질 조직)을 건설하자. 이러한 조직들은 오늘날 트로츠키주의적인 또는 마오주의적인 이론적 토대 위에 세워져 있거나, 아니면 그 변이들이 다양한 전통적인 프티부르주아적인 이론적 토대 위에 세워져 있다.

결과: 당은 계속해서 존속한다. 당은 이러한 조직들을 정말로 거북해하지 않고, 자신의 전통적인 정치를 계속해나간다. 당내 파

벌들은 당을 짜증나게 만들기는 하지만 당의 안전을 뒤흔들지는 않는다. 이러한 평온함은 나름의 방식으로 현실적인 무언가를 표현한다.

문제는 다음과 같이 제기된다. 어떻게 당내의 실체적인 무언가가 당 **내부에서부터** 변화할 수 있는가? 당의 정치를 변화시키는 기층 당원들의 자각을 통해서? 당내에서 벌어지는 어떤 위기를 통해서? 기층 당원들의 항거를 통해, 〔권력의〕 정점에서 변화들을 야기함으로써?

이는 물론 판단상의 문제이긴 하지만, 현재 정세에서 나는 이러한 종류의 가능성을 믿지 않는다. 당이 심지어 대규모의 대중운동을 **약화해**amortir, 대중운동에 대한 지휘권을 고수할 수 있을 능력을 완전히 가지고 있다는 점을 확인하기 위해서는, 어떻게 당이 5월의 사건들을 '소화'시킬 수 있었는지, 그 사건들을 당의 전통적인 노선에 통합시킬 수 있었는지, 특히 어떻게 당이 학생운동을 처리할 수 있었는지를 보는 것만으로도 충분하다. 노동총연맹CGT을 앞장세우고, 그 그림자 속에서 이러한 노동 분할을 교묘하고 효과적으로 지속시키는 현재의 정치는 당이 드넓은 행동 반경을 지니고 있음을 증명한다. 그리고 그 행동반경 속에서 투쟁action을 예방하는 여러 장치들dispositifs은 당에 최대한의 안전을 보장한다.

만일 대립적인 파벌들 또는 분파들의 행동을 통해서, 또한 기층(당의 기층 당원들, 더 나아가서는 대중들)과 당 지도부 사이의 잠재적인éventuelle 모순에 의해서도, 실체적인 그 무엇도 당 내부에서 변화할 수 없다면, 우리는 무엇을 희망할 수 있는 것일까?

변화는 어떻게 일어날 수 있는 것일까?

이 동일한 문제를 당의 현실성 속에서 고찰하기 위해서는, 방금 전에 말해진 것(배제된 것)에서 출발함과 동시에 방금 전에 말해진 것이 전제하고 있는 것에서부터 출발해야 한다. 즉 당의 견고함, **당의 세력(관계)**, 그리고 당이 갖는 자원들에서 말이다. 당은 외부로부터 변화하지 않을 것이다. 당은 내부로부터만 변화할 수 있다. 하지만 동시에, 우리가 방금 보았다시피 당의 내부가 변화하는 것은 가능하지 않았다…… 그렇다면 출구는 없는 것인가?

그럼에도 불구하고 하나의 출구가 남아 있다. 당이 **외부 사건에 의해 그 내부에서** (변화하는) 일이 벌어지기도 하기 때문이다. 당 내부에서, 당의 실체 속에서, **당이 내세우는** 정치적 **노선** 및 준거점들 **속에서** 당을 변화시키기도 하는 그러한 사건에 의해서 말이다.

이러한 사건은 어떠한 것일 수 있는가? 답변은 단순하다. 즉 그것은 당이 준거하는 정치적 노선, 곧 **소련이라는 존재 및 그것의 정치적 노선**을 매우 중대하게 의문에 붙이는 사건이다. 예를 들자면, 소련 내부의 매우 중대한 위기, 또는 소련이 표방하는 인터내셔널 국제정치politique internationale-internationaliste에 대한 돌이킬 수 없는 매우 중대한 위기(미국 또는 중국 등과의 갈등)가 그렇다. 소련 정치 노선의 매우 중대한 위기는 아마도 국민국가들로의 해체 décomposition nationaliste 등과 유사한 결과들로 이어지는, 소련의 매우 중대한 정치적·경제적 위기일 것이다. 그것을 상상하기도 예측하기도 어렵겠지만 말이다.

[다만] 우리는 하나의 지표를 가지고 있다. 즉 체코의 위기는 이론의 여지 없이 한동안 당의 노선과 지휘권을 심각하게 뒤흔들

었다. 그 위기만이 5월이 만들어내지 못했던 그 결과를 만들어낼 수 있었고, 당의 지휘권을 동요시킬 수 있었다. 이러한 균열은 메워졌다. 우리는 더 중대한 사건들이 프랑스 당내에 더 광대하게 영향력을 발휘하는 결과들을 가져올 수도 있을 거라고 상상해볼 수 있다. 하지만 당의 지휘권이 사건에 의해, 즉 그 지휘권을 분열시킬 수 있는 어떤 사건에 의해 분열되지 않는 한, 그 지휘권은 그 어떤 궁지에서라도 빠져나올 수 있을 것이다.

당의 정치적 노선의 준거점들 및 원리들을 의문에 붙이는 매우 중대한 사건은 중대한 정치적 위기를 개방할 수 있을 것이며, 그 덕분에 어떤 대립이, 그러니까 5월의 학생운동에 사용됐던 방법들로는 그것의 종지부를 찍지 못할 대립이 **당 자체 내에서** 표출될 수 있을 것이다.

이러한 점들을 고려한다고 할 때, 우리는 예언자인 양 굴 수 없다. 하지만 우리는 당 외부의 대중들이 다소간 장기간에 걸쳐, 대립적인 분파들 내에서 조직된 특정한 몇몇 요소들을 포함하여 발언권을 가지리라는 것을 상상해볼 수 있다. 그렇게 되면 중대한 문제는 이처럼 개방된 위기가 우파적인 출구를 발견할지, 아니면 좌파적인 출구를 발견할지를 아는 것이 될 것이다. 당의 통일성이 이러한 위기를 견뎌내지 못하고 살아남지 못할 수도 있다는 것, 그리하여 우파와 좌파가 대립적인 조직들로 재규합되리라는 것은 충분히 예상해볼 수 있는 일이다.

1970년 4월 28일

역사에 관한 글들

그레츠키에게
(일부 발췌)

1973

번역 이찬선

질문: 당신에게 '역사주의historicisme'는 무엇을 의미하는가?

역사주의는 시간적 **상대주의**라는 오래된 철학 전통의 비교
적 현대적인moderne 형태이다. 또한 동시에 역사주의는 역사 인식
의 영역 안에서는 **경험주의**의 형태로 간주될 수 있다.

상대주의의 계승자로서의 역사주의는 헤라클레이토스¹를 자
신의 오래된 선조로 갖는다. '모든 것은 흘러가며, 우리는 같은 강
물에 발을 두 번 담글 수 없다' 등등. 경험주의의 계승자로서 역사
주의는 18세기 철학의 한 부분 전체(흄David Hume, 엘베티우스Claude-
Adrien Helvétius 등)와 헤겔 역사철학의 몇몇 측면들을 자신의 선조로
갖는다.

우리와 더 가깝게는, 역사주의는 19세기 말~20세기 초 부
르주아 역사철학의 형태로 특징지어지는 형태, 즉 마르크스주의

적 역사이론에 맞서 싸우기 위한 경험주의적·주관주의적·상대주의적 역사철학의 형태를 취했다(역사철학Geschichtsphilosophie, 정신철학Geistesphilosophie, 딜타이Wilhelm Dilthey, 짐멜Georg Simmel, 리케르트Heinrich Rickert, 만하임Karl Mannheim, 그리고 물론 베버Max Weber, 이탈리아에서는 크로체Benedetto Croce, 프랑스에서는 근래의 아롱Raymond Aron[2]).

　(크로체로부터 물려받은) 역사주의와 마르크스주의 간의 대면의 '정곡들points sensibles' 중 하나는 그람시Antonio Gramsci에게서 행해졌는데, 그는 역사주의를 절대적인 것으로 밀어붙임으로써, 즉 "마르크스주의는 절대적 역사주의다"[3]라고 [주장함으로써], 크로체의 역사주의를 '수용하면서'도 그것을 '넘어서'고자 했다. 흥미로운 (하지만 동시에 실패한) 이 시도는 레닌Vladimir Il'ich Lenin이 행했던 절대적 진리와 상대적 진리 간의 구별[4]을 떠올리게 한다. 그람시는 레닌이 **발견**했던 것과 같은 어떤 것을 **모색**했던 것이다. 즉 그람시 또한 '상대적인' 것(역사적인 것=상대적인 것)에 기반해/대해sur '작업'했지만, 그는 상대적인 것, 상대주의를 일반화·절대화함으로써, 자신이 그로부터 벗어날 수 있다고 믿었다. 레닌이 한 것처럼 절대적인 것으로부터 상대적인 것을 구별하지 않고서 말이다. 그런데, 우리가 상대주의를 절대화함으로써 상대주의(역사주의)로부터 **벗어나려**고 할 때(=절대적 역사주의), 우리는 상대주의로부터 벗어나기는커녕, 거기에 머무르게 된다. 절대적 진리와 상대적 진리의 구분에 대한 레닌의 테제는, 역사주의(=역사에서의 상대주의)에 대해 마르크스주의가 취한 거리를 보여주는 증거들 중 하나(그 자체로 의식적인 증거)이다.

　역사주의, 그것은 사실 본질적으로 역사 인식의 영역에서 상대주의를 대표하는 철학적 입장이다.

그 테제들은 단순하다.

첫 번째 테제. (문제가 되는 것이 '사물'의 본성이든, 인간 개개인이든, 제도들이든, 아니면 심지어 그저 '자연'이든 간에—왜냐하면 《독일 이데올로기L'Idéologie allemande》[1845~1846]에서 말해지듯, 예컨대 과실수처럼 자연은 언제나 "인간 노동에 의해 변형"되기 때문에[5]) 존재하는 모든 것은 역사적이다. 따라서 인식들, 과학들 등등도 역사적이다.

두 번째 테제. '역사적'은 무엇을 의미하는가? 시간들 그리고 시간적 상황들의 부단하고 끊임없이 **변화하는** 잇달음succession 속에서 시간에 따라, **시간적** 상황 자체에 따라 **상대적인** 존재를 지니는 모든 것이 역사적이다. **절대적으로** 상대적인 존재는 역사적이고, 따라서 시간과 시간적 상황들을 초월하는 그 어떤 잔여도 남기지 않은 채, 시간으로 그리고 시간적 상황으로 **완전히 환원 가능하다.** 이러한 잔여의 본성이 무엇이든 간에 말이다.

세 번째 테제. 모든 것이 역사적이라면, 인식 그 자체도 **역사적이다**(테제 2의 의미에서). 특히 **역사 인식은 역사적이며,** 따라서 역사 인식의 존재가 함축하는 시간과 시간적 상황들에 따라 상대적이다. 그러므로 이는 상대주의이다. 즉 '역사'에 대한 인식은 (잔여 없이) 역사에 속하며, 이 인식은 역사의 인식이다. 이러한 상대주의적 '원환cercle' 속에서, 우리는 경험주의적 '원환' 또한 발견한다. 왜냐하면 대상으로서의 역사objet histoire에 대한 인식이 역사-대상objet-histoire에 **속하기** 때문이다.

물론, 절대적 상대주의는 유지될 수 없으며(왜냐하면 플라톤[6]이 이를 잘 반박했다시피, 극단적인 경우에 우리는 그것을 **언표**할 수조차 없기 때문이다), 그 어떤 저자(철학자든 역사가든)도 결코 **절대적**이고 역사적이며 상대주의적인 입장들을 유지할 수는 없었다. (프로타고라스의 절대적인 상대주의적 주관주의에서처럼) 사람들은 결코 역사는 단순한 **순간들**의 잇달음에 불과하다고 여길 수 없었다. 반대로 사람들은 '시기들', '시간들', '시대들'이 존재한다고, 즉 역사의 흐름이 지니는 일반적인 변화 속에 **일시적인 항구성들**이 존재한다고 받아들였다. 그리하여 이렇게 사람들은 역사이론이란 (역사철학이든, 마르크스의 이론이든) 그 시대의 '**표현**'이라고{원문대로 sic}, 하지만 그것들은 그저 그 시대의 표현에 **불과한** 것이며, 그 시대**만**의 표현일 뿐이라고 여길 수 있었다. 이는 마르크스의 이론들을 그 고유한 역사적 '시대'의 **우연성**에 종속시키고 환원시켜, 그것들이 장래의 '시대'에 대해 설명하려고 하는 모든 시도를 금지하는 방법이다. 동시대 역사의 부르주아 철학자들 대부분이 바로 이러한 방식으로 마르크스를 취급한다. (예컨대 레몽 아롱처럼[7]) 그들은 아주 기꺼이 다음과 같이 말하곤 한다. 마르크스는 19세기 자본주의에 유효한 어떤 '진리'를 **표현하는**exprimer 여러 원리들을 '표명'했다exprimer. 하지만 지금 자본주의는 변했다! [따라서] 마르크스의 한계들을 분명하게 보아야만 한다. 즉 그의 시대의 한계들을 말이다. 마르크스를 그가 속한 그의 고유한 시대에 묻어두어야만 한다. 왜냐하면 마르크스가 '그의 시대를 뛰어넘을 수는' 없었기 때문이다(헤겔 특유의 역사주의는 이미 철학에 대해 이를 말한 바 있다). 이러한 철학적 조작의 [목적은] 명확하다. 즉 역사주의의 원리는 마르크스를 쫓아버리기 위해, 다시 말해 역사 인식의 과학적 원리들을 쫓아버리기 위해 사용된 것이다. 단지 마르크스 시대의

역사에 관한 글들

역사뿐만 아니라, (그 원리들을 '발전'시킨다는 조건에서) 우리 시대의 역사, 그리고 또한 마르크스 이전의 역사까지도 포함하는 역사 인식의 과학적 원리들을 말이다.

만약 마르크스주의가 정말로 역사 인식을 위한 과학적 원리들을 가져온다면, 마르크스주의는 역사주의, 즉 역사 인식의 영역에서의 철학적 상대주의일 수 없다. 역사주의는 마르크스주의에 모든 과학적 가치, 즉 객관적 가치, 시간들, 시간적 상황들과 **이론적으로** 독립적인 가치를 금지할 것이기 때문이다. 몇몇 글들에서 나는 개의 개념은 짖지 않는다(=개의 개념은 〔현실의〕 '개와 관련canin'되어 있지 않고, 개가 아니다)는 스피노자Benedictus de Spinoza의 구절을 인용했고, 다음을 덧붙였다. 설탕에 대한 인식은 달지 않으며, 역사 인식은 역사적이지 않다[8](=역사 인식을 가능하게 해주는 이론적 개념들은 역사적 상대주의에 종속되지 않는다).

이는 분명, 마르크스주의 이론이 과학적 이론들의 역사적 탄생을 지휘하는 법칙들에서 벗어났다거나, 그것이 온전하게 영원히…… 존재할 것임을 의미하지 않는다! 또한 마르크스주의 이론이 **역사**를 지니지 않을 것임을 의미하지도 않는다(모든 이론, 모든 과학은 역사를 지닌다). 하지만 정확히 말해, 역사**의** 법칙들은(사회 구체성들의 법칙들도, 이론들의 법칙들도) '역사적' 법칙들이, 다시 말해 상대주의적·주관주의적 법칙들이 아니다. 즉 그것들은 '역사주의적' 법칙들이 아니다. 반대로 그것들은 객관적인 법칙들이며, 따라서 비주관주의적이며 비역사주의적인 법칙들이다.

역사(학)에서의 역사주의적 상대주의는 따라서(이는 앞서 제시된 구별의 귀결이다) 대문자 역사Histoire의 특정한 개념화 및 표상과 연결된다. 즉 사람들은 1. 모든 것은 역사적이다, 2. 역사적이라는 것은 모든 존재가 시간에 따라, 끊임없이 변화하는 시간적인 조건들에 따라 상대적이라는 사실을 지시한다고 말함으로써 이러한 대문자 역사의 특징을 규정했다. 이러한 특징들은 역사의 '본성'에 대한 어떤 표상을 구성하는데, 이 표상은 마르크스주의 역사이론의 과학적 개념들에 부합하는 표상과는 **완전히 다른** 것이다. 우리는 마르크스주의 이론에서 역사의 '인식-대상'l«objet-de-connaissance»'(이론적 개념들의 체계에 의해 규정된 이론적 대상)은 대문자 역사의 역사주의적 표상이 함축하는 대문자 역사-'대상'l«objet»-Histoire과 거의 아무런 관련이 없다고 말할 수 있다. 역사에 대한 역사주의적 표상은 역사에 대한 **이데올로기**에 해당하며, 이 이데올로기는 다음과 같은 종류의 '상식'이 지니는 '자명성들'을 체계화한다. 즉 모든 것은 지나가고 변화하며, 피레네 산맥의 이쪽에서 진리인 것이 그 반대쪽에서는 오류[9]라거나, 각자는 자신의 진리를 가지며, 각각의 시대 또한 자신의 진리를 갖는다는 상식 말이다. 역사주의 이데올로기는 역사의 **현실성**에 대해 이러한 통속적인 자명성들의 (다소간 세련된) 체계를 취한다. 역사주의 이데올로기는 단 한순간도 자신에게 정당화를 제공하는 자명성들을 문제 삼지 않는다. 반대로 만약 역사주의 이데올로기가 이 자명성들을 문제 삼는다면, 그것은 이데올로기가 아닐 것이다.

　그런데, 역사의 **현실성**은 상대주의적·주관주의적 주제들 전체에 대한 비판과 그것들의 폐기에 이르는, 그리하여 완전히 다른 **역사의 현실성**이 거기에 부합하는 이론적인 토대 개념들의 체계를 생산하는 데 이르는, 이론적 노동('관점의 변경', 상대주의적·주관주의적 이데올로기의 폐기)이라는 조건에서만 이해할 수 있다. 그리고 이때의 완전히 다른 역사의 현실성이란 생산관계와 생산력의 통일체로서의 생산양식이 '실현되는', 사회구성체들의 출현 및 구성(그리고 소멸)의 과정으로서 역사의 현실성이며, 계급투쟁에 의해 '움직여지는' 역사의 현실성이다. 역사적 **시간**은 따라서 더 이상 변화들의 단순한 잇달음 내지는 여기 지금hic et nunc의 보편적인 상대주의가 아니다. 반대로 그것은 각각의 생산양식**의** 시간이자 생산 및 재생산의 주기cycle들의 시간이다. 요컨대, 그 시간은 역사주의 이데올로기의 개념들과는 완전히 다른 **개념들**이 부합하는 시간인 것이다. 이를테면, 역사주의 이데올로기의 '시간-대상'과는 완전히 다른 '대상'이 부합하는 시간에 대한 관념인 것이다.

개략적으로 말해, 마르크스주의가 역사주의가 아닌 이론적 이유들이 바로 여기에 있다. 우리가 마르크스주의를 반-역사주의anti-historiciste라고 말한 까닭은 마르크스주의가 자신에 걸맞게 존재하기 위해 자신에 대한 역사주의적 해석에 **반대해** 싸워야만 하는 이데올로기적 정세를 고려했기 때문이다. 하지만 그 자체로 보자면, 마르크스주의는 역사주의가 **아니라고**, 또는 마르크스주의는 비-역사주의a-historicisme라고 말해야만 할 것이다.[10]

1973년 1월 20일

1   *Les Présocratiques*, éd. J. -P. Dumont avec D. Delattre et J. -L. Poirier, Paris, Gallimard, «Bibliothèque de la Pléiade», 1998, p.136, p.167.

2   L. Althusser, «Sur l'objectivité de l'histoire. Lettre à Paul Ricœur» (1955), dans *Solitude de Machiavel...*, op. cit., pp.17-31을 보라. 폴 리쾨르의 논문(«Objectivité et subjectivité en histoire» (1953), *Histoire et vérité*, Paris, Seuil, «Essais», 1967, pp.27-50)에 대한 답변으로 작성된 이 글에서 알튀세르는 레몽 아롱의 글 *Introduction à la philosophie de l'histoire. Essai sur les limites de l'objectivité historique*, Paris, Gallimard/NRF, «Bibliothèque des idées», 1938에 대한 비판을 개진한다. 또한 R. Aron, *Essai sur la théorie de l'histoire dans l'Allemagne contemporaine. La philosophie critique de l'histoire*, Paris, Vrin, 1938과 *Les Étapes de la pensée sociologique. Montesquieu, Comte, Marx, Tocqueville, Durkheim, Pareto, Weber*, Paris, Gallimard, «Tel», 1967도 보라.

3   *Cahiers de prison*, éd. R. Paris, t. III, trad. P. Fulchignoni, G. Granel et N. Negri, Paris, Gallimard, «Bibliothèque de philosophie», 1978, Cahier 11, §27, p.235. ibid., t. II, trad. M. Aymard et P. Fulchignoni, 1983, Cahier 8, §204, p.373; ibid., t. IV, trad. F. Bouillot et G. Granel, 1990, Cahier 15, §61, p.176도 보라[안토니오 그람시, 《그람시의 옥중수고 1: 정치편》, 이상훈 옮김, 거름, 1999; 《그람시의 옥중수고 2: 철학·역사·문화편》, 이상훈 옮김, 거름, 1999].

4   *Œuvres*, trad. fr. Paris/Moscou, Éditions sociales/Éditions du Progrès, 1956 s., t. XIV, pp.134-141. L. Althusser, «Soutenance d'Amiens» (1976), dans *Positions, 1964-1975*, Paris, Éditions sociales, «Essentiel», 1982, p.171을 보라[루이 알튀세르, 《아미엥에서의 주장》, 김동수 옮김, 도서출판 솔, 1991].

5   K. Marx, F. Engels {M. Hess, J. Weydemeyer}, *L'Idéologie allemande*, trad. M. Rubel avec L. Évrard et L. Janover, *Œuvres*, éd. Rubel, t. III: Philosophie, Paris, Gallimard, «Bibliothèque de la Pléiade», 1982, p.1078 *sq*[카를 마르크스·프리드리히 엥겔스, 《독일 이데올로기》 1·2, 이병창 옮김, 먼빛으로, 2019].

6   *Théétète*, 182a-183b[플라톤, 《테아이테토스》, 정준영 옮김, 아카넷, 2022].

7   아마도 알튀세르는 레몽 아롱의 *Les Étapes de la pensée sociologique...*, op. cit., pp.195-196을 염두에 두었을 것이다.

8   «L'objet du Capital», op. cit., p.292; «The Historical Task of Marxist
    Philosophy»{1967, 프랑스어로는 미간행}, *The Humanist Controversy and
    Other Writings*, éd. F. Matheron, trad. G. M. Goshgarian, Londres, Verso,
    2003, pp.210-211.

9   B. Pascal, *Pensées*, dans *Œuvres complètes*, éd. J. Chevalier, Paris,
    Gallimard, «Bibliothèque de la Pléiade», 1960, n° 294(Brunschvicg),
    p.1149[블레즈 파스칼, 《팡세》, 김형길 옮김, 서울대학교출판문화원, 2015].

10 «L'objet du Capital», op. cit., p.310; «La querelle de l'humanisme»(1967),
    Écrits philosophiques et politiques, éd. F. Matheron, t. II, Paris, Stock/Imec,
    1995, p.447.

피에르 빌라르에게 보내는 답변 초고(작성일 미상)

1972? 1973?

번역 이찬선

Projet de
réponse à
Pierre Vilar

분명히 나는 역사학의 영역, 그러니까 역사에 대한 철학적 범주로서의 역사학이 아니라, 역사가들 및 역사학의 실천가들의 역사학의 영역으로 모험을 감행함으로써, 커다란 위험을 무릅썼다. 그리고 피에르 빌라르[1]는 나의 몇몇 판단들의 성급함을 매우 잘 지적해주었다. 하지만 그가 나에게 정말로 할애하고자 했던 비판을 읽고 난 후에 든 내 생각은 그가 나의 판단들이 근거하는 원리에 대해 이의를 제기하지는 않았다는 것이다.

사실 나는 마르크스주의 철학이 역사가들의 작업에 대해 발언권을 요구하는 것이 원리상 정당하다ₒₙₑ라고 생각한다. 첫째로 다음과 같은 매우 단순한 이유에서 그렇다. 모든 과학들 안에서와 마찬가지로, 역사학 안에는 내가 레닌을 좇아 실천가〔역사학자〕들의 자생적 철학[2]이라고 불렀던 실천가들의 이데올로기가 존재하기 때문이다. 그리고 일견 실천가와 그의 실천 간의 밀착된 관계의 원환cercle에 한정되어 있는 것처럼 보이는 이러한 자생적 철학은 사실상 언제나 역사학의 실천 외부에서 발전된 철학적 주제들로 되돌려지는데, 그 철학적 주제들은 [서로] 적대적인 거대한 철학들에 의해, 말하자면 지배적인 철학들과 그에 반대하는 철학들에 의해 발전된 것이다. 세부적인 것을 논증하기 위해서는 정확한 연구들이 필요할 테지만, 중요한 예를 하나 들어보자면, 프랑스에서 아날 학파는 지배적이고 반동적인 강단 역사학에 반대하는 정치적·이데올로기적 반발 속에서 태어났음을, 그리고 이러한 반발 뒤에는 인민전선으로 귀착될 수밖에 없었던 프랑스의 거대한 정치 투쟁들이라는 현실이 존재했음을 사람들은 잘 알고 있다. 하지만 첫 번째 이유 저변에는 또 다른 이유가 깔려 있다. 모든 다른 과학들과 마찬가지로, 역사과학science historique 또한 자생적인 것이든 반성된 것이든 간에 철학을 필요로 하지 않을 수 없기 때문이다. 따라서 원리상으로 철학은 역사가들의 작업에 대해 발언권을 가질 수 있다. 그리고 이러한 철학이 마르크스주의 역사이론에 근거할 때, 이 철학은 철학적으로 그리고 이론적으로 이중의 발언권을 갖는다.

내 생각에, 여기서는 우선적으로 역사주의와 관련된 오해를 일소해야만 한다. 내가 그랬던 것처럼, 누군가가 마르크스주의는 역사주의가 아니라고 말할 때, 그 사람은 역사가들로부터, 즉 [역사라는] 단어상의 이유에서뿐만 아니라 아마도 이론적인 이유에서 역사가 규탄되는 것까지는 아닐지라도 문제시는 된다고 여기는 역사가들로부터 오해받을 위험에 처하게 된다.

논의를 빠르게 전개하기 위해 다음과 같이 말해보도록 하자.

사람들은, 마르크스주의가 반-역사주의라면, 마르크스주의는 역사를 우회할 수밖에 없거나, 그게 아니라 해도 역사를 역사적 생성devenir, 역사적 투쟁들 등을 설명하지 못하는 추상적인 구조들로 환원시키는 방식으로만 이 역사를 다룰 수 있다고 간주하는 경향을 지닌다. 그런데 사실은 정반대이며, 마르크스주의의 반-역사주의 테제는 **하나의** 조건 아래에서 바로 이러한 정반대의 사태를 분명히 하기 위해 마련된 것이다. 이러한 조건은 무엇인가? 그것은 바로 체험된 역사와 역사 인식 간의 구별이며, 역사에 대한 이데올로기적 표상들과 역사 인식으로 이끄는 과학적 범주들 및 분석들 간의 구별이다. 이러한 구별을 마르크스는 '만약 본질(또는 인식)이 현상으로 환원된다면, 우리는 과학을 필요로 하지 않을 것이다'라는 재담으로 여러 차례 표명한 바 있다[3](이 익살맞은 재담은 아마도 '만약 내 고모가 바퀴 두 개를 가지고 있다면……' 같은 식의 유명한 영국 재담*을 되풀이한 것일 것이다). 또한 마르크스는 우리가 사회적 전체의 작동fonctionnement을 설명하는 데 성공하는 것은 〔역사적 현상들의〕 잇달음들successions을 더함으로써가 아니라고 말하면서, 혹은 이론 내 범주들의 잇달음의 질서와 역사 내 범주들의 잇달음의 질서 간에는 동일성이 존재하지 않는다는 것을 강조하면서, 이 구별을 표명하기도 했다.[4] 따라서 이론적 반-역사주의[5]는 역사 인식을 제공해주는 개념들이 가시적인 역사 속에 직접적인 상태로 존재하지 않는다는 것을, 더 일반적으로 말해 역사 인식

---

* '만약 내 고모가 바퀴 두 개를 가지고 있다면, 그녀는 아마 자전거일 거야'라는 식의 농담은 '돼지가 날개가 있었다면 날 수 있었을 걸'처럼 사실과 전혀 맞지 않는 어떤 상황을 가정하는 것의 무의미성을 비꼬기 위해 사용된다.

또한 역사의 한 사건이라고 할지라도, 역사 인식은 그 용어의 통속적인 의미에서 역사적이지 않으며, 따라서 주관적이거나 상대적이지 않다는 것을 의미한다.

나는 이견에 대해 말했다. 하지만 〔여기서〕 내가 덧붙여야 하는 것은, 빌라르가 제기한 비판의 관점과 관련해 그와 나 사이에 아주 조금의 이견도 없다는 것이다. 〔물론〕 빌라르의 비판들과 유보들은 근거 있는 것들이다. 왜냐하면 그의 비판들과 유보들은 마르크스주의 역사 과학이 지니는 개념들의 논리를 어떻게 이해할 것인가와 관련된 내부적인 물음들을 대상으로 하기 때문이다.

역사에 관한 글들

1 «Histoire marxiste, histoire en construction. Essai de dialogue avec Althusser», art. cité[피에르 빌라르, 〈맑스주의 역사학, 건설 중인 역사학: 알튀세르와의 대화〉, 안준범 옮김, 진태원 엮음, 《알튀세르 효과》, 그린비, 2011].

2 *Philosophie et philosophie spontanée des savants*, Paris, François Maspero, 1974, p.98 *sq.* 알튀세르가 1967년 11월~12월에 파리 고등사범학교에서 "과학자들을 위한 철학 강연" 형식으로 발표한 5개의 강의 중 4개의 강의만을 엮어 출간된 단행본. 이 강연 전체는 그의 5명의 동료들[피에르 마슈레, 에티엔 발리바르, 프랑수아 레뇨, 미셸 페쇠, 미셸 피샹, 알랭 바디우]과 함께 채워졌으며, 그 텍스트들은 1967년부터 등사본의 형태로 유포되었다. 또한 Lénine, *Œuvres*, op. cit., t. XXXIII, p.235 이하를 보라.

3 *Le Capital*, Livre III, trad. M. Jacob, S. Voute, et M. Rubel, *Œuvres*, t. I: *Économie*, 2, op. cit., p.1439; Lettre à F. Engels du 27 juin 1867, K. Marx et F. Engels, *Correspondance*, éd. G. Badia et J. Mortier, t. VIII, trad. G. Badia et al., Paris, Éditions sociales, 1981, p.397; Lettre à L. Kugelmann du 11 juillet 1868, ibid., t. IX, Paris, Éditions sociales, 1982, p.264.

4 «Introduction générale», *Contribution à la critique de l'économie politique*, trad. M. Rubel et L. Évrard, *Œuvres*, éd. Rubel, t. I: *Économie*, 1, Paris, Gallimard, «Bibliothèque de la Pléiade», 1963, p.255 *sq.*, p.262; Lettre à F. Engels du 2 avril 1858, *Correspondance*, op. cit., t. V, Paris, Éditions sociales, 1975, p.171.

5 타자본에는 "반-인간주의"로 기재되어 있다.

마르크스와 역사에 관하여

1975

번역 이찬선

마르크스를 읽을 때 우리는 매우 낯선 어떤 인상을 갖게 되는데, 이러한 인상은 우리가 마키아벨리Niccolò Machiavelli나 프로이트Sigmund Freud와 같은 어떤 이례적인 저자들을 읽으면서 느끼는 것에 비견될 만하다. 그 위상이 통상적인 범주들에 들어맞지 않는 그런 텍스트들(심지어 이론적이고 추상적인 텍스트들)을 마주하고 있다는 인상이 그것인데, 그 텍스트들은 그것들 자체가 점하고 있는 장소에서 언제나 **비껴나**à côté 있으며, 내부적인 중심이 없고, 엄밀하지만 분할된 것처럼 보이며, 그 텍스트들 자체의 공간과는 다른 어떤 공간을 지시하고 있다.

《자본》 또한 이와 마찬가지이다. 《자본》은 이론적이고 체계적인 텍스트이지만, 그 용어의 모든 의미에서 미완성된 텍스트이다. 단지 그 2권과 3권이 엥겔스Friedrich Engels에 의해, 그리고 (4권*은) 카우츠키Karl Kautsky에 의해 편집된 마르크스의 단편들에 불과하기 때문만이 아니라, 이론적인 완성과는 다른 완성을, 이론이 '다른 수단들에 의해 계속'될 어떤 외부를 상정하기 때문이다.

마르크스는 이러한 낯설음의 이유를 두세 개의 분명한 텍스트들에서 내비쳤는데, 이러한 텍스트들에서 그는 자신의 이론적 위치/입장/설정ₚₒₛᵢₜᵢₒₙ에 명백히 **토픽**ₜₒₚᵢqᵤₑ의 형태를 부여했다. 예를 들어, 《정치경제학 비판을 위하여Contribution à la Critique de l'économie politique》(1859) 서문은 모든 사회구성체는 그것이 포함하는 경제적 하부구조(독일어로 'Basis' 또는 'Struktur')와 정치적·이데올로기적 상부구조(독일어로 'Überbau')로 구성된다고 설명한다.[1] 토픽은 이처럼 건축물의 은유로 제시되는데, 그 건축물에서 상부구조의 층들은 경제적 토대 위에 세워져 있다.

그런데 우리는 마르크스와 프로이트를 제외하면 토픽의 형태를 스스로에게 부여하는 이론들을 그렇게 많이 알지는 못한다.

이러한 **토픽**은 마르크스에게 무엇을 의미하는가?

1. 토픽은 모든 '사회구성체'(사회) 속에서 (경제적) 토대와 (정치적·이데올로기적) 상부구조 간의 **구별**을 지시한다. 따라서 토픽은 경제적인 것, 법적·정치적인 것, 이데올로기적인 것과 같은 구별되는 현실성의 층위들을, 즉 구별되는 현실성들을 부각시킨다.

2. 하지만 이러한 구별은 그저 현실성들의 단순한 구별에 그치지 않는다. 더 나아가 이 구별은 어떤 통일체에 내부적인 **효력의 정도들**degrés d'efficacité을 지시한다. 이 구별은 토대를 사회구성

---

* 카우츠키가 1862년 1월부터 1863년 7월까지 집필된 마르크스의 원고들을 모아 총 24개의 장들로 편집해 1905년부터 1910년까지 유고 형태로 출판한 《잉여가치 학설사Theorien über den Mehrwert》를 말한다.

체의 '최종심급에서의 결정'으로 지정하고, 이러한 전체적인 결정 내부에서 상부구조가 토대에 가하는 '역방향의 결정$_{\text{détermination en retour}}$'을 지정한다. 철학적으로 말해, 토대·경제적 생산에 의한 최종심급에서의 결정은 마르크스의 유물론적인 입장을 증언한다. 하지만 이러한 유물론적인 결정이 기계론적인 것은 아니다. 왜냐하면 '**최종**심급'을 지정하는 것은, 자신들의 질서 속에서 결정할 수 있는 **또 다른** 심급들이 존재함을, 따라서 결정**의 작용**$_{\text{jeu}}$과 이 결정 **내의 열린 공간/여지**$_{\text{jeu}}$**가 존재함을, 즉 **변증법적인** 작용이 존재함을 전제하기 때문이다. 따라서 최종심급에서의 결정은 모든 결정을 모조리 고갈시키지 않는다. 정반대로 최종심급에서의 결정은 여타의 결정들이 공허함(정치 및 관념들 등의 관념론적인 전능함) 속에서 행해지는 것을 막음으로써, 그 결정들의 작용을 결정한다. 이 논점은 마르크스의 변증법적 입장을 이해하는 데 매우 중요하다. 변증법은 최종심급을 통해 개방된, 최종심급과 여타의 '심급들' 간의 작용이며, 이러한 변증법은 유물론적인 것이다. 왜냐하면 이 변증법이 허공 속에서 작용하지 않고, 유물론적인 최종

**   프랑스어에서 'jeu'는 놀이, 연기, 극, 도박, 장치, 운동, 작용 등등의 다층적인 의미뿐 아니라, '어떤 장치가 작동할 수 있는 여지', 즉 어떤 효과를 내는 운동이 가능하도록 열려 있는 공간이라는 의미를 갖기도 한다. "…… 생산(토대)에 의한 결정은 기계론적인 것이 아니라, 변증법에 속하는 어떤 '작용$_{\text{jeu}}$'을 포함한다. 이와 같은 이유로 이 결정은 '최종심급'에서 이루어진다고 말해진다. 생산과는 다른 '심급들'이 존재하며, 어떤 열린 공간을 지니고 있으면서 상대적으로 자율적인 이러한 심급들이 토대에, 생산에 '반작용'을 가할 수 있음을 잘 지시하기 위해서 말이다." L. Althusser, *Initiation à la philosophie pour les non-philosophes*, op. cit., p.171[루이 알튀세르, 《비철학자들을 위한 철학 입문》, 안준범 옮김, 진태원 해제, 현실문화, 2020].

심급을 통해 개방된 작용 속에서 행해지기 때문이다. 그러므로 마르크스는 토픽 속에 자신의 유물론적이고 변증법적인 입장을 기입한다.

3. 하지만 이것이 전부는 아니다. 그 형태 안에서 토픽은 구별되는 현실성들의 **기술**description과 다른 어떤 것이며, 결정의 형태들의 **규정**prescription과도 다른 어떤 것이다. 또한 토픽은 **기입 명부** tableau d'inscription이며, 따라서 토픽을 언표하는 사람과 토픽을 보는 사람 모두의 위치가 비추어지는 거울이다.[2] 자신의 이론을 토픽으로 제시함으로써, 모든 '사회'는 그것이 포함하는 토대와 법적·정치적·이데올로기적 상부구조로 구성된다고 말함으로써, 그리고 토대가 최종심급에서 결정적이라고 말함으로써, 마르크스는 **자기 자신**(자신의 이론)을 토픽 내의 어떤 부분에 **기입하며**, 동시에 거기에 장래의 모든 독자들을 기입한다. 마르크스주의 토픽의 궁극적인 효과는 바로 여기에, 즉 한편으로 이러한 층위의 효력들과 [다른 한편으로] 대화 상대가 토픽 내에서 점하는 잠재적인 위치 간의 작용 속에, 또는 심지어 그것들 간의 모순 속에 있다. 이는 구체적으로 다음을 의미한다. 토픽의 작용은 이러한 모순 때문에 실천을 촉구하는 호명interpellation, 부름이 된다. 이론의 내부적인 배치는, 그 배치가 **불균형한** 한에서 다른 수단들로 이론을 계속해나가는 실천 경향을 부추긴다. 바로 이것이 마르크스주의 이론에 낯설음을 부여하며, (단지 이론적인 질서 속에서 미완성일 뿐인 여느 과학과는 다르게) 그 이론을 필연적으로 미완성으로 만든다. 달리 말해, 마르크스주의 이론은 그 이론적인 배치 자체 내에서 실천과 맺는 특정한 관계에 사로잡혀 있는데, 이 실천은 기존에 존재하는 실천

역사에 관한 글들

이자 동시에 변형해야 할 실천, 즉 정치이기도 하다.

상이한 용어들이기는 하지만, 정신분석학 이론에 대해서도 동일한 것을 말할 수 있는 것처럼 보인다. 정신분석학 이론 또한 그 이론 안에서 실천(치료)과 맺는 어떤 관계에 사로잡혀 있는 것 같다. 자신의 이론을 토픽의 형태로 사유해야 했던 프로이트의 그 필요성은 [이론이 실천과 맺는 관계의] 이 난해한obscure 필연성에 상응할 것이다.

우선은 이렇게 말해두고, 좀 더 멀리 나아가보도록 하자. 마르크스는 무엇을 가져왔으며, 무엇을 발견했는가? 마르크스 그 자신은 《자본》 서문에서 **분석**(이 용어는 마르크스를 다시금 프로이트에 접근시킨다. 마르크스는 "정치경제학에 분석적인 방법"[3]을 도입한 것을 자랑스럽게 생각했다)할 것이라고, 즉 자본주의 생산양식을 분석할 것이라고 말한다. 사실상 마르크스의 모든 작업/저작œuvre은 이러한 대상, 즉 마르크스가 생산양식이라는 이름을 처음 부여했던 대상에 집중되어 있다. 하지만 마르크스는 《자본》에서 전-자본주의 생산양식으로의 일탈을 행하기도 하며, 또한 장래의 공산주의 생산양식에 대해 말하기도 한다(하지만 "미래를 [사전에] 책임지기"[4]를 원하지는 않기에 매우 드물게만 말이다). 《정치경제학 비판을 위하여》 서문[5]에서 그는 심지어, 원시-공산주의 생산양식, 노예제 생산양식, 봉건제 생산양식, 자본주의 생산양식[6]이 잇달아 오는 일종의 역사의 시대 구분을 소묘하기도 한다. 그러니까 마르크스가 스스로를 자본주의 생산양식에 대한 분석에 엄격하게 제한시켰다고 할지라도, 그에 못지않게 그는 자본주의 생산양식의 전사前史를 고려하며, [당시에] 벌어진 역사에 대해, 즉 프랑스 역사(《루이 보나파르트의 브뤼메르 18일Le 18 Brumaire de Louis Bonaparte》〔1852〕 등), 영
국 역사, 아일랜드 역사, 미국 역사, 인도 역사 등등에 대해 저술하
는 것을 불편해하지도 않는다.

　따라서 마르크스는 자본주의 생산양식에 대한 이론을 지니
고 있었을 뿐만 아니라, 역사에 대한 특정한 관념을 지니고 있었
다. 이러한 관념을 마르크스는 이미 《공산주의자 선언Le Manifeste du
Parti Communiste》〔1848〕의 다음과 같은 유명한 구절 속에서 언표한
바 있다. 지금까지의 모든 역사는 계급투쟁의 역사이다. 이 구절
에 구체성corps과 의미를 부여하기 위해서는 이 구절을 생산양식
들의 잇달음에 연결시키는 것으로 충분할 수도 있을 것이다.[7]

　그러나 사실 사태는 그리 단순하지 않다. 왜냐하면 이러한 연
결이 다양한 해석들을 야기할 수 있기 때문이다.

　예컨대 우리는 계급투쟁은 역사의 동력이며, 계급투쟁 — 이
러한 부정성 — 덕분에 역사는 한 생산양식에서 다른 생산양식으
로 진보하고, 역사의 종말에 이르러 계급과 계급투쟁은 철폐된다
고 말할 수도 있다. 또한 각각의 생산양식은 **그 자체 내에** 다음에
오는 생산양식을 잠재적으로 포함하고 있다고 말할 수도 있다. 이
경우, 우리는 변증법적 발전에 대한 헤겔적인 개념화 또는 필연적
인 단계들에 관한 진화주의적 개념화를 발전시키게 된다. 요컨대
우리는 역사철학을 갖게 될 것이며, 이 역사철학에서 역사는 하나
의 개체, 즉 종말Fin과 목적Télos이 부여된 대문자 주체Sujet가 되고,
또한 기원들 이후 착취와 계급투쟁을 통해 이 종말과 목적을 추구
하는 것이 된다. 이러한 개념화 속에서 역사는 언제나 방향/의미
sens(이 단어가 지니는 목적·의미라는 두 가지 뜻에서)를 지닌다. 이러

한 개념화는 마르크스의 것이 아니다. 역사 **속에**dans 간지ruses(속임수ruses, 조롱dérisions)가 있다고 해도, 역사**의**de 간지가 있는 것은 아니다. 또한 역사 **속에** 의미/방향이 있다고 해도, 역사**의** 의미/방향이 있는 것은 아니다. '~ **속에**dans'와 '~**의**de' 간의 이러한 구별을 파악하기란 종종 매우 어려운 일이며, 역사 **속에** 현행적으로 지배적인 어떤 **경향**을 역사**의** 의미/방향과 혼동하지 않도록 경계하는 것 또한 종종 매우 어려운 일이다. 하지만 이러한 어려운 구별의 값을 치러야만 마르크스 유물론은 그 온전함을 유지할 수 있다.

실제로 마르크스는 모든 역사철학과 단절한다는 조건에서만, 마찬가지로 인간 역사에서 관측 가능한 현상들의 총체성을 총망라하여 해명한다고 우기는 모든 (철학적) 이론과 단절한다는 조건에서만 《자본》을 쓸 수 있었다. 이를 이해하기 위해서는 마르크스의 입장이 무엇인지, 그리고 그가 자신의 그 입장을 어떻게 보았는지를 파악해야만 한다.

우리는 마르크스를 19세기 자본주의 한복판에 묻혀 있는, 심지어는 숨어 있다(마르크스가 애정한, 이러한 "노련한 두더지vieille taupe"[8])고도 말할 수 있는 이로 상상해야만 한다. 스스로가 19세기 자본주의 한복판에 묻혀 있고 숨어 있다는 걸 의식하면서, 자본주의가 무엇을 의미하는지 아는 데까지 도달했던 이로 말이다. 그런데 자신이 알 수 있는 것(만)의 지평 속에 갇혀 있는 그 당시의 마르크스는 정확하게 다음과 같이 쓴다.[9] **"우리가 역사적 발전이라고 부르는 것은 요컨대, 최근 형태는 과거 형태들을 이 최근 형태가 함축하는 고유한 발전 정도에 이른 단계들로 간주한다는 사실에 기초를 둔다."*** 따라서 역사적 표상은 '자생적으로' 어떤 놀라운 환상에 사로잡혀 있다. 즉 과거 형태들이 현재를 생산할 운명에 놓여 있다는 환상 말이다. 왜냐하면 현재는 **어떠한 한**[10] **과거**의 **결과**이기 때문이며, 현재는 자신이 과거**의 목적**이었다고 상상하기 때문이다. 그리고 마르크스는 다음을 덧붙인다. "{그리고} 이러한 최근 형태는 드물게만, 그것도 오직 잘 규정된 조건들 속에서만, 자신에 대한 고유한 비판을 행할 수 있었던 {탓에} …… 과거 형태들을 단편적으로 이해한다." 목적론적인 환상과 그 환상의 효과들에서 벗어나려면, '최근 형태'는 '자기비판'을 행할 수 있는 상태에, 즉 자기 자신을 분명하게 볼 수 있는 상태에 있어야만 한다. 마르크스가 말한 것처럼, '부르주아 사회의 자기비판'은 따라서 '봉건사회, 고대사회, 동양사회'를 이해할 수 있도록 해준다. 이러한 '부르주아 사회의 자기비판'이 바로 1857~1859년에 광범위하게 작성된 《자본》[즉 《자본》의 저본이 된 두 초고 《그룬트리세Grudrisse》

---

* 이해를 돕기 위해, 조악함을 무릅쓰고 '노예제 사회→봉건제 사회→자본주의 사회'라는 역사적 발전을 가정해보자. 노예제 사회에서 봉건제 사회로의 이행을 거쳐 자본주의 사회로 발전했다는 식의 단순한 이해 방식에서, 노예제 사회, 봉건제 사회라는 과거 형태들은 가장 최근 형태, 즉 자본주의 사회로 향하는 역사적 발전 내의 특정한 단계들에 지나지 않게 된다. 따라서 노예제든 봉건제든, 자본주의 이전의 형태들은 모두 자본주의로 귀결되는 역사적 발전이 일정 정도에 이른 각각의 단계들로 간주된다. 이처럼 자본주의 이전의 형태들은 자본주의의 본질을 구성하는 몇몇 요소들에 비춰 그러한 요소들 중 어떤 요소들은 맹아의 형태로 포함하지만 나머지 요소들은 포함하고 있지 않다는 식으로, 자본주의에는 미치지 못하면서도 그것을 예비하는 발전 정도들로 이해된다. 결과적으로 과거 형태들은 역사적 발전상의 결과인 최근 형태에 비춰 최근 형태의 맹아들로 투사되며, 역으로 최근 형태는 그러한 맹아들로서 과거 형태들에 비춰 자신을 그것들의 결과로 상상함으로써, 양자 사이에는 '기원-목적'이라는 관계가 설정된다.

와 《정치경제학 비판을 위하여》]이다. 이러한 인식을 갖춘 마르크스는 자신의 굴에서 빠져나와 사람들이 역사라 부르는 이 낯선 대상 chose에 접근할 수 있었다.

목적론적 환상에 대한 비판은 마르크스로 하여금 현재 사회를 설명하는 범주들을 과거에 존재했던 사회들에 **그대로** 투사하는 것을 거부하도록 이끌었다.[11] 경우에 따라, 현재의 특정한 범주들은 부분적으로 또는 전체적으로 과거의 어떤 사회구성체에 존재하지 않으며, 설령 그 범주들이 과거의 사회구성체 속에 나타난다고 할지라도, 그 범주들은 대개 **위치가 바뀌어 있으며**, 상이한 역할을 수행한다. 설사 비슷해 보일지라도, 그것은 단지 어림잡아서 cum grano salis만 그런 것이다.[12]

하지만 이러한 역사는 특정한 과거의 **실존**을 전제하는데, 이번에는 이러한 과거 또한 자신의 전사[즉 전사의 전사]의 목적으로 간주될 수 있다. [따라서] 역사에 관한 목적론적 환상을 그것의 마지막 피난처에 이르기까지 몰아붙여야 한다. 우리는 다음과 같은 마르크스의 짧은 구절을 알고 있다. "인간의 해부학은 원숭이의 해부학을 위한 열쇠를 쥐고 있다."[13] 이 구절의 의미는 다음과 같다. 인간-원숭이의 계통이 사실로 성립된다고, 인간이 원숭이의 결과라고 가정하더라도, 이것이 의미하는 바는 (모든 진화주의와는 반대로) 원숭이의 해부학이 우리에게 인간의 해부학을 제공할 거라는 것이 아니라, 오히려 인간의 해부학이야말로 우리에게 원숭이의 해부학을 위한 '열쇠'를, 그것도 유일한 열쇠를 제공할 거라는 것이다. 결코 "생성 없는 결과 le résultat sans son devenir"[14]를 제시하기를 원하지 않았던, 오히려 결과의 생성이 이미 자체 내에 결과를 포함하고 있다고 간주했던, 헤겔의 유명한 정식을 다시금 취하기 위해 마르크스는 다음과 같이 말했다.[15] 모든 결과는 바로 생성의 결과이지만, 생성은 **그 자체 내에** 자신의 결과를 포함하고 있지 않다. 달리 말해, 결과가 바로 생성의 필연적 결과라고 할지라도, 그러한 결과를 생산해낸 생성은 목적télos의 형상forme을 띠지 않는 다. 바로 이 때문에, '최근 형태forme'는 '과거 형태들을 이 최근 형태의 발전 정도에 이른 것'으로 간주할 수 없다.*

방금 전의 이러한 생각은 '실정적positive' 역사의 밑바닥fond이 자 부대 비용faux frais으로서의 반-역사contre-histoire, 부정적 역사라 칭할 수 있는 것으로 우리를 안내한다.[16] 흔히 사람들이 이해하는 역사란 현재의 형태가 함축하는 생성의 단계들로서의 **결과들의** 역사이자, 역사가 **보유한 결과들**의 역사이다. 반대로 그러한 역사 는 비-결과들의 역사, 결과들이 없는 생성들의 역사, 생성이 없는 결과들의 역사가 아니며, 유산된, 억압된, 죽어버린 형태들의 역 사, 요컨대 실패들의 역사가 아니다. [설사 그러한 역사가 실패들의 역사라고 할지라도] 이는 역사가 보유한 실패들의 역사일 뿐이지, 역사가 보유하지 않는 실패들의 역사는 아닌 것이다. 지배계급 에 의해, 그리고 그들을 위해 우리의 서구 전통 속에서 쓰인 공식 적인 역사, 그것은 바로 지배의 역사이며, 이 지배의 역사는 또 다

---

* 이해를 돕기 위해, 이 문장을 다음과 같이 의역할 수도 있을 것이다. "바로 이 때문에, 우리는 '최근 형태'에 비춰 '과거 형태들을 최근 형태가 함축하는 어 떤 발전 정도에 이른 것으로' 간주할 수 없는 것이다." 사실상 과거 형태들을 최근 형태가 함축하는 발전 정도들로 간주한다는 것은, 과거 형태들을 최근 형태에 비춰 그것들이 얼마간 발전했다는 식으로 이해한다는 것을 조건으로 하기 때문이다.

른 역사를, 즉 어둠 속에서 죽어버린 역사를 지워버린 것이다. 그럼에도 불구하고, 《철학의 빈곤Misère de la philosophie》[1847]에서 마르크스가 썼다시피 역사는 언제나 나쁜 측면에 의해 전진한다.[17] 이런 통찰을 통해 마르크스는 억압된 모든 역사에 생명을 되돌려주었고, 그때까지 결과가 없던 어떤 생성을, 즉 착취당하고, 압제에 신음하며, 모든 노역과 학살[18]을 위해 과세를 부과당하고 징집되었던 대중들의 생성을, 곧 나쁜 측면을 발견했다. 하지만 이를 통해 마르크스는 모든 형태들 밑에 있는 **비-역사의 광대한 장**을 열어젖혔다. 영원히 사라져버린 사회들(생성 없는 결과들)의 비-역사, 유산되어버린 것(14세기 북부 이탈리아 포Pô 강 유역의 도시들에 존재했던 자본주의)들의 비-역사, '아주 오래되어버린 옛' 존재의 비-역사, '잔재들'의 비-역사, 조산되어버린 혁명들의 비-역사, 또 억압받거나 탄압되거나 망각되어버리는 것이 아니라면 그저 실패로 치부되었던 수많은 다른 역사들의 비-역사를 말이다.

마르크스가 역사를 목적론téléologie과 우연성contingence[19]의 범주들과는 다른 범주들로 사유하는 데 이르는 것은 바로 결과들의 역사와 억압된 반-역사를 결합함으로써다.

나는 우회적인 방식으로 다음 질문에 답해보고자 한다. 인간의 역사는 어떠한 조건에서 존재하는가? 혹은 역사는 어떻게 인간 집단 내부에, 사회구성체 내부에 뿌리박고 있는가?[20]

선사시대préhistorique 인류학에 대해 자문하지 않는 마르크스에게 인간이란 사회적 동물이며, 자신의 물질적인 존재 조건들을 **생산하는** 특성을 보여준다. 그런데 이미 칸트는 인간은 노동하는 동물이라고 말했으며,[21] 프랭클린Benjamin Franklin은 칸트에 앞서 인간은 도구를 만드는 동물이라고 말했다.[22] 마르크스는 《자본》에서 프랭클린을 인용한다.[23] 인간은 자신의 존속 수단들moyens de subsistance을 생산하기 위해, 그 수단들을 자신의 노동을 통해 자연에서 뽑아내기 위해 도구를 만든다. 하지만 인간은 고독하게 일하지 않는다. 가장 원시적인 집단들에서조차 노동 분할〔즉 분업〕이 존재하며, 따라서 노동의 협동 및 조직의 형태들이 존재한다. 따라서 인간 집단 또는 사회구성체는 자신의 존속subsistance을 생산한다. 그런데 이러한 집단이 **존재**한다면, 그것은 그 집단이 지금까지 **스스로를 재상산하는** 데 이르렀기 때문이다. 바로 이 논점에서 모든 것이 행해진다. 왜냐하면 이 집단은 스스로를 생물학적으로 재생산해왔을 뿐만 아니라, 또한 **사회적으로도** 재생산해왔기 때문이다. 즉 자신의 존속 수단들의 생산 조건들을 재생산함으로써 말이다. 달리 말해, 프랭클린으로 하여금 인간은 도구를 만드는 동물이라고 말하게끔 한, 가시적인 **생산 배후에서**, 헤겔을 통해 고양된 노동의 변증법 배후에서, 마르크스는 (중농주의자들 다음으로) 생산을 지휘하면서도 비가시적인 어떤 은밀한 과정을, 즉 **생산 조건들의 재생산**을 지시한다.

　실질적으로 이는 우선 생산이 물질적인 초과분, 즉 잉여생산물을 포함해야만 한다는 것을 뜻한다. 잉여생산물은 아무 잉여생산물인 것이 아니라, 각각의 생산의 사이클 이후에도 생산 과정의 요소들을 재생산할 수 있도록 규정된 잉여생산물이다. 예를 들어, 사용된 도구들을 대체하기 위한 여분의 도구들, 종자로 쓰기 위한 여분의 밀 이삭 등등. 요컨대, 이 초과분은 생산의 물질적 조건들의 재생산을 보장하기 위해 정해진 비축물이다(그리고 우리는 몇

세기 동안 전쟁, 예컨대 땅이나 노예들을 얻기 위한 전쟁이 이러한 재생산을 보장하는 수단들이었음을 알고 있다). 만약 이러한 조건들이 재생산에 의해 보장되지 않는다면, 사회구성체는 몰락하고 죽음에 이르게 된다. 존재 내의 연속성이 없는 곳에서는 역사도 없다. 생물학에서 존재한다는 것이 하나의 종䄳이 스스로를 재생산하는 것이라면, 역사에서 존재한다는 것은 생산의 물질적이고 사회적인 조건들을 재생산하는 것이다.

물질적 조건들(도구, 종자, 노동력)뿐만 아니라 **사회적** 조건들 또한 재생산되어야 하기 때문이다. 사회적 분업과 협동의 형태들이 재생산되어야 하며, 이는 생산 속에서 기능들과 그 기능들의 공조의 재생산을 보장하는 데 적합한 모든 정치적·이데올로기적 상부구조를 전제한다. 우리는 이를 원시사회들에서도 볼 수 있는데, 원시사회들에서 신화들과 신관들은 노동 분할, 친족 관계, 노동의 리듬, 즉 노동의 조직화 등을 인가함으로써, 재생산의 사회적 조건들을 제어하는 역할을 수행한다.

우리에게 이미 익숙해져버린 모든 것들을 마르크스는 자본주의 생산양식에 대한 자신의 분석 속에서 간파해냈다. 물론 이것들은 어림잡아서cum grano salis만 전-자본주의 사회구성체에 적용될 수 있을 뿐이다. 하지만 생산과 재생산의 이러한 통일과 사회적 재생산의 조건으로서의 상부구조의 효과는 마르크스가 역사에 대해 가진 관념에 본질적인 것이다. 그가 《자본》〔I-2권 7편 21, 22장〕 서두에서 행한 (동일한 토대 위에서 일어나는) 단순 재생산과 (더 넓은 토대 위에서 일어나는) 확대된 재생산 간의 구별 또한 마찬가지다. 자본주의 생산양식은 단순 재생산을 알지 못하지만, 그러한 재생산의 가능성만큼은 드러내준다. 그리고 마르크스가, 자신들의 재생산을 이전 생산의 협소한 한계들 속에서만 확보하는 **정체된 사회들**의 역사적 실존과 전-자본주의 사회가 도달한 역사적 '상한선'을 강조한다면 이는 우연이 아니다. 그것들과 달리, 자본주의는 불가피하게 세계적인 규모로 확대된 재생산에 종속된다.

이러한 역사적 관점에서 우리는 몇 가지 결론들을 끌어낼 수 있다.

1. 이미 지적된 것이지만, 몇몇 '사회들'은, 그 사회들이 재생산되는 특정한 조건들이 이런저런 이유로 충족되지 못할 때, 완전히 사라져버린다는 사실을 이해할 수 있다. 또한 어떤 사회구성체들은 유산되었다는 것을 이해할 수 있다. 북부 이탈리아에 존재했던 자본주의의 최초 형태들이 바로 그렇다(국민국가적nationale 통일체의 부재＝충분히 광범위한 시장의 부재).

2. 존재했던 '사회들' 안에서 역사는 동일한 거동, 동일한 리듬, 동일한 '시간'을 갖지 않았음을, 정체된 사회들, 진보 이후에 굳어버린 다른 사회들, 숨 가쁜 발전에 매달렸던 또 다른 사회들이 있었음을 이해할 수 있다.

3. 끝으로 마르크스의 토픽 내에서 지적된 상부구조의 역할을 이해할 수 있다. 국가와 법, 정치, 이데올로기, 그리고 이데올로기를 먹고사는 활동들 전체는 생산의 사회적 형태들을 재생산하는 데 기여하는 것을,[24] 그리고 계급사회에서는 계급 분할의 사회적이고 이데올로기적인 형태들을 재생산하는 데 기여하는 것을 자신의 기능으로 삼는다. 하지만 동시에 상부구조는 계급적 폭력을 이데올로기, 신의 권위, 일반 이익, 대문자 이성Raison 또는 대문

자 진리Vérité를 통해 인가함으로써만 그러한 폭력을 수용하며 은폐한다. 물질적·사회적 재생산은 이데올로기적 가치들로부터 '영원성'의 형태를 취하며, 정치인들은 그러한 가치들의 대표자들일 뿐이다. 이 때문에 마르크스에 이르기까지 역사는 상부구조로 축소되고 환원되었으며, 상부구조의 공식적인 역사만이, 위대한 정치인들의, 학자들의, 철학자들의, 예술가들과 작가들의 공식적인 역사만이, 즉 '단편적인' 역사만이 존재했다. 마르크스가 말하듯,[25] 이 역사는 생산과 재생산의 물질적이고 사회적인 조건들이 함축하는 깊이 속으로 파고들지 못하며, '최종심급에서의' 결정에 도달하지도 못한다.

하지만 우리는 이러한 관점에서 자본주의 생산양식에 관련된 또 다른 결론을 끌어낼 수 있다.

마르크스에게서 역사는 동질적인 것이 아니라는 것, 우리는 이것을 이미 아무 사회구성체나 고유의 '자기비판'을 행할 수 있는 것은 아니라는 마르크스의 언급에서, 그리고 자생적 역사가 함축하는 목적론적인 환상을 피하고자 하는 그의 고민에서 알아차렸다. 오직 자본주의 생산양식이 지배하는 사회들만이 이러한 자기비판을 행할 수 있다. 여타의 생산양식들과는 다르게 자본주의 생산양식은 자신의 질서 속에서 통일적이기 때문이다. 자본주의 생산양식은 이러한 조직적인 특이성을 보여주는데, 이 특이성은 임노동력의 착취를 계속해서 증대시키고 심화시키며 팽창시키는 자본주의의 경향성에 상응하여, **끊임없이** 확장되는 토대 위에서 스스로를 재생산하는 자본주의의 구조(가치의 가치화〔가치 증식〕, 잉여-가치의 생산) 속에 기입되어 있다. 여기서 세부적인 것들을 모두 다룰 수는 없다. 다만 도식적으로 다음과 같은 것들을 그려볼 수는 있을 것이다. 어떤 면에서, 전-자본주의 생산양식 전체는 '열린' 구조 또는 '공백이 있는' 구조를 갖는다. 반면 자본주의 생산양식을 특징짓는 것은 그 **닫힌** 구조이다. 자본주의 생산양식의 닫힘을 보장하는 것은 바로 마르크스가 자주 상품관계의 **'일반화'**라 불렀던 것이다. 단지 생산물들 전체가 상품들**로** 생산된다는 의미뿐만 아니라, **노동력** 그 자체가 하나의 상품이 된다는 의미에서의 일반화 말이다. 전-자본주의 생산양식에서도 분명 상품들이 존재했고 생산물들이 상품으로 판매되었지만, 이것들이 상품으로 생산되지는 않았으며, 노동력 역시 하나의 상품이 아니었다. 이를 통해 어떤 '열림'이, 즉 그 속에서 영주는 자본을 축척하기 위해서가 아니라 향유하기 위해 착취하며, 농노는 어떤 한계 속에서, 어떤 예속 아래에서 자신의 삶을 꾸려갈 수 있는 모든 작용/여지$_{jeu}$가 지속되었다. 〔반면〕 자본주의 생산양식과 함께 노동력은 하나의 상품이 되며, 자본을 축적하기 위해 노동력을 착취하는 자본가가 자본주의의 주인이 된다. 자본주의 계급투쟁의 토대이기도 한 광적인 착취 법칙으로부터, 착취의 팽창과 세계의 지배로부터 벗어날 수 있는 출구는 존재하지 않는다. 자본주의 생산양식은 거대한 규모로 행해지는 전방으로의 도피에 내몰릴 수밖에 없으며, 이는 자본주의 생산양식을 위기들 — 자본주의 입장에서 이러한 위기들은 피착취자들을 희생하여 마련된, 위기의 수만큼의 해결책들이기도 하다 — 속으로 몰아넣는다.* 결과적으로 자본주의 생산

---

* '전방으로의 도피'로 번역한 'fuite en avant'은 보통 특정한 행위 메커니즘이

양식은 다음과 같은 적대적인 경향적 법칙들에 종속될 수밖에 없다. 즉 [자본의] 집적과 축적이 점점 더 심해질수록, [한편으로] 착취당하는 대중들은 점점 더 교육되고 계급투쟁으로 내몰리며, 식민 지배를 받는 지역들은 자신들의 해방에 고취된다. [다른 한편으로] 자본주의 생산양식은 죽음에 이를 때까지 이러한 치명적인/자멸적인 모순 속에서 살게 된다.

마르크스에게 이러한 경향은 불가항력적인 것이다. 제국주의는 이러한 경향이 취하는 마지막 형태이며, 산업자본과 은행자본의 금융자본으로의 통합이고, 상품시장에 대한 자본시장의 세계적 규모의 지배이며, 제국주의 전쟁으로 치닫는 독점[자본]들 간의 세계를 나눠 먹기 위한 싸움이다. 하지만 이러한 불가항력적인 경향이 어떤 양자택일도 없이 자신 안에 해결책을 사전에 포함하고 있는 숙명인 것은 아니다. 우리는 "사회주의냐 야만이냐"[26]라는 엥겔스의 말을 알고 있다. 우리가 살아온 역사는 이러한 이중의 출구에 그것이 취할 수 있는 모든 의미/방향sens을 부여한다. 우리는 "부패pourrissement"(레닌)와 "야만"(엥겔스)의 형태들 속에서 제국주의의 불가항력적인 경향들을 경험할 수도 있다. 파시즘이 우

나 법칙이 어떤 문제를 야기함에도 불구하고 그러한 메커니즘이나 법칙을 지속하거나 그럴 수밖에 없도록 강제되는 상황을 말한다. 이는 자본주의 생산 양식의 경우에도 마찬가지인데, 왜냐하면 자본주의에 본질적인 착취 법칙은 그 자체로 자본주의 고유의 위기인 불황을 야기하지만, 역설적이게도 그 위기를 타개할 수 있는 유일한 자본주의적 해결책 또한 바로 이 착취 법칙을 가속화하는 것이기 때문이다. 따라서 자본주의 생산양식은 자신에게 내재하는 착취 법칙을 더욱 가열차게 밀어붙임으로써만 위기에 대처할 수 있으며, 동시에 이는 자본주의적 모순의 심화를 의미하기도 한다.

리에게 그 첫 번째 판본을 주었듯이 말이다. 심지어 이러한 경향들은 여전히 오래 지속될 수도 있다. 왜냐하면 자신의 **위기들**을 역사적 **치료법들**로 변모시키는 비범한 능력은 이미 자본주의의 고유성이었으며, 이는 제국주의 아래에서도 여전하기 때문이다. 파시즘 또는 여타의 잠재적인 형태들처럼 아예 위기들 속에 자리를 잡든, 아니면 1929년처럼 세계대전을 통해 위기들에서 벗어나든 말이다. 하지만 또한 다음의 사실이 남아 있다. 1914~1918년과 1939~1945년에 발생한 각각의 세계대전에서 제국주의 세계는 매번 하나의 또는 다수의 사회주의 혁명이라는 대금을 치름으로써만 자신의 위기에서 벗어날 수 있었다는 사실 말이다. 왜냐하면 야만의 대안, 그것은 곧 사회주의일 수 있기 때문이다. 마찬가지로 제국주의의 불가항력적 경향 속에는 바로 세계적 규모의 착취의 증대 및 팽창과 계급투쟁의 고조exaspération가 **분리 불가능하게** 동시적이라는 사실이 기입되어 있기 때문이다.

권력을 탈취하기 위한, 그리고 사회주의를 위한 노동자 계급투쟁의 조직화의 가능성은 바로 이러한 토대 위에 놓여 있다. 물론, 노동자 계급투쟁의 조직들이 존재해야만 하며, 그 조직들은 제국주의의 모순들 속에 아르키메데스의 점으로 기입되어 있음을 알아야만 한다. 세계를 들어 올리도록 해주는 것이 아니라, 세계를 변혁하도록 해주는 아르키메데스의 점으로 말이다.

1975년 5월 5일

역사에 관한 글들

1 Avant-propos de «*Contribution*···», op. cit., pp.272-273.

2 «Machiavel et nous», *Écrits philosophiques et politiques*, op. cit., t. II, p.64.

3 아마도 알튀세르는 마르크스가 1872년 3월 18일에 자본 1권 프랑스어판 편집자에게 보낸 편지를 떠올렸던 것 같다. «Au Citoyen Maurice Lachâtre», *Le Capital, Livre I*, trad. J. Roy, Chronologie et avertissement L. Althusser, Paris, Garnier-Flammarion, 1969, p.32. "제가 사용했던 분석 방법을 사람들은 아직 ······ 경제적 주제들에 적용하지 않았습니다."

4 Postface de la 2e éd. allemande du *Capital*, Livre I, op. cit., p.555.

5 Avant-propos de la «*Contribution*···», op. cit., pp.273-274.

6 이전 판본: "그리고 공산주의 생산양식".

7 이전 판본: "사람들이 이러한 관념에 대해 방금 전 인용한 생산양식들의 잇달음을 비난한다고 해도, 이러한 관념을 이해하는 다수의 방법이 존재한다는 것은 분명하다."

8 K. Marx, *Le 18 Brumaire de Louis Bonaparte*, trad. M. Sagnol, *Œuvres*, op. cit., t. IV: *Politique*, p.530; «Appel au prolétariat anglais», trad. L. Janover et M. Rubel, *Spartacus*, Série B, n° 129, mai/juin 1984.

9 «Introduction générale···», op. cit., pp.260-261.

10 이전 판본: "그 과거의 결과".

11 Ibid., p.237 *sq.*, p.260 *sq.*

12 Ibid., p.260.

13 *Id*. L. Althusser, «La querelle de l'humanisme», *Écrits philosophiques et politiques*, op. cit., t. II, p.518.

14 *Phénoménologie de l'esprit*, op. cit., p.22. L. Althusser, «Du contenu dans la pensée de G. W. F. Hegel(1947)», *Écrits philosophiques et politiques*, op. cit., t. I, p.61, p.65, p.103[게오르그 빌헬름 프리드리히 헤겔, 《정신현상학》 1·2, 김준수 옮김, 아카넷, 2022].

15 «Réponse à Mikhailovski(novembre 1877)», *Œuvres*, t. I: *Économie*, 2, op. cit., p.1555.

16 이전 판본: "내가 앞으로 놓을 매우 중요한 유보하에서, 이러한 생각은 우리를 [······로] 안내한다."

17 *Misère de la philosophie*, op. cit., p.89.

18 이전 판본: "모든 노역과 전쟁".

19 이전 판본: "경향적 메커니즘의 필연성에 종속된 우연성".

20　이전 판본에서는 이 문단과 이 문단 바로 앞 문단을 대체하는 다음과 같은
　　문단이 나온다. "여기서 나는 나 자신을 일반성들에 제한시켜야만 한다.
　　나는 보편사의 문제는 옆으로 치워둘 것이다. 마르크스가 보여준 바대로,
　　자본주의와 함께 세계시장의 물질적·사회적 통일성이 존재할 때에만
　　역사는 역사로서의 통일성을 가지며, 역사들의 국지적이고 불연속적인
　　형태를 벗을 수 있기 때문이다. 이제부터 나는 역사가 인간의 역사적 집단
　　내에, 사회구성체 내에 뿌리박고 있다는 문제를 다룰 것이다."

21　*Réflexions sur l'éducation*, trad. A. Philonenko, Paris, Vrin, 1993, p.148.

22　Cité par T. Bentley, *Letters on the Utility and Policy of Employing Machines
　　to Shorten Labour*, Londres, William Sleater, 1780, pp.2-3.

23　*Le Capital*, Livre I, op. cit., note c, p.864.

24　이전 판본: "재생산을 보장하는 것".

25　"…… 편파적인 관점에서".

26　[이 책] 329쪽 각주 1번을 보라.

역사에 관하여

1986

번역 이찬선

Sur l'histoire

헤겔, 엥겔스, 그리고 스탈린Iosif Stalin이 생각했던 바와 반대로, 하지만 (몇몇의 일탈들에도 불구하고) 마르크스가 생각했던 바와는 일치하게, 역사의 법칙은 존재하지 않는다.

개인적인individuelle 혹은 사회적인 역사적 필연성은 존재하며, 우리는 그것에 대한 과학적인 이론을 구성할 수 있다. 마르크스의 역사적 유물론과 우발적인 것의 유물론matérialisme de l'aléatoire이 바로 그 증거이다. 역사에 법칙들이 존재하지 않는다고 해도, 역사의 교훈들은 존재한다 — 하지만 이 교훈들은 그 자체로 우발적인데, 왜냐하면 동일한 상황, 동일한 정세conjoncture(마키아벨리, 스피노자, 마르크스, 레닌, 마오Mao Zedong, 비트겐슈타인Ludwig Wittgenstein, 데리다Jacques Derrida), 동일한 '사례'는 결코 재생산되지 않기 때문이다. 사적이거나personnelle 사회적인 역사 내의 모든 것은 **독특하며 유일하다**singulier et unique(마키아벨리, 스피노자, 슈티르너Max Stirner, 바쿠닌

Mikhail Bakunin, 레닌, 마오 등등).[1]

바로 이러한 이유에서, 서양 인식론의 총아인 포퍼Karl Popper는 맞으면서도 동시에 틀리다.

포퍼가 인간과학은 물리학과는 다르게 법칙들의 소관이 아님을 인정할 때, 그는 **맞다**. 그리고 모든 검증은 반증 가능해야만 한다고 말할 때, 그는 **맞다**. 그가 언표된 것의 반증 가능성이 지니는 선험적 조건을 정식화하려는 칸트적인 관념론적 경향을 지녔음에도 말이다.

하지만 다음과 같은 요점들에 입각해 볼 때, 포퍼는 **틀렸다**.

1. 과학의 과학(이론적 실천의 이론) 또는 과학들의 과학으로서의 인식론은 존재할 수 없다.

2. 오직 과학들의 역사, 인식론적인 이데올로기의 역사만이 존재한다. 과학들은 이러한 인식론적인 이데올로기를 생산하며, [또 역으로] 이러한 인식론적인 이데올로기 아래에서 이 과학들의 역사가 생산된다.

3. 모든 역사와 마찬가지로, 이러한 역사는 법칙들을 따르지 않지만, 우리는 그 역사에서 **불변적인 것들**(레비-스트로스Claude Lévi-Strauss)과 그것들의 독특한 변이들(마키아벨리, 스피노자, 프로이트)을 관측한다.

독특한 무의식의 토픽적 형상들에 대한 [이론]으로서, 개인적이거나 사회적인 역사에 대한 [이론]으로서[2] 불변적인 것들에 대한 [정신]분석(학)적인 또는 역사(학)적인 이론은, 그것이 진지하게 다뤄진다면 **반증 가능한 과학적 이론**일 수 있다.

4. 따라서 포퍼는 역사(학)에, 정신분석학에, 그리고 계급투쟁

에 대한 이론에 그 어떤 과학적 가치도 부여하기를 거부한다는 점에서 틀렸다. 이 때문에 그는 갈릴레이적인 물리학의 모델에 정신을 빼앗긴 것이다. 하지만 하이데거Martin Heidegger는 근대 기술을 통한 갈릴레이적 과학의 착취를 고발했다는 점에서 옳았다. 데리다는 훨씬 더 훌륭하게 흔적trace과 여백들marges에 대한 그의 이론 속에서 우발성의-유물론적 에크리튀르écriture matérialiste-aléatoire의 이론을 구성해냈다.[3]

확실히 인간과학들(정치경제학, 심리학, 사회학)은 그 시작부터가 "부르주아 이데올로기의 이론적 형성물들"[4]이었다. 하지만 콩트와 뒤르켐 이후에, 그리고 특히 마르크스, 레닌, 마오 이후에 인간과학들은 근본적으로 변화했다. 오늘날 프랑스와 소비에트의 역사학자들, 앵글로색슨의 민속학자들, 그리고 프랑스의 철학자들이 그 선두에 서 있다.

{라파엘} 피비달{Rafaël} Pividal의 책《네모 {선장}과 과학{Le capitaine} Nemo et la science》{(Paris, Grasset, 1972)}과 미뉘Minuit {출판사에서 출간된} 자크 부브레스J{acques} Bouveresse의 책들을 읽을 것.

1986년 7월 6일, 수아시 병원에서.

1   L. Althusser, «Sur l'objectivité de l'histoire…», op. cit., p.24.

2   수고본에는 이 구절 속에 두 번 나타나는 "~으로서comme" 뒤에 밑줄이 쳐진 공백이 존재한다[영어판을 참조해 이 공백을 '이론'으로 채워 넣었다].

3   L. Althusser, *Être marxiste en philosophie*, op. cit., p.212 *sq.*

4   Ibid., p.313; *Initiation à la philosophie pour les non-philosophes*, op. cit., p.200[루이 알튀세르, 《비철학자들을 위한 철학 입문》, 안준범 옮김, 진태원 해제, 현실문화, 2020]; *Les Vaches noires*, op. cit., p.190[루이 알튀세르, 《검은 소》, 배세진 옮김, 생각의힘, 2018].

제국주의에 관하여
(일부 발췌)

1973

번역 배세진

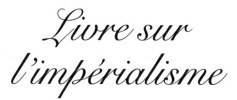

《제국주의에 관하여》를 읽기에 앞서

《제국주의에 관하여》의 원제는 Livre sur l'impérialisme, 즉 '제국주의에 관한 책'이다. 고슈가리언이 〈편집자 노트〉에서 밝혔듯, 《제국주의에 관하여》는 한 권의 책으로 집필된 원고 중 고슈가리언이 취사선택한 부분들만으로 구성된 발췌본이다. 하지만 분량 측면에서뿐 아니라 애초 한 권의 책 형태로 기획·집필되었다는 점에서, 이 책에 수록된 다른 글들과 달리 하나의 단행본으로 간주할 수 있다. 원서인 프랑스어판에서는 각 글들이 쓰인 연대순으로 배치된 관계로 《제국주의에 관하여》가 〈피에르 빌라르에게 보내는 답변 초고〉와 〈마르크스와 역사에 관하여〉 사이에 위치하지만, 한국어판에서는 책 속에 존재하는 또 한 권의 독립적 책이라는 점을 강조하고 가독성을 높이기 위해 《제국주의에 관하여》를 가장 마지막 순서로 배치했다.-옮긴이

{일러두기}

이 저서는 레닌 이래로 마르크스주의 안에서 '고전적' 질문의 위치를 차지해왔던 것, 즉 제국주의라는 질문을 다룬다.

왜 제국주의에 관한 이러한 저서를 집필하는가?

다음과 같은 단순한 이유 때문이다. 즉 우리는 역사의 마지막 단계, 다시 말해 자본주의라는 존재의 마지막 단계인 제국주의라는 '단계stade'에 살고 있기 때문이다. 노동자 계급의 편에서 제국주의에 대항해 투쟁한다고 하더라도, 우리는 제국주의에 종속되어 있다. 그런데 우리는 제국주의를 격파하기 위해 제국주의를 인식해야 하며, 무엇이 제국주의를 자본주의의 다른 단계들과 구분해주는지를 인식해야 하며, 제국주의의 고유한 특징과 그 메커니즘에 대해 가능한 한 가장 정확한 관념을 지니고 있어야만 한다. 바로 이러한 조건 아래에서만 프롤레타리아 계급투쟁은 제대로 행해질 수 있을 뿐 아니라, 혁명, 프롤레타리아 독재 그리고 사회주의의 건설로 나아갈 수 있다. 바로 이 [프롤레타리아 독재 혹은 사회주의의 건설이라는] 대장정이 우리로 하여금 자본주의에서 공산주의로 이행할 수 있도록 해줄 것이다.

하지만 사람들은 제국주의와 관련해 사태가 이미 잘 인식되어 있다고 말한다. 정말로 그렇다면, 사태가 잘 인식되어 있는 상황에서 구태여 왜 제국주의에 관한 이러한 저서를 집필하는가?

사태가 이미 잘 인식되어 있다…… 정말로 확실히 그러한가? 우리가 제국주의에 관해 **말하며**, 제국주의 국가들이 행하는 전쟁과 공격, 세계 분할, 비제국주의 국가의 부에 대한 약탈 등등에 관한 레닌의 정식들을 기꺼이 반복한다는 것은 사실이다. 우리가 프랑스 제국주의에 맞서, 그다음으로는 미국 제국주의에 맞서 인도차이나 반도 인민들의 영웅적 투쟁을 지지했으며, 이 두 제국주의가 자신들보다 약한 이들에게, 특히나 자신들과는 [여러 면에서] 다른 국가들[즉 비제국주의 국가들]에 군사적으로 그리고 정치적으로 패배했다는 것은 사실이다. 하지만 무슨 일이 일어나고 있는지 자세히 보라. 우리는 제국주의를 '식민지적' 혹은 '신식민주의적' 정복과 공격, 그리고 제3세계에 대한 약탈 및 착취와 자연스레 **동일시하는** 경향이 있다. 이 모든 것은 확실히 제국주의의 사냥화[사냥 후 잡은 동물들을 종류별로 늘어놓는 것]의 일부를 이루고 있다.* 하지만 제국주의가 우선, 그리고 무엇보다도 대도시에서, 그러니까 대도시 노동자들의 등 뒤에서 작동하고 있다는 점을 사람

---

* 우리가 지니는 이러한 동일시의 경향 또한 제국주의가 이룬 성과 중 하나라는 뜻이다.

들은 알고 있을까? 제국주의가 외부적/국외적 개입의 사태이기 이전에 우선 그리고 무엇보다도, 국내적(그리고 전세계적) 사태라는 점을 사람들은 알고 있을까?

그렇기 때문에 우리는 사태를 명확히 이해해야 한다.

레닌에게서 제국주의는 극도로 정확한 의미에서 자본주의의 '최고supême', '최후ultime'이며, '정점에 도달한culminant' '단계'이다. 레닌에게 제국주의는 역사의 마지막dernier 단계, 다시 말해 자본주의라는 존재의 마지막 단계이다. 제국주의 이후, 모든 것은 끝난다. 더 이상 자본주의는 존재하지 않는 것이다. 제국주의 이후에 오는 것은 프롤레타리아 혁명, 프롤레타리아 독재 그리고 사회주의의 건설이다. 제국주의 이후에는 매우 장기간에 걸친 '이행'[과도기]이 시작된다. 이 이행은 우리가 자본주의에서 공산주의로 넘어가도록 만들어주는 그런 이행이다. 다시 말해, 이러한 이행은 바로 공산주의로 나아갈 수 있는 길을 열어주는 사회주의의 건설이다.

하지만 주의하라! 레닌이 제국주의는 자본주의의 마지막 단계이며 제국주의 이후 모든 것이 끝난다고 말할 때, 우리는 다음의 두 가지 사항을 염두에 두어야만 한다.

1. 이 마지막 단계가 오래 지속될 수 있다는 것.

2. 제국주의 이후, 우리가 '사회주의**이거나** 야만**이거나**'라는 양자택일 앞에 놓이게 된다는 것.

이 표현은 마르크스와 엥겔스의 것이다.[1] 이 정식은 역사가 자기 혼자, 그리고 '자연스럽게' 사회주의를 향해 나아가지는 않는다는 점을 의미한다. 왜냐하면 역사는 모든 관념론자들이 믿듯 하나의 목표를 실현하기 위해 앞으로 나아가는 것이 아니기 때문이다. 이 정식은 다음과 같은 점을 의미한다. 만일 상황이 뒷받침된다면, 다시 말해 만일 프롤레타리아 계급투쟁이 제대로 전개되었다면, 그리고 제대로 전개되고 있다면, **바로, 바로 그럴 때만** 자본주의의 종말은 '이행'의 대장정을 통해 공산주의로 향하는 혁명과 사회주의로 이어질 수 있다는 점을 말이다. 그렇지 않다면 자본주의의 종말은 '야만'으로 이어질 수도 있다. 야만이란 무엇인가? 인류의 역사가 그 수많은 사례를 제공해주었듯, 야만은 지금 여기서 일어나는 퇴행 그리고 부패다. 그렇다. 우리의 '문명'은 지금 여기에서 멸망할 수 있다. 더 높은 '단계'로 나아가지 않고, 그리고 이미 과거에 존재했던 더 낮은 단계로 퇴행하는 일 없이. 그리고 또한 아이를 낳는 데까지 이르지 못한 출산 과정과 해방으로까지 이어지지 못한 유산avortement으로 인한 모든 고통을 축적하면서.[2]*

---

*   여기에서 해방의 원어는 'délivrance'로, 이는 '해방'과 '출산'을 모두 뜻한다. 알튀세르는 여기서 여러 가지 어휘를 통해 출산의 비유를 활용하고 있다.

{마르크스의 저작과 마르크스주의자들이 맺는 관계에 관하여}

여기서 내가 설명하고자 하는 것은 분명 **매우 단순하다.** 만일 여기서 내가 설명하고자 하는 바가 매우 복잡한compliqué 것으로, 심지어는 (프랑스 공산당에서 크게 유행했던 단어, 하지만 다루고자 하는 주제가 조금이라도 거슬릴 경우 모든 설명을 거부하기 위해서만 사용되었던 단어로 말하자면) '복합적complexe'인 것으로 간주되는 경향이 있다면, 이는 (최소한 그 원리에 있어서는 그 자체로 매우 단순한) 하나의 원인이 발생시키는 효과 때문이다. 이는 마르크스의 설명이 복잡해서가 아니다. 또한 거대한 크기와 육중한 무게로 자신을 짓누르고 있던 부르주아 이데올로기에서 홀로 **빠져나와야** 했던 마르크스가 수도 없이 많은 주의를 기울여야 했으며 좌우를 살피면서 모든 가능한 논거들로 무장해야만 했기 때문도 아니다. 그렇지 않다. 왜냐하면 마르크스가 《자본》을 집필한지 이미 100년이 넘었기 때문이다. 《자본》을 독해하고, 《자본》의 난점들을 명확히 밝히고, 《자본》의 피할 수 없는 오류들(하나의 과학을 정초했던 그 모든 학자들 가운데, 과학을 정초하는 {자신의} 그 거대한 작업에서 몇 가지 어리석은 말들을 전혀 하지 않았던 그런 학자가 있을까?)을 정정할 수 있는 100년이 넘는 시간. 간단히 말해, 《자본》을 이해하기 위해 우리에게 주어진 100년이 넘는 시간.

그런데 이 100여 년 동안, (《자본》의 이해라는) 이러한 관계 아래에서 《자본》에 대한 어떤 식의 활용이 행해졌는가? 이 관계를 고려한다면, 《자본》에 대한 우리의 활용은 이상하고 당황스러우며 전례가 없는, 그리고 여러 측면에서 기 막히는 방식으로 이루어졌다. 왜냐하면, 《자본》의 주요한 가르침이 프롤레타리아 계급 투쟁과 노동조합 그리고 프롤레타리아 당내에 유입되었던 것(그런데 바로 이 지점이 정치적 측면에서 단연코 가장 중요한 지점이다)과 달리, 《자본》 자체에 대한 우리의 이해는 거의 조금도 앞으로 나아가지 못했다는 점을 인정해야 하기 때문이다.

제2인터내셔널의 위대한 이론가들 — 나는 우리가 결코 무시할 수 없는 마르크스주의자 카우츠키(그의 저작 《농업 문제La Question agraire》[1899]를 보라[3])와 우리가 그 즉시 무시해버릴 수 있는 베른슈타인Eduard Bernstein뿐만 아니라 (마르크스의 전기작가인[4]) 메링Franz Mehring[5]과 로자 룩셈부르크Rosa Luxemburg(우리는 그녀를 특별한 관점에서 주목해야 하는데, 왜냐하면 레닌이 **말했듯**[6] 그녀는 '독수리'였기 때문이다) 또한 언급하고자 한다 —, 대부분이 대학에 몸담고 있던 학자들이었던 이 위대한 이론가들, 《자본》에 대한 독해와 설명 그리고 주석에서 실험을 감행했던 이들은 《자본》으로 무엇을 했는가? 이 위대한 이론가들은, 분명 세상 그 누구보다도, 그리고 어쨌든

역사에 관한 글들

우리 세대의 마르크스주의자들보다는 《자본》을 더 잘 독해했다. 그러나 이 위대한 이론가들은 《자본》을 읽었지만 **이를 이해하지는 못했다.** 그들은 자신들이 독해했던 《자본》에 미달하는 지점에 남아 있었으며, 그래서 레닌은 그 이유를 우리에게 설명해야만 했다. 그들은 대학의 강단 마르크스주의자의 관점에서 《자본》을 독해했지, 프롤레타리아 계급의 이론적 위치[입장]의 관점에서 《자본》을 독해하지 않았으며, 결국 (다소간) 부르주아적인 계급의 이론적 위치[입장]에서 《자본》을 독해했다고.

(매우 어린 나이에) 《자본》을 독해하고 (단숨에) 이를 이해했던 유일한 이는 바로 레닌이다. 레닌의 청년기 텍스트들이 이를 방증한다. 레닌은 자신의 독해에서 실수를 범하지 않았다. 레닌은 마르크스의 저작이 지니는 계급적 성격을 단숨에 파악했으며, 《자본》을 이해하기 위해서는 이를 [프롤레타리아] 계급의 이론적이고 정치적인 위치[입장]에서 독해해야만 한다는 점을 이해했다. 이로부터 레닌의 초기 저술들에서 제시되는 《자본》에 대한 놀라운 설명들이 등장한다. 바로 이 설명들에서 레닌은 인민주의자들과 다른 낭만주의적 경제학자들에게 다음과 같은 기초적 진실, 즉 마르크스는 정치경제학 학파의 일원이 아니며 이 정치경제학에 대한 비판의 사상가, 다시 말해 무엇보다도 경제주의에 대한 비판의 사상가(왜냐하면 경제주의만이 정치경제학이 정치경제학 자신으로부터 유래했다고 믿기 때문이다)라는 진실을 받아들이기를 요구한다.*

---

* 첫 글자가 모두 대문자로 표기되어 있는 이 '정치경제학'은 애덤 스미스Adam Smith와 데이비드 리카도David Ricardo로 대표되는 '고전파 정치경제학'을 가리킨다.

하지만 레닌이 마르크스에 진정으로 충실한 마르크스의 독자, 《자본》에 진정으로 충실한 《자본》의 독자이기만 했던 것은 아니었다. 레닌은 '마르크스주의 이론을 발전'시켰다. 레닌은 자신의 청년기 저술들 중 하나인 《인민의 벗이란 무엇인가?Ce que sont les amis du peuple?》[1895][7]에서 바로 다음과 같이 썼다. "마르크스는 우리에게 [앞으로의 발전된 논의를 위한] 초석을 제공했을 따름이다. 우리는 모든 방향으로 그의 저작을 발전시켜야만 한다." 그러므로 레닌은 서구 국가들 각각에 대한 구체적 분석을 생각했던 것인데(레닌은 이 점을 명시적으로 말한다), 그러나 그는 이보다 훨씬 더 먼 지점까지 사고했다. 그리고 레닌은 자신의 결정적인 새로운 테제들을 전개했던 장소인 계급투쟁의 실천이라는 영역에서뿐 아니라 그가 우리에게 매우 중요한 철학적 테제들(결정적 고리, 불균등 발전 등등)을 제공해주었던 장소인 이론이라는 영역에서도, 그리고 그가 우리에게 (비록 레닌 자신의 고백대로 매우 도식적인 형태로 제시된 이론이긴 했지만) 자신의 제국주의론을 제공해주었던 장소인 역사유물론이라는 영역에서도 이를 증명했다.

그럼에도 레닌 자신이 마르크스에 손을 댔던touché 것은[마르크스를 직접 정정했던 것은] 아니었다. 내 생각에 《무엇을 할 것인가?Que faire?》[1902]의 한 구절에서 레닌은 자신이 **마르크스주의의 정정에 찬성**한다고 말했을 뿐인 것 같다. 왜냐하면 모든 과학은 정정되어야 하기에, 왜냐하면 모든 과학은 [완성될 수 없다는 의미에서] '무한'하며 그러므로 필연적으로 불완전할 수밖에 없는 정식들에서 출발해야만 하기에. 그래서 이 여정의 한가운데서 우리는 과학을 정정할 줄 알아야만 하는 것이라고. 그리고 레닌은 (내

역사에 관한 글들

가 방금 전에 언급했던) 메링을 마르크스의 부정확한 (아마도 **역사적인**) 몇몇 언급들을 정정했던 마르크스주의자의 예로 제시한다.[8] 그리고 레닌은 말한다. 메링은 마르크스를 정정하는 데서 옳았는데, 왜냐하면 **가능한 모든 과학적 주의**précautions **아래에서** 이러한 정정을 행했기 때문이다. 레닌은 부르주아 이데올로기 속으로 전락해버린 베른슈타인의 사이비-정정에 메링의 정정을 대립시킨다. 그러므로 원칙적으로 레닌은 마르크스의 과학의 생명을 지속시키기 위해, 마르크스가 정초한 과학은 **필연적으로 정정**되어야만 한다는 점을 (메링이라는 범례를 통해) 인정한다. 이러한 정정이 없다면 과학은 더 이상 과학이 아니라 과학의 지위에서 전락한 정식들과 방법들의 모음에 불과할 것이다. 하지만 마르크스주의 과학을 제국주의에 관한 이론으로까지 확장시켰던 레닌은, 마르크스의 정식이 부정확하며 이러저러한 이유에서 이를 정정해야 한다고 선언했으면서도 **그 정식을 전혀 정정하지 않았다**. 이렇게 레닌을 이해하는 것이 정확한가? 그렇지는 않다. 왜냐하면 우리는 레닌이 스스로를 마르크스의 몇몇 〔잘못된〕 **철학적** 정식들을 자신의 것으로 활용해야 한다는 의무로부터 **면제**했다는 사실을 확인할 수 있기 때문이다. 레닌이 마르크스의 몇몇 철학적 정식들을 다시 활용하지 않았다는 점에서 보자면, 아마도 이는 이 정식들을 부적합한 것으로 간주하는 레닌 고유의 방식인 것 같다. 우리가 원한다면 이를 〔마르크스에 대한〕 비판으로 볼 수 있겠지만, 이는 (아마도 레닌의 생각에 그 이유가 너무 명명백백해 구태여) 그 이유를 제시하지 않은 그러한 비판일 것이다(따라서 우리의 부르주아 마르크스 문헌학자들과 심지어는 오늘날의 수많은 공산주의 마르크스주의자들을 기쁘게 하는 **소외**라는 범주, 《자본》에도 여전히 남아 있는 이 범주가 레닌에게서는 **완전히** 사라진다. 명백히도, 레닌은 《자본》을 이해하기 위해 이 소외라는 범주를 필요로 하지 않았다).

그런데 만일 이러한 증상적 침묵을 한쪽으로 치워놓는다면, 그리고 동시에 이것을 그 이유를 밝히지 않는 침묵으로 이해한다면, 우리는 **레닌이 마르크스의 그 어떤 정식도 비판하거나 정정하지 않았다**는 사실을 인정해야만 한다. 이런저런 측면에서 오류가 존재했던, 그리고 필연적으로 오류가 존재할 수밖에 없었던 — 왜냐하면 마르크스가 아무리 천재였다고 할지라도 그는 한 명의 인간일 뿐이었으며, 새로운 과학의 토대를 제공했던 이 한 명의 인간은 이 새로운 과학을 정초하기 위해 반드시 벗어나야만 했던 이데올로기 속에 갇혀 있었기에, 심지어 파편적이며 오류에 빠져 있는 그러한 몇몇 관점에 고정되어버릴 가능성에 강하게 빠져 있었기에 — 마르크스주의를 정정하는 것이 (그리고 심지어는 개조하는 것이) 당연하다고 썼던 레닌 자신조차, 자신의 원칙을 명료하게 적용하지는 않았다. 레닌은 자신에게 주어진 그대로의 마르크스를 취했다. 레닌은 경탄스러운 수준으로 마르크스를 이해했다. 하지만 레닌은 마르크스에게서 본질적인 것은 **전혀 변화시키지 않**았다. 비록 레닌은 자신의 관점에서 명백히 너무 과도하거나 오류에 빠져 있는 이런저런 철학적 범주를 포기했지만, 그는 그 어떤 과학적 개념도 정정하지 않았으며 마르크스의 과학적 작업의 과학적 결과들 중 그 무엇도 정정하지 않았다.

그리고 만일 레닌이 이러한 대담함을 (혹은 오히려, 이것이 단지 일종의 대담함에 그치는 것일 수 없다는 점에서, 마르크스가 정초한 과

역사에 관한 글들

학과 관련해 주어진 이러한 단순한 권리를, 아니 심지어 이러한 **의무**를)
포기한 것이 맞다면, 이러한 대담함[즉 대담한 과업]을 포기한 것
은 레닌의 후계자들도 마찬가지였다고 말할 수 있다! 아마도 유
일하게 그람시만이 그 필요성을, 그리고 마르크스의 몇몇 성취물
에 대해 다시 작업하는 것이 **사활적**이라는 점을 느꼈던 것 같다.
하지만 그람시가 비판했던 것은 마르크스의 몇몇 정식들보다는
그 후계자들의 정식들(엥겔스와 부하린의 교과서[9]), 그리고 대부분
[마르크스의] **철학적** 정식들이었다. 하지만 내가 아는 한, (레닌이
바로 그렇게 나아갔듯) 마르크스에 의해 제대로 탐험되지 않은 영
역으로 나아갔던 그람시(그의 경우, 상부구조)는 마르크스의 과학
적 정식화들 그 자체를 다시 취하지는repris 않았다. 게다가 그람시
가 겪었던 투옥은 그로 하여금 마르크스의 주요 텍스트들에 접근
하지 못하도록 가로막았다. 우리는 이를 《옥중수고Cahiers de la Prison》
[1929~1935]에서 확인할 수 있다. 《옥중수고》에 《자본》에 대한 논
의는 사실상 존재하지 않는다(하지만 1859년 《정치경제학 비판을 위
하여》의 서문과 〈포이어바흐에 관한 열한 가지 테제Les Thèses sur Feuerbach〉
[1845]는 이상하리만큼 끊임없이 등장한다). 그러므로, 만일 [내가 주
장한 대로] 레닌과 그람시가 이러한 **의무**를 거부한 것이 맞다면,
이는 레닌의 후계자들, 그람시의 동시대인들 그리고 레닌과 그람
시를 추종하는 오늘날의 에피고넨epigonen들도 마찬가지이다! 물론
이들은 마르크스와 《자본》 그리고 노동가치론을 '개조'하고, 우리
의 레몽 아롱과 같이[10] 잉여가치론 그리고 전반적으로 역사유물론
의 모든 원리를 내다 버린다. 하지만 이로 인해 우리는 레닌이 말
했던 함정에 빠지게 된다. 만일 마르크스주의에 대한 개조révision

가 이러저러한 지점에 대한 엄밀하고 논쟁의 여지 없는 과학적 정정rectification이라면, 아무런 문제가 없다! 하지만 만일 이러한 개조가 마르크스주의를 쓰레기통에 처박아버리는 공개적이거나 암묵적인, 혹은 전체적이거나 부분적인 방식일 뿐이라면, 전부 끝이다[더 이상 이에 대해 할 수 있는 것이 전혀 없다]. 우리는 이자들과 공유할 것이 전혀 없다. 그리고 이에 대해 논의를 더 진전시키는 것은 완전히 무의미해진다.*

하지만 이러한 어이없는 상황이 바로 우리가 현재 마주하고 있는 상황이다. 우리는 마르크스주의의 청산과 다를 바 없는 마르크스주의에 대한 '개조'를 아주 많이 목격하고 있다. 진지한 개조, 미묘한 개조, 허접한 개조, 범박한 개조, 심지어는 조잡하기까지 한 개조까지 모든 취향에 맞는 개조들을 말이다. 하지만 마르크스주의에 대한 '개조' 가운데 정확하고 절제되어 있으며(이러저러한 개념, 이러저러한 질문으로 [개조의 범위를 과학적인 방식으로] 한정하는) 논증적이고 근거 있으며 논쟁의 여지 없는 **과학적 정정을 우리는 전혀 목격하지 못하고 있다.** 반복해 말하자면, 우리는 이러저러한 '대상'(예를 들어 레닌의 제국주의라는 대상)에 대한, 이러저러한 영역(예를 들어 그람시의 상부구조라는 영역)에 대한 '발전들'을 목

---

* 앞서 몇 차례 등장한 '개조'는 'réviser/révision'을 옮긴 것으로, 사실상 '검토'로 옮기는 것이 더 정확하지만(프랑스어 'révision'은 '복습', 즉 '공부한 내용을 다시 점검하는 것'을 뜻한다) 문맥상 적절하지 않기도 하고, 또 한국어 '검토'의 경우 '검토 후 수정'까지의 의미는 명확히 담고 있지 않다는 점을 고려해 '개조'로 옮겼다(프랑스어 'révisionnisme'이 바로 '수정주의'이다). 또한여기에서 알튀세르가 비판하는 개조는 마르크스주의를 적합하지 않은 형태로 왜곡한다는 의미를 지닌다.

격한다. 이러한 마르크스주의의 '발전들'은 절대로 부정할 수 없는 마르크스주의 이론의 성숙이다. 그리고 이러한 성숙(예를 들어 레닌의 제국주의론)이 프롤레타리아 계급투쟁의 실행이라는 영역에서 (그리고 프롤레타리아 국제주의에서) 놀라운 실천적 결과들을 만들어내기도 했다는 점은 부정할 수 없다. 하지만 이러한 발전들은 그 **어떤 의미에서도** 마르크스의 정식화들에 대한 **과학적 정정이 아니다**. 부르주아지는 마르크스가 틀렸다는 점을 말하기 위해 자신들의 시간을 보낸다. 이것이 그들이 하는 일이며, 그들에게 이는 매우 자연스러운 것이다(이들이 하는 말들 가운데 가장 진지한 담론[즉 마르크스에 대한 진지한 비판]에 대해서는 종종 귀를 기울일 가치가 있을 수도 있다. 하지만 비판적인 귀를 가지고서 그렇게 해야 하는데, 이 부분은 넘어가자). 그러나 **그 어떤 마르크스주의자도 마르크스가 자신의 과학적 정식들 중 이러저러한 정식에서 틀렸다고 말한 적이 없다**. 그 어떤 마르크스주의자도 마르크스의 어떤 정식이 모호하며 그러므로 이를 정정하고 다른 정식으로 교체해야 한다는 점을 보여주지 않았다.

자, 바로 이것이 우리 마르크스주의자들이 마르크스의 과학적 저작과 맺고 있는 관계의 역사이다. 하지만 동시에 우리는 마르크스가 하나의 과학을 정초했다고 말한다. 그리고 이를 언급함으로써 동시에 우리는 만일 마르크스의 이론이 하나의 철학이 아니라(철학, 그것은 자신의 생존을 위해 정정될 필요가 없다) 하나의 **과학**이라면, 과학으로서 생존하기 위해서만이라도 이 과학이 정확하게 특정된 몇몇 지점들에서 정정되어야 한다는 점을 인정한다. 그러므로 [부끄럽게도] 우리는, 우리가 100년도 더 넘는 시간 동안 그 개념들을, 그 정식화들을, 그 시작점이 되는 논증들을 조금이라도 정정한다는 아주 기초적인 의무마저 저버린 그러한 한 과학[마르크스의 과학]의 옹호자이자 대표자인 것이다! 이는 이러한 과학에 복무하는 아주 특이한 방식이다! (우리가 그 함정에 스스로 빠져버리고 마는 [마르크스의 과학에 대한] 반대와 그에 대한 대응은 말할 것도 없고, 또한 이 막다른 길이 무엇인지 해명하기 위해 우리가 발명해내는 상상적 이론은 말할 것도 없고) 우리가 마주하고 있는 과학적 난점들 중 몇몇을, 우리가 맞닥뜨리고 있는 과학적 장애물들 중 몇몇을 설명할 수 있는 것을 발견할 수 있는 장소가 바로 이곳이다.

상상적 이론으로서의 마르크스주의? 존재할 수 있는 가장 놀라운 상상적 이론들 중 하나에 대해 몇 마디 해보자. 이 상상적 이론들의 (철학적이고 과학적인) 이론적 무능력을 정당화하기 위해, 그리고 이에 조응하는 적당한 정치적 의식을 이 이론들이 스스로 지닐 수 있도록 하기 위해(왜냐하면 모두가 알다시피, 어느 기독교인이 우리가 살고 있는 삼차원의 공간 안에서 어떤 심각한 문제에 부딪혔을 때, 그는 천상이라는 네 번째 차원으로 도망치며, 마찬가지로 몇몇 마르크스주의자들 역시 우리의 불행한 삼차원의 공간에서 이론적 어려움에 부딪혔을 때, 정치라는 네 번째 차원으로 도망치니까!), 몇몇 마르크스주의자들은 이미 제2인터내셔널 아래에서, 그리고 그 이후에는 제3인터내셔널 아래에서, 마르크스의 이론은 하나의 **철학**이라는 경이로운 무언가를 발명해냈다.

하지만 마르크스와 엥겔스는 《자본》이 과학적 저작이라는 것을 수도 없이 반복해 선언했으며, 레닌은 《인민의 벗이란 무엇인가》에서 마르크스와 엥겔스의 그 선언을 어떤 모호함도 없이 명료하게 자신의 것으로 다시 취했다. 마르크스는 하나의 **과학**을, 혁명적이라는 점에서 분명 매우 특수한 과학을, 하지만 [어찌 되었든] 하나의 과학을 정초했다. 레닌은 모든 과학과 마찬가지로 이 마르크스의 과학 또한 실험적이며, 모든 **실험적** 과학과 마찬가지로 이 마르크스의 과학은 현상들의 **반복**에 기초해 있고 추상적 개념들의 체계를 작동시키며 실험을 통해 객관적으로 입증된 논쟁의 여지 없는(계급적 이유로 인해 이를 보지 않으려 하는 이들에 대한 논의를 제외한다면) 결과들을 제시한다고 설명한다.[11]

마르크스와 엥겔스가 집요하고 반복적으로 행한 선언들, 그리고 레닌의 세밀한 설명들, 당신은 이것이 [후대의 마르크스주의자들에게] 어떤 영향력을 미칠 수 있었을 것이라고 생각하는가? 순진하게 생각하지 말자! 애초에 우리는 고전 마르크스주의자들의 텍스트들에 제대로 된 주의를 기울이지 않았다. 우리는 마치 '과학주의자'인 양(이 불행한 과학주의자들은 분명 인식론적 몽매주의의 시대를 살아낸 이들이긴 하다) 우리 눈에 거슬리는 모든 [이론 안에서] 취해진 고전 마르크스주의자들의 입장들을 순수히 그리고 단순히 제거했다. 그리고 우리는 세상에서 가장 단순한 방식으로 마르크스주의 이론은 본질적으로 하나의 철학이라고(이미 이러한 선언을 했던, 하지만 그럼에도 위대한 이론가인 라브리올라Antonio Labriola가 있다), 혹은 순수히 그리고 단순히 철학이라고[다시 말해 철학 그 자체라고] (루카치Georg Lukács, 코르쉬Karl Korsch, 레바이József Révai 등등이) 선언했다. 당신은 이 위대한 이론가들 혹은 사소한 이론가들의 이름과 함께 마르크스주의를 철학이라고 주장하는 입장이 사라졌다고 생각하는가? 전혀 그렇지 않다. 그들은 우리의 시대인 현대에 알맞게 이러한 입장을 조정했으며, 마르크스와 엥겔스의 정식을 수정했던 스탈린이 죽은 지 20년이 지난 오늘날까지도 통용되는 가장 공식적인 텍스트들에서 '역사유물론은 변증법적 유물론의 통합적 일부분partie intégrante'이라고 말하며 쓴다. 그 텍스트들에서 단어들은 더 이상 그 무엇도 의미하지 않거나, 그렇지 않을 경우 마르크스주의 과학은 변증법적 유물론이라는 이름을 지니고 있는 (마르크스주의) 철학의 통합적 일부분이라는 것을 의미한다.

어떤 한 철학의 통합적 일부분인 하나의 과학, 그것이 기껏해야 철학의 한 분과가 아니라면 도대체 무엇이겠는가? 그리고 철학의 한 분과('통합적 일부분', 즉 '구성 요소'), 그것이 철학에 속하는 것이 아니라면 도대체 무엇이겠는가? 아마도 과학이라는 겉모습을 지니고 있을 이것은 그러나 자신이 철학이라는 사실을 모르고 있다. 그런데 이와 동시에, 이 동일한 공인된 저자들이 위에서 말한 철학이라는 것이 '과학적'이라고 입을 모아 선언하므로, 바로 이들이 '철학의 통합적 일부분'으로서의 과학과 위에서 말한 '과학적' 철학 사이에 어떤 차이가 존재할 수 있는지 사고하는 데서 상당한 곤혹을 겪는 이들이다! 하지만 그들에게 관건이 되는 것은 자신이 말하는 것에 대해 **사고하는** 것이 아니라, 자신이 사고하고 있는 것을 사고할 수 없음에도 불구하고 그것을 **말하는** 것이다. 그리고 그들은 그들이 **정상적인 것**으로 받아들이는 있음직하지 않은/기이한 상황과 마주하기 위해, 바로 이를 위해, 그들이 말하고 있는 것을 이렇듯 말할 필요가 있었던 것이다. 건드려서는 toucher 안 되는[즉 정정해서는 안 되는] 하나의 과학의 존재, 특히 우리가 아주 조금의 개념도 정정해서는rectifier 안 되는 하나의 과학

역사에 관한 글들

의 존재, 자신의 의사에 반해 어쩔 수 없이 방부 처리되어 크레믈린 지하 납골당에 갇혀버린 불쌍한 레닌의 시신과 같이 방부 처리되어 고전들 사이에 잘 진열되어 보관되고 있는 한 과학의 존재와 마주하기 위해서 말이다.*

자, 이것이 바로 하나의 상상적 이론이다. 마르크스주의 이론은 하나의 철학이며, 역사유물론은 '변증법적 유물론의 통합적 일부분'이다. 그리고 바로 여기에 이러한 상상적 이론의 쓰임새가 존재한다. 만일 마르크스주의 과학이 하나의 철학이라면, 철학이 [자신의] 생존을 위해 정정될 필요가 없듯, 마르크스주의 과학을 정정할 필요는 전혀 없을 것이다! 마르크스주의 과학을 정정하는 것은 금지된다! 혹은 오히려(왜냐하면 방금 내가 제시한 설명과 바로 뒤에서 내가 제시할 설명, 이 두 설명은 각각의 이면에 불과하기에, 다음의 설명을 제시할 필요가 있어 보인다), 만일 우리가 마르크스와 그의 《자본》을 전혀 정정하거나 재정정하지 않고서도 100년 동안이나 마르크스 및 그의 《자본》과 마주하며 살아왔다면, 이는 근본적으로 하나의 과학이 아니라 하나의 철학 혹은 마르크스주의 철학의 '통합적 일부분'에 불과할 하나의 이론에는 재정정할 것이 전혀 없기 때문이다.**

---

*   마르크스의 이론을 교조적 과학으로 확립한 스탈린에 맞서 여러 마르크스주의자들이 이 비정상적인 상황을 타파하기 위해 마르크스의 이론을 그 어떤 정정도 없이 철학적 관점에서 수용함으로써 자신들 또한 일종의 교조화를 실천해버렸다는 의미이다.

** 앞서 '손을 대다'로 옮긴 'toucher'는 '건드리다', '수정하다', '만지다' 등의 의미를 지니지만, 여기서는 '정정'으로 의역했다. 'retoucher'는 '다시 건드리다', '(옷 따위를) 수선하다'라는 의미 또한 지닌다. 두 단어의 의미 차이가 크지는

그럼에도 우리는 바로 이러한 상상적 해결책에(상상적 해결책 이외에도 객관적으로 동일한 기능을 수행하는 다른 해결책들 또한 존재한다) 실제적이고 검증 가능한 하나의 설명을 대립시켜야만 한다. 사태의 근본으로 나아가보도록 하자. 만일 우리가 100년 동안 《자본》과 이러한 기이하고 어이없는 관계를 유지해왔다면, 그건 바로 계급투쟁 때문이다. 여기서 계급투쟁 개념에 대한 합의가 필요하다. 계급투쟁에 대해 언급할 때, 우리는 프롤레타리아와 그 동맹자들의 계급투쟁이 일종의 원인의 위치를 차지한다고 믿는 경향이 강하다. 우리가 프롤레타리아의 투쟁에 동참하고 있으며 프롤레타리아의 승리와 밀접한 관련을 맺고 있다는 점에서, 이러한 경향은 자연스럽기는 하다. 하지만 이로 인해 우리는 부르주아 계급투쟁의 존재를 망각하는 위험에 빠지게 된다. 특히 우리는 세력 관계가 전도될 때를 제외하고는 계급투쟁에서 일반적 주도권을 쥐고 있는 쪽은 바로 부르주아지라는 점을, 다른 용어로 말해, 가장 강력한 것은 바로 부르주아지의 계급투쟁이라는 점을 망각하는 위험에 빠지게 된다. 하지만 우리가 권력을 쥔 계급의 지배라고 부르는 바는 프롤레타리아 계급투쟁에 대한 부르주아 계급투쟁의 우위로 표현되는 것이다.

그런데 부르주아지는 절대적 잉여가치와 상대적 잉여가치에 대한 강탈extorsion에 고유한 억압 형태들 아래 존재하는 **경제적 토대**(생산과 교환)와 상부구조(억압적 국가장치를 통해, 그리고 다양한 이데올로기적 국가장치들을 통해 작동하는 상부구조 — 이 이데올로기

않지만 구분을 위해 어색하더라도 '정정'과 '재정정'으로 나누어 번역했다.

역사에 관한 글들

적 국가장치들 중에는 정치적 장치로서의 부르주아 '민주주의'가, 그리고 또한 교회와 학교 등등이 존재한다) 모두에서, 합법적이고 비합법적인 모든 수단들을 동원해 자신들의 무자비한 계급투쟁을 이끌어나간다. 우리가 부르주아 계급투쟁을 떠올릴 때, 우리는 너무 자주 억압적 국가장치와 부르주아 민주주의의 '정치 체계'만을 상기하는 경향이 있다. 우리는 노동자들이 그 끔찍한 현실을 인식하고 있는 장소인 경제적 토대 내에서 행해지는 부르주아 계급투쟁을, 그리고 '이데올로기' 안에서 전개되는 부르주아 계급투쟁을 무시한다.

왜 이 점을 상기시켜야만 하는가? 마르크스의 이론을 갖게 되고 난 뒤로, 노동자운동이 《자본》을 정정하는 과업 이외의 다른 과업들을 떠맡게 되었다는 점을 우선 설명하기 위해서이다. 무엇보다도 노동자운동은 우선 파리코뮌에 뒤이은 전반적인 반동에 맞서, 그리고 부르주아지의 배가된 공격에 맞서 스스로를 방어해야 했으며, 또한 끈질긴 노력으로 노동자 정당을 구성해야만 했다. 하지만 노동자 정당이 구성되고 난 뒤에도, 뛰어난 지식인들을 이 정당에 모집하고 난 뒤에도, 제2인터내셔널과 제3인터내셔널에서 그랬듯 노동자들의 위대한 지도자 역할을 수행하는 노동자운동의 지식인들이 이론적으로 형성되고 난 뒤에도, 명실상부 학계 내 교육을 통해 형성된 지식인들이 모집되고 난 뒤에도(처음에는 제2인터내셔널에서, 그리고 이 지식인들의 배반 이후에는 제3인터내셔널 등에서), 마르크스주의 과학의 사활이 걸린, 마르크스의 과학을 다시금 출발하게 하고 이 과학의 개념과 정식을 검토하며 정정이 필요한 지점들에서 정정하는 그러한 과업이 **끊임없이 연기**

되었다는 점을 어떻게 설명할 것인가?

바로 여기에, 내가 그 해결을 약속하기 힘든 미스터리와 같은 무언가가 존재한다. 하지만 이에 대해 나는 하나의 **부분적** 가설 정도는 제안해보고 싶다. '부분적'이라고 말하는 것은 우리가 활용할 수 있는 자료와 정보의 현재 상태에서(게다가 우리가 이러한 자료와 정보를 결여하고 있다는 점은 또 다른 놀라운 사실이기도 하다), 내가 상기시킬 부분적 '원인'이 그 자체로 더욱 일반적인 정치적 상황의 '효과'인지 아닌지를 말하기 쉽지 않기 때문이다. 그리고 바로 이 때문에 내가 '미스터리'라고 말하는 것이다. 본성적으로 영원히 꿰뚫을 수 없는 현상이라는 의미에서가 아니라, 모든 이유를 현재로서는 밝혀낼 수 없는 현실이라는 의미에서 말이다.

그러므로 나는 다음과 같이 부분적 설명을 제시하고자 한다. 이데올로기적 계급투쟁 내부에서의 세력 관계는 노동자운동의 지식인들(노동자운동의 지도자들과 그 밖의 인물들)로 하여금 자신들의 이론적 위치 속에서 (비록 어느 정도 방어해내기는 했지만) 부르주아 이데올로기의 영향을 받도록 했던, 그것도 심원하게 받도록 했던[부르주아 이데올로기에 의해 심원하게 변형될 수밖에 없었던] 세력 관계였다. 이러한 가설은 근거 없는 것이 아니다. 이는 상당수의 인상적인 사실들을 통해 뒷받침될 수 있다. 바로 이 측면**만을** 고려했을 때, 《자본》의 마르크스에게 가장 중요한 과학적 혁명은 다음과 같은 것이었다. 경제적이라고 말해지는 현상들의 법칙을 이해하기 위해서는 [대문자] '정치경제학', 다시 말해 위에서 언급했던 현상들에 대한 부르주아적·관념론적·추상적·초역사적·제한적 그리고 마지막으로 오류에 빠져 있는(심지어 이 개념화가 세부적인 측면에서는 몇몇 정확한 설명들을 제시할 때도 여전히 빠져 있는) 그러한 개념화[현상들에 대한 개념화]에 대한 발본적인 [대문자] 비판이라는 절대적 전제를 통과해야 한다는 점을 증명하는 것 말이다.

관념론, 초역사성éternitarisme, 추상성 등등 이 어휘들을 스스로 활용했던 마르크스 이후 경제학에 대한 부르주아적 개념화(마르크스는 이 어휘들을 말하면서도 동시에 이 부르주아적 개념화로부터 단절했다)를 지칭하기 위해 우리 역시 활용했던 이 어휘들을 조심해서 사용해야만 한다. 왜냐하면 이 어휘들은 탁월한 빈곤함을 지닌 어휘들이며, 그 어떤 똑똑한 부르주아 경제학자든 이 어휘들을 자신의 것으로 취할 수 있기 때문이다. 그래서 바로 이것이 마르크스의 어휘들을 활용하면서도 동시에 그 어휘들을 **말하게 만들고** [보완을 통해] 완성시키고 (혹은 다음을 더 선호한다면) 다른 어휘들로 대체해야만 하는 경우이다.

사실 마르크스가 말했던 바를 이해하기 위해서는 부르주아적 개념화가 관념론적, 초역사적 등등이라고 말하는 것으로는 충분하지 않다. 마르크스가 말했던 것은 부르주아적 개념화의 이면 혹은 부정 혹은 전도가 아니다. 마르크스는 **완전히 다른** 무언가, 부르주아적 개념화와는 아무런 관련도 없는 무언가를 말한다. 마르크스는 경제적이라고 언급되는 현상들을 이해하기 위해서는 (마르크스는 이 '경제적'이라는 단어를 여전히 활용한다) 우선 이 현상들을 '토대'(혹은 하부구조)의 현상들로 이해해야만 한다는 점을 말하기 위해 [대문자] 정치경제학(정치경제학에 대한 부르주아적 개념화)을 비판한다.

그런데 어떠한 생산양식의 '토대'란 도대체 무엇인가? 이는

생산관계 아래에서의sous les rapports de production, 생산력과 생산관계의 통일체이다.* 이러한 정의가 산출하는 첫 번째 결과는 다음과 같다. 경제적 현상들은 그 자체로 이해 가능한 것이 아니라, 관계들, 즉 결국은 생산수단의 소유détention와 비-소유non-détention를 중심으로 확립된 **계급관계**인 생산관계를 통해 이해 가능한 것이다. 그런데 계급관계를 말하는 것은 결국 계급투쟁을 말하는 것과 다를 바 없다. 바로 여기서 마르크스는 단 두 가지 단어[즉 '생산', '관계']로 [대문자] 정치경제학이 절대로 견딜 수 없는 것을 말하고 있다. 즉 경제적 현상들을 푸는 열쇠는 바로 생산관계라고. 그런데 생산관계는 계급관계이며, 이 계급관계는 생산수단을 소유하고 있는 자본가 계급을, 생산수단을 갖지 못해 자신들의 노동력(자본가 계급은 이 노동력을 착취한다)을 팔아야만 하는 노동자 계급과 서로 만나게 한다.

사태를 원하는 방식에 따라 [이러저러하게] 전도시킨다고 할지라도 우리는 동일한 결론에 도달하게 된다. 계급투쟁은 경제적 현상들의 한가운데에 그 자체로서 존재하고 있다는 결론 말이다. 우리는 (생산수단과 관련해) 자본주의 사회의 거대한 두 계급들을 서로 만나게 한다는 점에서 이 생산관계가 바로 계급관계라고 말할 수 있다. 혹은 우리는 자본주의적 생산관계는 노동력의 판매라는 관계, 다시 말해 노동력에 대한 착취관계라고, 또한 우리는 [이

---

* 이어지는 절인 〈생산양식이란 무엇인가〉에서는 이 '생산관계'를 단수로 쓰느냐 복수로 쓰느냐 사이의 차이에 대한 논의가 다뤄지지만, 이 글에서는 딱히 그런 논의가 등장하지 않기 때문에 생산력과 생산관계의 경우 단복수 구분 없이 모두 단수로 번역했다.

지점에서] 계급들(노동력을 판매하는 계급과 노동력을 착취하기 위해 이 노동력을 구매하는 계급), 즉 두 계급과 그 투쟁을 발견한다고 말할 수 있다. 왜냐하면 계급투쟁 없는 계급이란 존재하지 않기 때문이다. 계급투쟁, 바로 이것이 우리가 '정치경제학 비판Critique de l'Économie politique'의 정식들(관념론에 대한 비판, 초역사성에 대한 비판 등등)을 마주할 때 마르크스에게서 발견하게 되는 것이다.

마르크스 덕분에 이제 우리는 이를 매우 명료하게 말할 수 있다. 마르크스는 이를 말했다. 하지만 마르크스는 경제적 현상들에 나타나는 변화들을 고려에서 제외시키지 않고 이 경제적 현상들이라는 존재의 물질적 형태들을 분석하면서 기술적technique 증명의 모든 세부 지점으로 진입했다. 이로 인해 몇몇 이들은 《자본》 2권과 3권의 [기술적] 건조함 속에서 [논의를 따라가기 위한] '가닥'을 잃어버리기도 했다. [또한 다른] 몇몇 이들의 경우 《자본》 [1권] 초반부[즉 1편]의 까다롭고 종종 독자들을 불행하게 만들기까지 하는 그 [악명 높은] 어려움 속에서 이 '가닥'을 잃어버리기도 했다. 하지만 이 몇몇 이들과 달리 부르주아 경제학자들 대부분은 이 '가닥'을 놓치지 않았다. 그리고 이들은 이 '가닥'을 따라가면서 마르크스를 비판하기 위해 자신들의 모든 지성적 능력을 발휘했다. 엥겔스가 그 첫 번째 물결, 즉 한계주의marginalisme의 물결 및 왈라스Léon Walras와 그 일당들의 물결을 저지하기 위해 노력했던 부르주아 경제학의 이러한 반격이 이미 마르크스의 생전에 준비되고 있었다는 점을 상기시킬 필요가 있을까? 그 순수함, 기술성technicité, 중립성, 훌륭하리만큼 심리학적인 '인간성'[휴머니즘] 속에서 [대문자] 정치경제학을 복권시키길 원했던 이러한 반격이 철학, 역사학 그리고 정치(학)의 영역에서도 재생산되었다는 점을 상기시킬 필요가 있을까? 출판계, 언론계, 학계에서 진행된, 그리고 여전히 잘못된 방식으로 형성되어 있는 노동자운동의 비-마르크스주의적이고 반-마르크스주의적인 모든 요소들을 통해 전파된, 부르주아-이데올로기적 계급투쟁의 이러한 거대하고도 경이로운 반격이 마르크스주의 이론을 옹호해야 하는 임무를 부여받은 '지식인들'에게 영향을 미쳤으리라는 것은 쉽게 예상할 수 있는 바이다. 특히 이 지식인들 중 몇몇이 과거에, 상당수가 오늘날에도 여전히, 그 모든 '중립성'과 '정교분리laïcité'〔정치와 종교의 분리, 즉 비정치성〕 속에서, 학교-대학 체계의 이데올로기적 국가장치 내 부르주아 이데올로기에 포섭되어 있다는 점 — 이 지식인들은 이미 부르주아 이데올로기의 영향권에 있어 부르주아 이데올로기의 수업을 면제받고 있는 이들이다* — 을 잊지 않는다면 말이다.

만일 나의 이러한 가설이 (부분적으로나마) 사실이라면, 이 가설은 마르크스의 작업이 100년 전부터 취해왔던, 우리가 그 방어 태세라 불러야 할 바를 명확히 할 수 있게 해줄 것이다. 몇몇 이들에게 이는 후퇴하면서 취하는 방어 태세일 것이다. 즉《자본》을 독해했던, 그러나 너무 자주 '경제주의적'인 해석을《자본》에 부여했던 제2인터내셔널의 많은 이론가들이 그러했다. 하지만 이는 그들이 〔대문자〕 경제학 혹은 부르주아 경제주의로 퇴보했기 때문은 아니다. 이들은 더 나은 목표를 이룰 수 있는 능수능란함을 가

---

* '수업을 면제받다'라고 옮긴 'dispensée'는 이미 다른 곳에서 이수해 수업을 면제받는 것을 지칭하는 용어다. 알튀세르가 이 지식인들을 조롱하기 위해 의도적으로 사용한 표현이다.

지고 **마르크스주의 안에서** 경제주의적 입장을 옹호했던 것이다. 예를 들어 생산력과 생산관계의 통일이 생산관계 **아래에서** 일어난다는 점을 지적하길 망각하는 경제주의적 입장을, 예를 들어 경제가 생산관계에 의존한다고 말하면서도 생산관계가 계급관계라는 사실을, 혹은 계급투쟁 없는 계급이란 존재하지 않는다는 사실 등등을 강조하길 망각하는 경제주의적 입장을 말이다. 이때부터 우리가 그 존재를 알게 된 몇몇 다른 이들은 **후퇴 속에서** 마르크스의 이론적 작업을 옹호하는 것에 만족했다. 이들은 필요한 경우 자신들의 논문에서 마르크스의 이론적 작업의 존재를 상기시켰으며, 마르크스의 이 이론적 작업을 출간하고 판매했으며, 마르크스가 진실을 말했다는 사실을 말할 기회를 놓치지 않고 그를 길게 인용했지만, 이는 단지 **후퇴 속에서의 옹호**였을 뿐이었다.** 그 외 나머지 인물들[고전 마르크스주의자들 이후의 마르크스주의자들]은, 그들의 조상들[즉 고전 마르크스주의자들]과 마찬가지로, 마르크스의 그 어떤 정식을 정정하기 위해서도 손가락 하나 까딱하지 않는다. 그리고 만일 어떤 이가 이러한 정정을 행하기 위한 모험을 시도할 경우, 이들은 그것을 하지 못하도록 막고 감시한다. 물론 이들은 베른슈타인과 같이 마르크스를 [수정주의적으로] '개조'하는 위험을 감수하지는 않는다(다른 이들이 베른슈타인과는 다른 방식으

** 앞의 문장에서 등장한 표현을 활용해 '후퇴 속에서의 옹호'로 옮긴 'caution'은 맥락상 'précaution'(주의)과 유사한 의미로, 마르크스의 이론적 작업을 적극적으로 활용하거나 발전시키지 못한 채 부르주아 이데올로기에 맞선 투쟁에서 후퇴를 감행하면서 이 후퇴 속에서 그의 이론을 소극적으로 옹호하는 정도에 그쳤음을 뜻한다.

로 이러한 개조를 행하고 있지만). 하지만 레닌 또한 다음의 사실을 인정했듯, 마르크스 자신이 실수를 범할 때, 혹은 마르크스 자신의 용어들 자체가 모호할 때, 혹은 마르크스 자신의 정식들이 그 자체로 최고의 정식들이 아닐 때, 설령 마르크스를 정정하기 위해서라고 해도 이들에게 의존할 수는 없다.

물론 여기서 문제가 되는 것은 [어떤 특정한] 개인들이 아니다. 비록 이 개인들이 [실제로] 존재한다 하더라도, 여기서 문제가 되는 것은 역사적 사태이다. 하지만 역사가 우리에게 설명해줄 수 있는 것을, 역사 스스로가 부숴버릴 수도 있다. 그리고 우리는 계급투쟁(프롤레타리아+억압받는 인민)의 전개가 제국주의의 위기 속에서 일정한[충분한] 수준에 도달한 시간, 예전에는 (불가능하고 사고할 수조차 없는 것까지는 아니었다고 해도) 최소한 힘겨웠던 것이 지금은 가능하고 필연적인 것이 된 시간에 아마도 도달한 것 같다. 프랑스 공산당의 중심에서 공적이고 공개적으로 이러한 질문을 제기할 수 있다는, 그리고 이 질문을 몇몇 요소들('정정'해야 한다는 점으로 미뤄볼 때, 이 요소들이 비록 잠정적인 것들에 지나지 않는다고 할지라도)과 함께 제기할 수 있다는 유일한 사실만이 우리가 이러한 시간에 도달했다는 점을 증명해줄 것이다.

이제 우리에게는 우리에게 열린 이러한 가능성으로부터 무엇이 이루어질 수 있는지 탐구하는 문제가 남아 있다.

{생산양식이란 무엇인가?}

혁명이론을 위해, 그리고 공산주의로의 이행passage을 위해 우리가 명확히 인지해야 할 가장 중요한 것은 **사회주의적 생산양식**이란 존재하지 않는다는 점이다.[12]*

1.
사회주의적 생산양식이란 존재하지 않는다.

---

* 이하에서 알튀세르는 사회주의적 생산양식이란 존재하지 않는다는 점을 설명하기 위해 생산양식에 관한 총 열두 가지 테제/설명을 제시하는데, 테제 1, 테제 2와 같이 하나의 간명한 문장으로 이루어진 테제들도 있고, 테제 10처럼 몇 쪽에 걸친 긴 설명으로 이루어진 테제들도 있다. 이 열두 가지 테제를 '1. 2. …… 12.'로 표시해놓았으며, 혼동을 막기 위해 원문과 달리 각 테제들 사이에 한 줄의 여백을 두었다. 또한 숫자나 알파벳을 통한 원문의 단락 구분이 매우 난삽한 관계로 가독을 위해 약간의 수정을 가했음을 밝힌다.

2.

[사회주의적 생산양식이 아니라] 자본주의적 생산양식과 공산주의적 생산양식이 존재한다.

3.

레닌은

a) 사회주의적 생산양식에 대해서는 전혀 언급하지 않는다.

b) 하지만 그는 자본주의적 생산양식과 공산주의적 생산양식 사이의 과도기transition로서의 사회주의(그런데 이 사회주의는 하나의 생산양식이 아니다)에 대해 언급한다.

c) 그는 이러한 과도기, 이러한 사회주의적 '경제-사회 구성체formation économico-sociale'를 자본주의적 생산양식과 공산주의적 생산양식의 모순적 공존으로 정의한다. 달리 말해, 자본주의적 요소들과 공산주의적 요소들, 자본주의적 생산양식의 요소들과 공산주의적 생산양식의 요소들의 공존으로 정의한다.

4.

바로 이로부터 다음과 같은 질문이 비롯된다. 요소들(혹은 맹아들, 하지만 요소들을 생산할 수 있는 것으로 이해된 맹아들[13])이라는 의미의 **공산주의**는 **도대체 언제부터** 존재하기 시작하는가? 이 질문에 대한 답은 공산주의가 자본주의적 생산양식이 존재하기 시작하자마자 존재하기 시작한다는 것이다. 하지만 이러한 답변은 너무 일반적이고 추상적이다. 그렇기는 하지만, 이러한 답변은 자본주의적 생산양식이 자신의 존재에서부터 그 자신의 모순들 안에 공산주의적 생산양식의 맹아들을 포함하고 있다는 점(마르크스가 옹호했던 테제)을 우리에게 알려준다. 좀 더 정확한 방식으로 말하자면, 공산주의는 노동자 계급투쟁의 최초 전개에서부터 존재한다(현실적으로 존재하기 시작한다)고 말할 수 있다. {1844년} 《경제학-철학 수고Manuscrits de 1844》에서 프랑스 노동자에 대해 마르크스가 말한 바, 즉 사회는 더 이상 하나의 수단이 아니라 하나의 필요besoin라는 마르크스의 발언을 보라.[14] 가족, 종교 등등과 같은 자본주의적 형태들이 와해되는 것에 대해 마르크스가 말한 바를 보라.[15]

전前-자본주의적 생산양식들의 와해 위에서 그리고 그 속에서 탄생하는 자본주의적 생산양식은 자신의 탄생에서부터 스스로 와해된다(이 전-자본주의적 생산양식들에는 봉건제 생산양식뿐 아니라 다른 생산양식들 또한 속하는데, 예를 들어 봉건제 생산양식이 아닌 아시아적 생산양식, 혹은 혈연공동체적 생산양식, 혹은 그 외 노예제적인 나머지 생산양식들이 그러하다[16]). 이는 자본주의적 생산관계의 적대라는 단순한 이유 때문이다.* 이러한 적대는 기원에서부터dès l'origine 존재하며, 자본주의적 생산양식의 존재 형태들(노동의 분할

---

* 이 〈생산양식이란 무엇인가?〉라는 절에서는 '생산관계'와 '생산관계들'이 구분된다. 따라서 이 글에서만큼은 생산관계와 생산관계들을, 그리고 관계와 관계들을 구분해 번역했다(생산력과 생산력들의 단·복수 구분은 고려하지 않아도 무방하다). 또한 'décomposition'은 '와해'보다 '해체'로 옮기는 것이 좀 더 자연스러울 수 있으나, 일반적으로 'déconstruction'을 해체로 옮기며, 여기서 'décomposition'은 건축학적 맥락에서 언급되는 '해체'와 달리 구조물의 붕괴를 뜻하기보다 생산양식의 와해라는 특수한 의미에서 생물학적으로 조직화된 요소들의 분해(와 잠재적 재구성)를 뜻하므로 '와해'라는 번역어를 선택했다.

[즉 분업], 노동의 조직화, 가족 그리고 다른 이데올로기적 국가장치들)에 영향을 미치는[그 존재 형태들을 변형하는] 와해 효과를, 다시 말해 자본주의적 생산관계의 적대(즉 계급투쟁)라는 사실로부터 만들어지는 와해 효과를 기원에서부터 생산한다.

우리는 자본주의의 역사를 (자본주의적 생산관계의 적대적 특징으로 인해) 그 시작에서부터 모순적인 과정으로 이해해야 한다. 한편으로 자본주의는 자기 고유의 형태들을 창조해내며, 동시에 이 동일한 형태들은 와해 속으로 진입하게 된다. 또한 한편으로, 자본주의는 자기 고유의 형태들을 **강화**한다(참고로, 자본주의적 생산관계는 학교 이데올로기적 국가장치 혹은 부르주아 민주주의 혹은 파편화된parcellaire 노동 분할 혹은 노동자 계급 분할을 목표로 하는 노동조합 조직 혹은 식민주의적이거나 신식민주의적인 착취로 인해 획득 가능한 세계에 대한 헤게모니를 확립하기 위해 이러한 강화의 시간이 필요했다). 하지만 동시에 이 동일한 형태들은 계급투쟁의 효과 속에서 **약화한다**. 가족뿐 아니라 학교와 종교 또한 무너지게 되고, 국가장치가 제대로 작동하지 않게 되는 것이며, 1929년 세계대불황 이후의 경제 관리에도 불구하고 국가보다 더욱 빨리 달려가는 경제는 국가 경제 관리의 통제를 벗어나게 된다(경제는 국가보다 항상 더욱 빨리 달려왔다—하지만 이 지점에는 하나의 역설이 있다. 제국주의는 1929년 이후 경제위기로부터 스스로를 방어할 수 있는 수단을 발견함으로써 1929년 경제위기의 난폭하고 재앙에 가까운 가공할 만한 형태들을 피해갔지만, 그 뒤 소위 국가독점자본주의라 불리는 것의 금융 장치의 통제/지배를 받고 회복할 수 없는 경제위기에 진입하게 되었다는 사실이 바로 그것이다).

5.

자본주의 사회 자체 내에는 공산주의적 요소들의 출현 형태들formes d'apparitio이 셀 수 없이 많이 존재한다. 마르크스 자신은 아동의 노동-교육 형태들[17]부터 프롤레타리아 조직,[18] 프롤레타리아 가족,[19] 생활공동체와 프롤레타리아 투쟁 공동체,[20] 주식회사,[21] 노동자 협동조합[22] 등등을 지배하는 새로운 관계들에 이르는 이 일련의 출현 형태 전체를 열거했다. 모든 종류의 질문들을 우리에게 제기하는, 하지만 반드시 고려해야만 하는 '생산의 사회화'는 말할 것도 없이 말이다.[23] 이 모든 요소들(지난 몇 해 동안, 그리고 특히 1968년 이후 증가하기 시작한 이 요소들. LIP,[24] 계급투쟁 내 프롤레타리아의 발명품들: "그들은 노동자들이 사장 없이도 존재할 수 있다는 점을 보여주었다", 세기Georges Séguy[25]를 참조)이 이것들만으로 우리를 공산주의로 인도하게 해주지는 않을 것이다. 좀 더 정확히 말해, 이 요소들 모두가 공산주의적인 것은 아니다. 하지만 그럼에도 이는 공산주의를 위한 요소들이다. 공산주의는 이 요소들을 자신의 것으로 다시 취하고, 하나로 결합시킬 것이며, 완성시키고 그 잠재성을 발전시킬 것이다. 모든 것을 지배하는 혁명, 하지만 우리 세계에 여전히 부재하는 혁명, 즉 생산관계들에 대한 혁명에 이 요소들을 통합시킴으로써 말이다. 하지만 공산주의가 자동적으로 만들어지지는 않을 것이다. 우리는 대장정 — 이 대장정의 한 단계는 사회주의라고 불리며, 이 사회주의는 하나의 생산양식이 아니다 — 의 끝에서 공산주의를 건설해야만 한다.

6.

이로부터 다음의 질문이 비롯된다. 생산양식을 어떻게 정의할 것인가? 사회주의가 하나의 생산양식이라는 잘못된 테제 안에는, **모든** 역사적인 경제-사회적 구성체가, 바로 이 구성체가 존재하고 있다는 단순한 이유로, 고유하고 본원적이며 정의 가능한 하나의 생산양식의 기반 위에서 작동한다는 관념이 숨겨져 있다.

이러한 관념은 완전히 잘못된 것이다.

이 잘못된 관념에 따라, 사람들은 사회주의가 하나의 생산양식이며, 이 생산양식의 생산관계'들'이 1) 생산수단의 집합적 소유(집합적=국가의)에 의해, 그리고 2) 노동자 계급의 국가권력에 의해 구성된다고 말한다. 이 잘못된 관념에 따르면, 결국 생산양식은 **두 가지** 관계들에 의해 구성된다.*

그런데 마르크스는 하나의 생산양식을 **두 가지** 관계들로 정의한 적이 없다. 1) (하부구조와 관계된) 생산수단의 소유관계, 그리고 2) (상부구조와 관계된) 권력관계라는 두 가지 관계들이 아니라, **생산**관계라는, **생산에 대한** 관계라는, 그러므로 하부구조에 내적인 관계라는 **유일무이한 하나의 관계**로 하나의 생산양식을 정의했다. 그리고 마르크스는 생산관계 **그 자체**를[즉 단수형 정관사 생산관계를] (개인적이든 집합적이든) 생산수단에 대한 **소유관계**rapport de propriété로 정의한 적이 없다. 그 대신 마르크스는 이 생산관계 **그 자체**를 생산수단의 **소유와 비-소유**détention et non-détention라는 이

---

* 생산수단은 'moyens de production'을 옮긴 것으로, 이 글에서도, 일반적으로도 항상 복수형으로 쓰인다. 하나의 생산수단만을 활용하는 생산이란 사실상 존재하지 않기 때문이다. 따라서 모두 단수형으로 번역했다.

중적인 적대적 관계로 정의했다.

7.

마르크스의 입장은 명확하다.

a) 역사적으로 존재해왔던 사회구성체의 수만큼의 생산양식이 존재하지는 않는다.

b) 역사적으로 존재해왔던 사회구성체의 수는 생산양식의 수보다 훨씬 많다. 실제 사회구성체의 수는 우리가 알고 있는 사회구성체의 수(사회구성체가 남겨놓았던 흔적과 기억을 통해 우리가 알게 된 사회구성체의 수)보다 훨씬 많다. 왜냐하면 역사적으로 존재해왔던 수많은 사회구성체들은 소멸했으며 그중 상당수가 어떤 흔적도 남겨놓지 않았기 때문이다.

c) 지금까지 우리에게 확인된 생산양식의 수는 극도로 제한적이다. 마르크스에 따르면, 우리는 ① 서로 다른 형태의 원시공동체들(편의를 위해 아프리카의 혈연공동체적 생산양식이라 부를 수 있는, 이 원시공동체의 변형된 형태들이 여전히 존재하고 있다), ② 아시아적이라고 불리는 생산양식, ③ 노예제 생산양식, ④ 봉건제 생산양식, ⑤ 자본주의적 생산양식, ⑥ 세계 그 어디에도 여전히 존재하지 않는, 하지만 언젠가 도래할 것이라고 생각할 만한 매우 근거 있는 이유를 가지고 있는 공산주의적 생산양식.

8.

지금까지 존재해왔던 혹은 여전히 존재하고 있는 매우 많은 수의 사회구성체들과 마르크스에 의해 위와 같이 인지된 매우 제한된 수의 생산양식들 사이에는 명백한 모순이 존재한다.

그러므로 하나의 사회구성체에 (이 사회구성체에 고유한) 하나의 생산양식이 자동적으로 조응하기 위해서는 그 하나의 사회구성체가 존재하는 것만으로는 충분하지 않다. 다시 말해, 조응할 수도 있고 조응하지 않을 수도 있는데, 조응하는 경우는 하나의 자본주의적 사회구성체가 고유한 하나의 생산양식, 즉 자본주의적 생산양식을 실현하는 경우이며, 조응하지 않는 경우는 사회주의적*이라 부를 수도 있을 하나의 생산양식이 하나의 사회주의적 사회구성체에 조응하지 않는 경우이다.

그 이유는 단순하다. 하나의 사회구성체가 고유하고 배타적인 하나의 생산양식, 그러니까 어떤 의미에서 보자면 개별적인 하나의 생산양식을 갖지 않고 '두 의자 사이에,'** 두 생산양식 사이의 '이행 내부'에 있을 수 있기 때문이다. 하나의 사회구성체는 두 가지 생산양식에 속할 수 있다. 자신이 지금 제거하고 있는 생산양식과 지금 구성하고 있는 생산양식. 당신이 파리에서 마르세유Marseille로 여행한다고 생각해보자. 그때 당신은 여정 내내 르 미스트랄Le Mistral로 불리는 도시에 머무르는 것이 아니다. 르 미스트랄은 당신을 파리에서 마르세유로 이동시켜주는 기차일 뿐이다. 물론 르 미스트랄은 자신의 이름을 가지고 있으며 바람처럼 빠르

---

* 물론 알튀세르의 관점에서 '사회주의적'이라고 칭할 수 있는 생산양식은 존재하지 않는다.
** 원어는 'entre deux chaises'이다. 의자에 앉아 있는 것이 어떤 사람의 안전한 위치와 입장을 비유하듯, 프랑스어에서 '두 의자 사이에 있다'는 표현은 입지가 매우 불안정한 상태를 뜻한다.

게 달리지만, 바람은 절대로 도시가 아니며 도시에 머무르지도 않는다.

그런데 여기서 우리는 우리의 논의를 더 멀리 나아가도록 해야 한다. 모든 사회구성체는 역사 내의 환승en transit이거나 이행transition이거나 여행voyage이다.*** 심지어 자본주의적 사회구성체조차 이행 중에 있으며, 자본주의적 생산양식과 같이 고유한, 개인적인, 정당성을 승인받은, 인정된, 보증된, '정말로 자기 자신의 것인' 생산양식을 진정으로 소유하고 있는 하나의 사회구성체조차 그러하다. 이 자본주의적 사회구성체는 (우리, 즉 서구 유럽에서는) 봉건제로부터 유래한 것이며 자기 자신 안에 여전히 봉건제 생산양식의 많은 요소들을 지니고 있다(지대, '독립적' 소생산자들! — 특히 농민들, 그리고 또한 수공업자들, 즉 사람들이 '상품생산'을 하는 이들이라 부르는 자들을 말이다). 게다가 우리가 확인했듯, 이미 공산주의적 요소들 또한 지니고 있다.****

하지만 우리는 이러한 환승과 이행을[다시 말해 자본주의 사회구성체 내부에 존재하는 봉건제적 요소와 공산주의적 요소를] 과장해서는 안 된다. 왜냐하면 하나의 자본주의 사회의 경우, 그럼에도 지배적인 것은 역시 **이 자본주의 사회 자신의** 생산양식, 다시 말해 자본주의적 생산양식이기 때문이다! 그리고 바로 이것이, (그러니까 이러한 지배력 때문에) 우리가 하나의 자본주의적 사회구성체가 자본주의적 생산양식을 실현한다고 말할 수 있는 이유이다. 심지

*** '환승'을 뜻하는 'en transit'은 파리의 지하철역에서 흔히 볼 수 있는 단어다. 여기서 알튀세르는 기차 혹은 지하철 환승의 비유를 쓰고 있다.
**** '독립 소생산자'와 '상품생산'에 관해서는 뒤에서 더 자세히 다뤄진다.

어 하나의 자본주의적 사회구성체가 봉건제 생산양식의 요소들을 여전히 지니고 있고, 자기 자신 안에서 미래의 공산주의적 생산양식의 요소들을 만들어내는 대가를 치르고서 이 자본주의적 생산양식을 실현한다는 점을 고려하더라도, 이 자본주의적 사회구성체가 자본주의적 생산양식에 의해 지배된다는 점, 그리고 자본주의적 사회구성체 내에서 무슨 일이 일어나고 있는지를 이해하려면 자본주의적 생산양식에 대해 탐구해야 한다는 점은 여전히 사실이다.

9.

하지만 다음과 같은 질문이 우리에게 되돌아온다. **하나의 생산양식이란 무엇인가?** 각각의 사회구성체에 조응한다고 전제되는 허구적 생산양식들의 다수성이라는 함정에 빠지지 않으려면 이 생산양식을 어떻게 정의해야 하는가? 어떤 객관적 기준을 — 현실적으로 존재하는 생산양식들을 정의할 수 있게 해주는 동시에 상상적인 생산양식들을 만들어내는 것을 금지할 수 있게 해주는 — 제시해야 하는가?

우선 고전적인 테제들을 검토해보자.

마르크스의 사유 안에는 여러 정의들이 존재하지만(그에게 확정적 정의는 전혀 존재하지 않지만 그가 이와 관련된 용어들을 활용할 때 행하는 구분을 통해 우리는 이 용어들을 서로 구별할 수 있다), 그는 생산양식에 대한 성찰되고 응축된 진정한 정의를 제시한 적이 없다. 그렇지만 마르크스는 종종 정의définition와 동일한 가치를 지니는 맥락들 속에서 용어들을 사용하곤 했다.

마르크스가 말했던 것이 경탄스러운 새로움을 지니고 있었음을 고려한다면, 그가 이 새로움을 표현하고자 [기존 표현의] 주위를 맴돌았다는 점은 전혀 놀랍지 않다. 또한 마르크스가 자신의 사고를 하나의 정의 안에 고정시킬 필요를 느끼지 않았다는 점 또한 전혀 놀랍지 않다(엥겔스의 주장과 달리, 이는 마르크스가 이 정의들을 좋아하지 않아서가 아니다.[26] 만일 이 정의들이 마르크스의 마음에 들지 않았다면, 나는 《《자본》의》 1권 1편을 읽고서도 이해하지 못해 죽고 싶은 심정이었을 것이다.[27] 그리고 또한 마르크스가 이 정의들을 구성하는 데서 어려움을 느꼈기 때문도 아니다). 진실은 그런 것이 아니라, 마르크스가 명확한 정의를 제시하지는 않았으나 그가 정의와 동일한 가치를 지니는 매우 많은 맥락들 안에서 용어를 사용했다는 것이다. [단수의 정의가 아니라 복수의] **정의들**을 말이다. 그가 여러 정의들을 제시하고 있으므로.*

만일 우리가 그 정의들을 한곳으로 모은다면, 그것들은 다음의 두 가지로 요약될 수 있다.

a) 생산양식, 그것은 기술적technique 의미에서 생산하는 **방식**을 말하며, 생산이 노동의 대상, 노동의 수단, 노동의 행위자[노동력]를 적용/실행하는 것으로 추상적으로 이해된 **노동과정**을 뜻하

---

* '죽고 싶은 심정'으로 옮긴 부분은, 마르크스가 만일 이 정의들이 마음에 들지 않은 상태에서 《자본》의 1권 1편(알튀세르에 따르면 이해하기 매우 어려운, 그래서 독자들에게 1편은 건너뛰고 나중에 읽으라고까지 말하는)을 집필했다면, 애정이 없는 만큼 글이 더욱 이해하기 어려운 형태가 되었을 것이라는 의미이다. 하지만 우리는 이 부분을 엥겔스의 말대로 '마르크스가 자신의 정의들을 좋아하지 않은 것이 맞다면 내 목을 내놓겠다'라는 뜻으로 해석할 수도 있다. 여기서는 이 두 가지 해석의 가능성 모두를 열어놓고자 한다.

게 된다. 추상적으로, 다시 말해 생산관계들이 추상/생략된 방식으로 말이다. 만일 우리가 생산관계들을 추상한다면(다시 말해 생산을 노동과정으로만 간주한다면), 우리에게 남는 것은 무엇인가? 바로 생산력들이다. 이제 우리는 생산양식에 대한 '추상적인/추상화된' 하나의 개념화(기술적 개념화, 경제주의적 개념화 등등)를 갖게 된다. 하지만 주의하라! 이러한 '정의'(마르크스는 노동과정을 사고하기 위해 이러한 정의를 필요로 했는데, [알다시피 절대로] 우리는 노동과정에 대한 사고를 생략할 수 없다)에 만족하지 않았기 때문에, 이러한 정의를 제시하는 동시에 다음 정의를 통해 이 정의를 보완하기 때문에, 마르크스는 그 어떤 순간에도 기술주의와 경제주의에 빠지지 않는다. 이 점에는 우리 모두가 동의해야 한다![28]

b) 생산양식, 그것은 사회적 의미에서 생산을 하는 방식이며, 더 이상 노동과정(생산력의 적용)이 아니라 **생산과 재생산의 총과정**을 의미한다. 그러므로 생산하는 '방식'은 **노동과정** 안에서 생산력의 서로 다른 여러 요소들을 **배치하는** 방식과 더 이상 관계를 맺지 않게 된다. 대신 이 생산 '방식'은 생산과 재생산의 총과정 내에서 생산의 수단과 생산의 행위자(노동력)를 분배하는 방식, 그리고 이를 재생산하는 방식과 관계 맺게 된다. 그러므로 생산양식을 정의하는 것은 더 이상 생산력만이 아니라 생산관계들 **아래에서의**sous 생산력들과 생산관계들의 통일체이다.[29]

이 첫 번째 정의[두 번째 정의]*는 자연스럽게도 까다로운 민감성과 부딪히게 된다[민감하게도 이러한 정의를 받아들이지 못하는

---

* 오류로 판단된다. 맥락상 두 번째 정의인 b)를 지칭한다.

이를 만나게 된다]. 왜냐하면 ('좋은/선한 유물론자'이기도 한) 수많은 마르크스주의자들과 심지어는 공산주의자들이 생산력들을 일차적인 것으로 설정해야 한다고 간주하는 반면, 이 첫 번째 정의[두 번째 정의]는 생산관계들을 일차적인 것으로 설정하기 때문이다. 그리고 최초의 인간들이 도구를 생산함으로써, 목축과 농업, 철과 청동 등등을 발명해냄으로써 자연과 자신들 사이의 관계들을 규제한다는 조건 아래에서만 우리가 역사라 부르는 것에 대한 권리를 (몇 천 년, 게다가 몇 백만 년 뒤에) 쟁취해냈다는 점은 사실이다. 이러한 초보적인 생산력들, 그리고 이후에는 기초적인 생산력들의 발전의 동력이 무엇이었는지에 대해 우리는 여전히 충분히 알지 못한다. 하지만 마르크스가 의미하는 것으로서의 사회와 관련해 모호한 점은 없다. 마르크스가 언급하는 유물론적 결정 작용 détermination은 절대로 생산력들의 결정 작용이었던 적이 없으며(생산력들의 결정 작용에 자신들의 이해관계가 걸려 있는 마르크스주의 경제학자들의 경우를 제외하고), 대신 '토대', 하부구조, 다시 말해 생산력들과 생산관계들의 통일체의 결정 작용이다({1859년 《정치경제학 비판을 위하여》의} 서문 마지막에서, 마르크스는 생산력들과 생산관계들 사이의 통일과 구분을 동시에 사고하도록 주의를 기울여야 하지만 결국 가장 중요한 것은 [구분이 아니라 바로] 통일이라는 점을 말한다[30]). 그리고 마르크스는 항상 최종심급에서 결정적인 détermimante 이러한 물질적 통일성을 생산관계들 **아래에서의** 생산력들과 생산관계들의 통일체로 실천적인 방식으로 pratiquement 개념화했다. 달리 말해, 생산력들과 생산관계들의 통일체에 대한 생산관계들의 우위. 이는 《공산주의자 선언》의 테제, 즉 (조금 요약해 말하자면) 역사의 동력은 바로 계급투쟁이라는 테제와 동일한 것이다(그리고 엥겔스는 이 테제에 '계급이 존재한 이래로'라는 설명 하나를 추가한다. 이 설명은 인류 '문명'의 시작에 대해 우리가 품는 질문과 관련된다[31]).

우리의 논의를 좀 더 진전시킬 수 있을까?

만일 그럴 수 있다면, 우리의 문제는 다음과 같은 것이 된다. (계급사회 내에서, 그리고 범위를 더 확장해 계급 없는 사회 — 우리는 도래할 계급 없는 사회를 쟁취하기 위해 싸우고 있다 —, 또한 우리가 이미 알고 있는, 세계의 몇몇 지역들에 [현존하는] 계급 없는 사회에서) **생산관계들이란 도대체 무엇인가?**

여기서는 계급사회에 관해서만 언급하기로 하자. 계급 없는 사회까지 우리의 정의에 포함시키게 되면 논의가 극도로 복잡해질 수 있기 때문이다.

마르크스의 1859년 《정치경제학 비판을 위하여》 서문의 매우 잘 (오 맙소사, 그것도 너무 잘) 알려진 정식을 따르자면, 생산관계들은 "인간들의 실존의 사회적 생산"에서 "인간들이 진입하는 entrent, eingehen" 그 "규정된déterminés, 필연적인, 이 인간들의 의지로부터 독립된 관계들"이다.[32]

마르크스가 우리에게 남겨준 유일한, 매우 정교화된 정식으로서 우리의 이론적 참조점의 꼭대기*에 매달려 있다는 문제가

---

* 여기서 '꼭대기'는 'au ciel de'를 의역한 것이다. 이는 이 정식이 우리의 이론적 참조물들 가운데 가장 중요한 위치를 차지하고 있다는 점, 그리고 동시에 우리가 접근할 수 있는 공간으로서의 하늘에 매달려 있기는 하지만 바로 그 때문에 제대로 된 접근을 수행하기 쉽지 않다는 점 등을 중의적으로 의미하는 표현인 것으로 판단된다.

있지만, 그 자체의 장점 또한 지니고 있는 이 정식(과 그 번역!^{33})에 대해 논하지는 않겠다. 나는《자본》과 레닌을 독해한 뒤 우리가 말할 수 있는 것으로서의 사실이라는 차원으로 곧장 나아가도록 하겠다.

생산관계들은 분명 생산 — 이 생산은 사회적이다 — 에 있어 스스로 확립되며, 이는 재생산의 경우에도 마찬가지이다. 그렇지만 좀 더 정확히 말하자면 생산관계들은 생산에 있어 스스로 확립되는 것이 아니라, 생산 '안에서dans' 스스로 확립되는 것이다. '생산관계들이 **스스로 확립된다**s'établissent'라는 말은 무엇을 의미하는가? 이 '확립된다'라는 단어는 정확하다. 생산관계들은 마르크스가 '생산력들의 발전 정도와의 조응'이라 불렀던 것^{34}과 **어떤** 관련을 맺고 있는 (하지만 이 '조응'이라는 불행한 개념이 수반하는 기계적 기능주의와도 '생산력들의 발전 정도'의 유사-명증성과도 아무런 관련이 없는) 필연성 속에서, 그 누구의 의견도 묻지 않은 채 오직 홀로 확립된다. 그런 게 아니라고 한다면, 소련의 생산력들보다 우월한 미국의 생산력들, 그리고 소련의 생산성보다 6배 뛰어난 미국의 생산성과 관련해, 우리는 왜 미국의 생산관계들이 그 '조응'에 실패했는지를 질문해보아야만 할 것이다(미국이 사회주의를 거치지 않고 남몰래 '공산주의의 토대를 건설'하고 있는 것이 아니라면 말이다. 게다가 사회주의를 거치지 않고 공산주의로 나아가는 것은 레닌이 거듭 언급했던 '미국식 실천 감각〔실용주의〕'의 방식일 것이다).

생산관계들은 생산 **안에서** 스스로 확립될 뿐 아니라, 생산을 지배하기도 한다. 그러므로 생산과 재생산이 생산관계들 **안에** 존재한다고 말하는 것이 오히려 더 나을 것이다! '안에'와 같은 작은 단어들은 우리가 이를 잘 통제하지 못한다면 항상 불행해질 수 있는 단어들이다. 그러므로 우리의 처음 정식을 다시 취해, 생산관계들은 생산과 재생산의 총과정의 **규정적** 요소라고 하자*(왜냐하면 모든 사회적 생산-재생산은 생산관계들 **아래에서의** 생산력들과 생산관계들의 **통일**[체]을 함의하기 때문이다).

그렇다면 생산관계들이란 도대체 무엇인지의 질문이 또다시 우리에게 되돌아오게 된다. 우리는 항상 "인간들이 그 속으로 진입하는entrent 관계들……"이라고 지겹도록 반복해 말한다. 아니다. 인간들은 우리가 레스토랑에 들어가거나entre 혹은 당에 들어가는 것처럼 이 생산관계들 안으로 진입하지 않는다. 인간들은 이 생산관계들에 **사로잡히며/관여되며**pris, 이 생산관계들에 그 **이해관계자들로서**parties prenantes 사로잡히지만 동일한 평면 위에서 그러한 것은 아니다. 인간들은 그들이 우선(달리 말해 '근본적으로'. ['우선'보다 '근본적으로'가 더 정확한 단어인 이유는] 이것이 시간적 선후 관계의 문제가 아니기 때문이다) **생산관계들에 사로잡혔기**[관여되었기] **때문에, 그들이 생산관계들을 통과하도록 강요받았기** 때문에 이 생산관계들의 이해관계자들인 것이다. 첫 번째 논점. '인간들'? 당신과 나, 그리고 레옹과 알베르와 티틴?**

이 지점에서 우리는 잠시 멈춰 다음과 같은 질문을 던져야 한다. 하지만 **도대체 무엇을** 하기 위해 이들[즉 '인간들']은 이 생산관

---

* 이 논의에 대한 알튀세르의 최종 결론인 만큼 원문을 참고할 필요가 있다. "les rapports de production sont l'élément déterminant de l'ensemble du procès de production et de reproduction."

** '레옹과 알베르와 티틴'은 평범한 보통의 사람들을 상징하는 대명사이다.

계들을 통과하도록 강요받는가? 당신이 생산관계들을 통과하도록 강요받을 때, 이 강요는 항상 강요된다는 단 하나의 이유 때문에 작동한다. 〔강제로 행해야만 하는〕 군복무 때문에, 〔강제로 따라야만 하는〕 법과 〔강제로 집행되는〕 공권력 때문에, 〔수술을 받지 않을 도리가 없으므로 강제로 받아야만 하는〕 맹장염 수술을 위한 수술대 위에서. 하지만 이 경우에는 어떤가? 여기서 '인간들'은 (내가 다음과 같이 말할 수 있다면) 바로 생산수단[35]과의 관련 속에서 생산관계들을 통과하도록 강요받는 것이다(이 강요는 마르크스가 지적하듯 의지, 자유, 계약, '프로젝트'〔즉 미래를 위한 기획〕 등의 문제가 아니라는 점을 전제한다). 생산관계들은 다음과 같은 두 가지 특수성을 지닌다. 1) 생산관계들은 인간들 사이의 관계들**뿐** 아니라, (우리가 인식하고 있는 인간들 사이의 적지 않은 관계들과 같이) 사물들, 그러니까 생산수단이라고 불리는 이 사물들에 대한 인간들 사이의 관계들 또한 의미한다. 좀 더 정확히 말해, 인간들이 이 사물들(즉 생산수단)과 맺는 관계들과의 관련 속에서의 인간들 사이의 관계들.[36] 2) (〔1〕이 지적하듯〕 생산관계들이 생산수단이라는 이 사물들과의 관련 속에서의 인간들 사이의 관계들이므로) 생산관계들은 인간들 그 자체가 취하는 관계들도 아니고 여러 인간들 사이의 관계들도 아니다.*** 우리

*** '인간들 그 자체'는 정관사가 붙은 'les hommes'을 옮긴 것이고, '여러 인간들'은 'des hommes'을 옮긴 것이다. 영어의 정관사와 부정관사의 쓰임과 유사하게, 여기서의 정관사 '인간들'은 추상화된 개념으로서의 인간 그 자체를 의미하며, 부정관사 '인간들'은 여러 인간들, 그리고 손으로 만질 수 있으며 직접 만날 수 있는 육체를 가진 구체적 인간을 의미한다. 각각 '추상적 인간들'과 '구체적 인간들'로 의역할 수도 있을 것이다. 또한 반복적으로 등장하는 '~와의 관련 속에서'는 불어의 'à propos de' 또는 'par rapport à'를 번역

는 바로 뒤에서 이 점을 살펴볼 것이다.

생산수단과의 관련 속에서의 인간들 사이의 관계들. 하지만 아무 관계나 다 해당되는 것은 아니다! 이 관계들은 매우 명확하며 엄밀하고 엄정한, 바로 이 작은 세계이다. 그렇다. (T라는 시간에 존재하고 있는) 생산수단이 있다. 인간들이 있다. 자, 바로 이 인간들 사이에 두 범주(두 계급)가 존재한다. 생산수단을 소유하고 있는 이들과 다른 이들, 그러니까 아무것도 소유하고 있지 않은 이들, 혹은 자신의 노동력만을 소유하고 있는 이들. 이는 바로 자본주의적 생산양식이라는 상황이다.

하지만 만일 자본주의적 생산양식뿐 아니라 봉건제 생산양식, 아시아적 생산양식 그리고 노예제 생산양식까지도 고려하고자 한다면, 우리는 더 멀리 나아가야만 한다.

10.

이 경우 우리는 《자본》 3권에서 마르크스의 짧지만 번뜩이는 문장 하나, 즉 국가의 "모든 신비함은 직접노동자들[직접생산자들]과 생산수단 사이에 존재하는 **단수형 정관사**le 관계에 존재한다"는 문장 하나를 다시 취해, 거의 확실히 다음과 같이 말할 수 있을 것이다.[37] 생산관계들은 **한편으로** 직접노동자들(실제로 생산을 하는 이들, 노동과정의 직접적 행위자들, 그들 아래에는 그 누구도 존재하지 않는 이들, '손으로 재료를 만지'고 '재료를 변형하'는 이들), 그리고 **다른 한편으로** I과 II, 이 두 편 사이에 존재하는 단수형 정관사

한 것이다.

관계에 의해 정의된다고.*

I. $\left\{ \begin{array}{c} \text{생산수단} \\ \\ \text{노동력} \end{array} \right\}$ 이 두 가지가 생산력들을 형성한다

II. 생산물

그러므로 이는 한편으로 직접노동자들과 다른 한편으로 생산력들과 생산물, 즉 이 한편과 다른 한편 사이의 관계인 것이다.[38]

우리가 이미 알고 있는 생산양식들을 이해하기 위해서는 이 '다른 한편' 안에 [생산력들과 생산물 사이의] 이러한 구분을 도입하는 것이 필수적이다.

이에 따라 우리는 **자본주의적 생산양식 내에서** 직접노동자들이 생산수단을 소유하고 있지 않다는 점을 알게 된다. 하지만 우리는 이 직접노동자들이 그 자신의 노동력을 소유하고 있다고 믿게 되는데, 왜냐하면 그들은 임금으로의 교환을 위해 생산수단

---

*   이 절에서 'détention'으로서의 소유는 'propriété'로서의 '소유'와 달리 거의 배타적으로 '생산수단'에 대한 소유를 의미한다. 생산수단에 대한 '소유'와 '비-소유'('비-소유'의 경우 예외 없이 전부 'non-détention'으로 표현되어 있다)의 맥락이 'propriété'로서의 '소유'와 확연히 구분되기 때문에 '점유' 등 다른 역어를 써서 구분하지 않고 모두 '소유'라고 옮겼으며, 구분이 필요해 보이는 곳에 한해 원어를 병기했다. 같은 이유에서 '직접노동자' 혹은 '직접생산자' 단어에 쓰인 '직접'의 경우에도 'immédiat'와 'direct'를 구분하지 않고 '직접'으로 옮겼다. 또한 여기서 알튀세르가 단수형 정관사 le 관계를 강조하는 이유는 이 단수형 정관사 관계를 '복수형주의자들'이 강조하는 복수형 정관사 les 관계들과 대비시키기 위함이다.

의 소유자들, 즉 자본가들에게 자신의 노동력을 양도하기 때문이다. 하지만 마르크스는 모든 계약과 마찬가지로 이해관계자들, 그러니까 [자본가들뿐 아니라] 노동자들에 의해서도 자유로운 방식으로 동의를 얻은 계약에 의해 인가된 이러한 법적 교환이 눈속임에 지나지 않음을 충분히 보여주었다. 자본의 임노동자들[자본에 의해 고용된 임노동자들]은 그들의 노동력을 계급의 자격으로 소유하고 있는 것이 아니다. 그들의 노동력은 이미 자본에 속하며, 이 자본은 확장된 차원에서 그들의 노동력을 착취하기 위해 이 노동력을 재생산한다(이는 마르크스의 발견들 중 하나인 자본주의적 생산양식에 고유한 인구 법칙이다). 직접생산자들은 생산수단도 자신의 노동력도 소유하고 있지 않으므로 생산—바로 이들이 이 생산의 행위자다—의 생산물을 소유하지 않는다.

하지만 노동력의 비-소유라는 형태가 자본주의 체제 안에서는 곧 노동력의 판매에 대한 계약이기 때문에, 그리고 이 형태가 아래에서 우리가 살펴볼 다른 형태들과 구분되기 때문에, 자본주의적 생산관계가 '임노동제 관계=생산수단과 노동력[이 둘 모두]에 대한 비-소유관계=생산수단과 노동력 사이의 분리의 관계' 등등이라고 말하는 것은 정확하다.

봉건제 생산양식에서 사태는 이와 유사하면서도 다른 방식으로 전개된다. 농노는 자신의 생산수단을 소유하지만(그러므로 농노는 '독립 소생산자'로 나타난다apparaît. 이는 봉건제 생산양식에 전형적인 범주로, 농노뿐 아니라 도시의 수공업자에게도 동일하게 적용될 수 있다), 이러한 소유는 그 안에서 비-소유가 나타나게 되는 [역설적인] 형태를 취한다. [봉건제 생산양식에서 다른 행위자들은 제외하고]

농노만을 고려한다면, 〔그래서 결국〕 농노는 자신의 생산수단(봉건제의 법이 말하듯 영주의 명백한 토지 소유)도 자신의 노동력(영주는 농노가 스스로의 생존과 재생산을 위해 자기 노동력을 활용하는 것을 허락해주는 것이다)도 소유하지 않는다. 하지만 영주는 1) 생산물에 대한 조세를 공제해가며, 또한 2) 농노가 경작하는(하지만 농노에게는 〔쌀 한 톨도〕 돌아오지 않는) 영주 자신의 농경지를 위해 이 농노의 노동력을 자기 자신의 것으로 활용하며, 마찬가지로 부역을 위해서도 활용한다(이 부역은 우리가 여기서는 다루지 않을 또 다른 문제이다).

이러한 조건 속에서 농노는 생산물을 소유하지 않는다. 농노는 영주가 그에게 남겨주는 것만을 가질 수 있다. 하지만 우리는 노동력이 생산수단에 속한다는 점을, 달리 말해 생산력이 토지의 일부에 의무적으로 고정되어 있다는 점(농노는 그가 '속해' 있는 토지를 떠날 수 없다. 달리 말해, 겉보기에는/분명히* 농노의 것처럼 보이는 생산수단에 이 농노가 소유되어détenu〔즉 붙잡혀〕 있는 것이다)을 발견하게 된다. 이는 노동계약도 임금제도 존재하지 않는다는 점에서 자본주의적 비-소유와는 다른 비-소유 형태, 즉 〔농노의〕 독립성이다. 노동계약과 임금제는 상품관계들이 지배적인 것이 된 경제의 기반 위에서만 인식 가능하기 때문인데, 봉건제 생산양식은 이에

---

* 여기서 '겉보기에는'으로 옮긴 단어는 'apparemment'로, 영어의 'apparently'와 마찬가지로 일반적인 의미는 '분명히'이며 어원을 고려했을 때의 의미는 (비록 일상에서는 그런 방식으로 잘 쓰이지 않지만) '겉보기에는'이다. 여기서는 알튀세르가 이 단어의 중의성 자체를 활용하고 있다고 판단해 두 의미 모두 살려 번역했다.

해당하지 않는다.

그러므로 봉건제 생산양식의 생산관계는 다음과 같이 특징지어진다. 생산수단에 대한 표면적인apparente 소유 형태(즉 '독립 소생산자') 아래에서의 직접생산자가 겪는 생산수단과 노동력의 비-소유+직접생산자가 겪는 노동력과 생산물의 비-소유.*

노예제 생산양식에서 우리를 놀라게 하는 점은 바로 노동력의 근본적인 비-소유이다. 노예는 가축과 같이 구매와 판매 그리고 재생산이 이뤄진다. 생산수단과 생산물에 대한 비-소유. 노예제 생산양식이 상품관계들의 상당히 거대한 발전을 경험한다면, 노예는 상업적 거래의 대상이 될 수 있다. 왜냐하면 노예는 가격을 갖기 때문이다. 하지만 상품관계들은 (우리가 다음과 같이 말할 수 있다면) 마치 그 관계들이 노예제 생산양식의 머리를 넘어가는 것과 마찬가지로 노예의 머리를 넘어간다[즉 지나쳐 간다]. 전-자본주의적 생산양식에 상품관계들이 존재했다는 허상을 가져서는 안 된다. 마르크스가 말하듯, 전-자본주의적 생산양식에서 상품관계들은 '에피쿠로스의 신들과 같이' 사회의 구멍들(혹은 표면) 속에 있다.[39] 상품관계들은 하부구조에 침투하지 않으며 생산관계에 영향을 미치지 않는다. 노예가 노예시장에서 가격을 지니며 구매되고 판매된다 할지라도 이는 자본주의적 생산관계와 아무런 관계가 없다. 노예제 생산양식의 생산관계는 자본주의적 생산양식의 생산관계와 같은 상품관계를 갖지 않는다.

---

*   '+' 기호는 옮긴이가 독자들의 이해를 돕고 가독성을 높이기 위해 '그리고'를 대신해 삽입한 것이다.

아시아적 생산양식과 관련해 말해보자면(마르크스는 이 아시아적 생산양식을 **식별**하고 이에 관심을 기울이는 것이 필수적이라고 생각했다[40]), 현재 진행 중인 연구들이 절대적으로 확정적인 결과들을 산출하지는 않았지만 다음을 말할 수는 있을 것 같다.

아시아적 생산양식에서 직접노동자는 공동체 형태 아래에서 노동한다. 이 직접노동자는 자신의 생산수단과 노동력을 소유하고 있지만 자신이 만든 생산물을 소유하지는 않는다. 이 생산물은 국가를 운영하는 귀족 집단caste에 의해 대부분 공제되며, 직접노동자는 거대 토목공사나 전쟁 등에 동원되기도 한다.

마르크스가 식별했던 이 서로 다른 경우들([노예제, 봉건제, 아시아적 생산양식 등 인류에게] 알려진 서로 다른 생산양식들)을 동질적인 방식으로 이해하기 위해, 우리는 다음과 같은 이중적 도식을 우리의 논의에 개입시켜야만 한다.

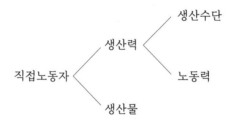

아시아적 생산양식의 경우를 고려하지 않았다면, 우리는 생산물에 대해 언급하지 않고 **생산력만을 논의에 포함시킬** 수 있었을 것이다.

생산물에 대해 언급하지 않고 생산력만을 논의에 포함시키는 것이 아마도 더 나을 것이다. 왜냐하면 우리는 아시아적 생산양식을 계급사회[계급이 존재하는 사회]의 생산양식으로 간주해야 하는지 아닌지 아직 명확히 알지 못하기 때문이다.

만일 우리가 아시아적 생산양식을 논의에 포함시키지 않는다면, 우리는 이 논의에서 다음의 세 가지 경우를 갖게 된다.

1) 노예제 생산양식. 노예제 생산양식 내 생산관계의 핵심은 자신의 노동력에 대한 직접노동자의 **절대적 비-소유**이다. 이로부터 생산수단에 대한 절대적 비-소유와 생산물에 대한 절대적 비-소유가 유래한다.

이러한 착취 조건은 하나의 계급, 즉 노예 계급을 정의한다. 동시에 이 착취 조건은 또 하나의 다른 계급, 즉 노예소유자 계급, 달리 말해 직접노동자의 노동력과 생산수단 그리고 그 생산물을 동시에 소유하고 있는 소유자 계급을 정의한다. 이 두 계급은 적대적이다.

2) 봉건제 생산양식. 봉건제 생산양식의 생산관계는 **비-상품적이지만** '자연적인'(소위 '자연적'이라는) **형태 내에서 자신의 노동력에 대한** 직접노동자의 **상대적 비-소유** — '자연적'이라 불리는 형태하에서 즉 비-상품적인 형태하에서 항상 존재하는, **생산수단에 대한** 직접생산자의 **상대적 비-소유**와 결합된 — 이다. 이로부터 생산물의 상대적 비-소유가 유래한다.

이러한 착취 조건은 하나의 계급, 즉 농노 계급을 정의한다(마르크스가 보여주었듯, 수공업자 또한 동일한 모델 위에서 구축된다. 그런데 수공업자와 관련해서는 상품관계가 이 수공업자가 경제의 핵심이 되는 시기에는 결정적인 역할을 하지 않는다). 이 착취 조건은 동시에 또 하나의 계급, 즉 농노의 주인으로서 영주 계급, 다시 말해 농노의 노동력을 상대적으로 소유하고 농노의 생산수단을 명백히 소유하며 농노에게 공제하는 생산물에 대해 농노에게 제공하는 자신들의 서비스(아래에서 보는 바와 같은)를 통해 그 값을 지불하는 계급을 정의한다(농노를 소유하고자 하는 영주라는 이유에서만, 그러니까 농노를 더 많이 획득함으로써 자신의 수입을 증가시키고자 하는 영주라는 이유에서만, 가난한 농노들의 땅을 침입하는 다른 영주들의 공격으로부터 자신의 농노를 보호해주는 영주의 서비스가 존재한다 — 이러한 상호적 강도질은 가난한 농노들을 착취하는 이들에 의한 이 가난한 농노들의 보호라는 [역설적이지만] 성스러운 이름을 지니게 된다. 하지만 사실상 영주들은 가난한 농노들을 경쟁 영주들로부터 보호해줌으로써 자신이 착취하는 인간 가축을 보호하고 있을 따름이다). 그리고 이 계급은 이러한 메커니즘을 통해 생산물의 가장 큰 몫을 자신의 것으로 유용한다. 그러므로 영주와 농노라는 이 계급들은 서로 적대적이다.

3) **자본주의적 생산양식**. 자본주의적 생산양식의 생산관계는 생산수단에 대한 직접생산자의 절대적 비-소유이며, 노동력에 대한 직접생산자의 상대적 비-소유이다. 이러한 **비-소유는 상품관계라는 형태, 즉 임금[제]이라는 형태를 취한다.**

이 조건은 하나의 계급, 즉 프롤레타리아라는 계급을 정의하는 동시에 또 다른 하나의 계급, 즉 자본가 계급을 정의한다. 이 두 계급은 서로 적대적이다.

이와 같은 간략한 분석의 끝에서 우리는 다음을 말할 수 있게 된다.

1) 분석의 과정에서 우리는 부지불식간에 《정치경제학 비판

을 위하여》(그리고 물론 이 책 이전에는 《독일 이데올로기》와 《철학의 빈곤》 등등)와 심지어는 《자본》이라는 텍스트의 대부분에서 등장하는 기초적 표현인 **복수의** 생산관계들ʳˡᵉˢ을 사라지게 만들었다. 그리고 우리는 이 생산관계들이라는 표현을 또 다른 표현, 즉 **단수의** 생산관계ₗₑ라는 표현으로 대체했다.

이러한 대체를 행하는 것은 우리가 경험을 통해 생산관계를 복수로 표현할 필요가 전혀 없으며 단수로 표현해도 완전히 충분하다는 점을 알게 되었기 때문이다.

그 증명을 위해 마르크스 자신 또한, 최근 프랑스어로 번역된 《자본》의 미간행된 장에서 **생산관계를 단수로 표현한다**는 점을 지적해야 한다.[41]* 우리는 분명 마르크스와 동일한 경험을 했다.

이것이 사소한 세부사항에 불과한 것일까? 그렇기도 하고 아니기도 하다. 그렇다. 왜냐하면 우리가 어떤 한 생산양식의 생산관계가 산출하는 효과들의 다양성을 보여주어야 할 때(한편으로는 어느 한 생산양식의 생산관계가 산출하는 효과들이 분명 **생산**관계는 아닌, ─ 이 생산관계가 아닌 관계들은 유통관계, 분배관계, 교환관계, 정치적 관계, 이데올로기적 관계, 법적 관계 등등일 수 있다 ─ 그럼에도 어쨌든 **관계들**인 그러한 **다른 관계들**로 구성되어 있는 만큼), 복수형 생산관계들이 자신들의 쓰임새를 발휘할 수 있기 때문이다.

하지만 아니기도 한데, 이 점을 파악하기 위해서는 **복수형** 생산관계들이라는 표현이 독자들에게 어떠한 혼란을 초래하는지

---

* 《자본》의 이 미간행된 장은 국내에서 〈직접적 생산 과정의 결과들〉이라는 제목으로 통용된다.

확인하기 위해 다음을 지적하는 것만으로도 충분하다. 왜냐하면 비록 생산관계에 의존하고 있는 [위에서 언급한] 이 다른 관계들이 관계들이라고는 해도, [어찌 되었든] 생산관계들은 아니기 때문이다! 그리고 만일 이 관계들이 곧 생산관계들이라고 믿어버린다면, 우리는 매우 심각한 오류에 빠질 수 있다. 예를 들어 우리는 생산관계들이 **소유**관계들rapports de **propriété**, 다시 말해 **법적** 관계들이라고 믿어버릴 수 있다. 그런데 법적 관계들, 특히 **소유**관계들은 생산관계들이 아니다. 위에서 이미 언급한, 오랜 시간에 걸쳐 쌓인 모든 어리석음에도 불구하고, 우리는 마르크스의 텍스트들이 말하는 진실을 복원해야만 한다. 마르크스는 생산관계들이 '소유propriété'라는 용어가 지니는 법적 의미에서 소유관계들이라고 말했던 적이 없다. 비록 마르크스가 [전혀 엄밀하지 않은 방식으로] 그런 식으로 말을 흘린 적이 있긴 했지만, 그가 어떤 모호함도 발생하지 않도록 이 점에 관한 자신의 사고를 명확히 규정했다고 생각할 수 있는 충분한 근거 또한 존재한다. 따라서 마르크스의 텍스트를 면밀히 독해한다면, 《정치경제학 비판을 위하여》 이후부터 마르크스가 사실적 차원에서의 소유détention de fait인 'Besitz'와 법권리적 차원에서의 소유propriété de droit인 'Eigentum'을 구분했다는 점을 발견할 수 있다. 《정치경제학 비판을 위하여》 이후부터(그런데 이 텍스트는 [《자본》에서 확립될] 자신의 이론적 기초를 여전히 탐구/형성해나가고 있는 텍스트이다) 마르크스가, 자본주의적 생산관계가 'Eigentum'(법권리적droit 차원에서의 법적juridique 권리titre로서의 소유)이 아니라 'Besitz'(사실적 차원에서의 소유détention와 비-소유non-détention)와 관계가 있다고 간주하기 시작했다는 점은 명확하다.

또 다른 반례를 제시해보겠다(매우 많은 반례들을 제시할 수 있지만 이 정도에 만족하고자 한다). **복수형** 생산관계들에 대해 말하는 것, 그리고 심지어는 생산의 **사회적** 관계들에 대해 말하는 것(마치 마르크스가 다루는 주제 안에서 비사회적 관계들이 존재하기라도 한다는 듯!)은 어쨌든 굉장히 많은 편의성들을 공급해주는〔여러 잡다한 관계들을 활용할 수 있게 해주는〕복수형을 우리 자신에게 부여하는 것이다. 일단 우리가 우리의 의도를 밝히고 큰소리로 이 장엄하고 강령적인 복수형을 선언하고 나면, 이 복수형에 영양분을 공급해주는 것보다 더 쉬운 일은 없게 된다. 생산관계들(그들 말에 따르면, 사회적 생산관계들) 안에 자신의 손에 쥐어지는 모든 것을 집어넣거나, 무슨 일이 일어나든 사태는 잘 진행되고 있다는 확신에 찬 인상을 풍기면서 그 복수형에 영양분을 공급해줌으로써 말이다. 예를 들어, 바로 이런 식의 손쉬운 그리고 놀라운 해결책의 이름으로 우리는 생산관계들이 아닌 **다른 관계들**, 즉 유통관계들, 분배관계들, 소비관계들(세상에! 이 훌륭한 '소비사회'에서 우리의 훌륭한 마르크스주의자들 가운데 누가 소비관계들이 존재한다는 사실을 알아차렸는가? 그리고 우리의 훌륭한 마르크스주의자들 가운데 누가 이 소비관계들이 서로 다른 생산양식들에 따라 달라진다는 사실을 알아차렸는가?), 법적 관계들(세상에! 불행한 삶을 살았던 파슈카니스Evgeny Pashukanis[42] 이래로 어떻게 법에 관한 이론이 마르크스주의자들에게서 황무지 상태로 남아 있을 수 있는가? 우리가 알다시피 파슈카니스는 죽임을 당한 것만으로는 충분치 않았는데, 왜냐하면 법에 관한 마르크스주의적 이론〔마르크스주의 법이론〕에 대해 공산주의자들 스스로가 형성했던 관념의 이름으로, 더욱 정확히 말해 이 법에 관한 마르크스주의 이론이 이미

완성되어 있다는 혹은 존재할 근거가 없다는 혹은 …… 바로 생산관계들에 귀속된다!는 주장[43]을 스스로 정당화하기 위해 필요한 보증이라는 이름으로 이 공산주의자들이 파슈카니스의 무덤에 침을 뱉었기 때문이다), 정치적 관계들, 이데올로기적 관계들(세상에! 어떻게 상부구조에 관한 마르크스주의 이론이, 상부구조의 문제에 천착했던 그람시가 말했던 모든 것이 그 어떤 발전도 없이 거의 죽은 채로 남아 있을 정도로까지, 매우 오랫동안 망가진 채 남아 있을 수 있는가?)을 직접 인식할 필요로부터 스스로를 면제시키는 것이다. 여기서 그만하도록 하겠다. '**복수형 정관사**les 생산관계들'이라는 정식은 자신의 그 복수형 아래에서 매우 심각한 오해(생산관계들이 소유관계들, 법적 관계들이라는 관념)뿐 아니라 (아무에게도 상처 주지 않으려면 도대체 이를 어떻게 말해야 할까?) 세계 마르크스주의 지성의 무기력한 공모 전체를 유지시켰다.*

바로 이로부터 **단수형 정관사**le 생산관계의 의미가 도출되는 것이다.

2) 두 번째 언급. 직접노동자가 그 생산력(생산수단, 노동력)과 맺는 관계에 대해 언급한 이후, 모든 것이 하부구조 안에서, 더욱 정확히 말해 **생산**이라는 하부구조의 한 부분 안에서(하부구조가 [생산 이외에도] 또한 유통, 교환, 분배 그리고 소비를 포함한다는 점을 굳이 상기시킬 필요가 있을까?) 완전히 그리고 배타적으로 작동한다는 점은 명확해졌다.

우리가 단수형 생산관계에 더욱더 집중해야 하는 것은 바로

---

* 여기까지 알튀세르는 계속 비꼬는 어투로 질문을 던지고 있다.

이 때문이다. 왜냐하면 우리의 훌륭한 '복수형주의자' 친구들은 [복수형 생산관계들을 써야 하는 이유에 대해] 생산관계 '들'이 '복잡'하다고 설명하는 차원에 만족하며, 밀수입한 이 '복잡한complexe'이라는 형용사의 엄호 아래 이 빈약한 생산관계들에 좀 더 '내용물을 집어넣기' 위해, 그리고 이 빈약한 생산관계들을 자신들 머릿속에 들어 있는 유통관계들과 교환관계들, 화폐관계들, 법적 관계들, 다시 말해 정치적이고 이데올로기적인 관계들 — 게다가 이 정치적이고 이데올로기적인 관계들은 이들의 머릿속에서 현실과 아무런 관계도 맺고 있지 못하다! — 로 살찌우기 위해 자신들 마음에 드는 모든 것을 집어넣는다.

결론을 내리자면, 우리는 이 단수형을 복수형에 양보하지 않을 것이다. 다시 말해 이 단수형은 불귀점이다. 왜냐하면 이는 마르크스의 유물론이 취하는 정박점임과 동시에 계급투쟁의 정박점이기 때문이다.

3) 사실 우리가 이미 보았듯 각각의 생산양식 내의 각각의 생산관계는 두 가지 계급들을, 두 가지 적대적 계급들을 정의한다. 이 지점에서 우리는 결국 '인간들'이라는 저 유명한 문제를 해결할 수 있게 된다.*

우리는 사태가 어떻게 전개되고 있는지 잘 알고 있다. [어떤 이들에 따르면] 생산관계들은 '인간들 사이의 관계들'이[라고 한]다. (1965년에) 누군가가[즉 나 자신이] 결국에는 상기시키게 되었듯,[44] 1) 인간들 사이의 관계들은 인간적 관계들이 아니다. 2) 인간들 사

---

* 엄밀함을 위해 복수형인 '인간들'로 계속 번역하고자 한다.

역사에 관한 글들

이의 관계들은 '상호주관적'이지 않다. 3) 인간들 사이의 관계들은 인간들 사이의 관계들인 것만은 아닌데, 왜냐하면 여기서 작용하고 있는 사물들, 즉 생산수단이 존재하기 때문이다. 4) 그러므로 인간들 사이의 관계들은 무엇보다도 우선 관계들〔그 자체〕이다, 등등. 그렇지만 우리는 생산관계들이 상호인간적 관계들이 아님에도 불구하고〔내가 이렇게 설명해주었음에도 불구하고〕, 그럼에도 이것이 여전히 인간들 사이의 관계들이라고 말한다(세브Lucien Sève에 따르면 말이다[45]). 좋다. 사태는 이렇게 계속 전개된다.**

심지어 우리는 마르크스가 사태를 어떻게 전개시키는지 또한 알고 있다. "자신의 실존을 위한 사회적 생산에서, 인간들은 필수적인 관계들 안으로en{원문 그대로} (에디시옹 소시알Éditions sociales 판의 번역을 따르자면-알튀세르) 진입한다entrent, eingehen……" 만일 인간들이 "관계들 안으로dans{원문 그대로} 진입한다"면,*** 이들이 우선 〔진입 이전의 공간인〕 바깥에 존재해야 하며, 그러므로 당신과 나와 같은 인간들이 화창한 어느 날 그 문턱을 넘어선다고 생각

** 알튀세르가 조롱조로 복잡하게 말한 것을 좀 더 쉽게 풀어보자면, 자신이 1965년에 제시했던 마르크스의 '이론적 반인간주의'는 그것이 마르크스가 말하고자 했던 바의 진실이었다는 점에서 결국 누군가는 말할 수밖에 없는 것이었고 그것을 자신이 맡아 했을 뿐이라는 것이다. 하지만 자신의 이론적 반인간주의라는 테제가 결국 세브에 의해 4) 이후에도 제자리로 돌아와 버렸고, 자신의 개입에도 불구하고 사태가 변화 없이 그대로 흘러가고 있다는 것이 알튀세르의 입장이다. '사태가 전개된다'고 쓴 대목에서 알튀세르는 'connaître la musique'라는 표현을 계속해서 사용하는데, 이를 '같은 음악이 반복된다' 혹은 '돌림노래처럼 음악이 계속 이어진다' 등으로 풍자적으로 표현할 수도 있을 것이다.
*** 편집자(고슈가리언)가 '원문 그대로'라는 말을 넣은 이유는 알튀세르가 동일한 문장을 인용하면서도 전치사를 'en'에서 'dans'로 바꿔 썼기 때문이다.

해야만 한다. 자유롭게? 꼭 그렇지만은 않을 것이다. 이 인간들은 〔문턱을 넘어서도록 혹은 관계들 안으로 진입하도록〕 강요받을 수도 있다. 하지만 우리가 강요받는 상태에 있다 할지라도, 우리는 여전히 인간으로서 그렇게 강요받는 상태에 있는 것이다.

(1859년 《정치경제학 비판을 위하여》에서 제시된 마르크스의 유명한 문장에 대한 해석을 제쳐두고 말하자면) 마르크스가 말하고자 했던 것의 진실은 다음과 같다. 생산관계들은 부정관사des 인간들 사이의 혹은 정관사les 인간들 사이의 관계들이 아니라 계급들 사이의 관계들이다.* 혹은 이 문제에서도 역시 결정적인 역할을 하는, 위에서 다룬 단수형을 계속 고수한다면, **단수형 정관사**le 생산관계는 이 생산관계 이전에 이미 존재하고 있는 복수형 정관사les 인간들 사이의 혹은 복수형 부정관사des 인간들 사이의 하나의un 관계가 아니다(여기서 복수형이 어떤 기능을 수행하고 있는지 보이는가? 인간들이 복수형으로 되어 있지 않은가. 이 복수형 인간들에 복수형 생산관계들만큼 더욱 자연스럽게 조응하는 것이 어디 있겠는가). 〔인간들 사이의 하나의 관계가 아니라〕 이는 생산관계 자체에 의해 정의되고 구성된, **계급들 사이의** 하나의un **관계**이다. 왜냐하면 인간들〔이라는 통념〕에 비해 계급들〔이라는 개념〕은 최소한 이 계급들이 생산관계 이전에 이미 존재하는 것은 전혀 아니라는 사실에 대해 그 어떤 의심도 품을 수 없게 하는 이점을 지니고 있기 때문이다.

만일 우리가 이를 모르고 있다면 우리는 마르크스를 다시 읽

---

* 앞서 언급했듯 '부정관사 인간들'은 구체적 인간들을, '정관사 인간들'은 추상적 인간 그 자체를 지시한다.

어야만 한다. 왜냐하면 이는 마르크스가 우리에게 남겨준 가장 중요한 것들 중 하나를 이해하지 못했다는 의미이기 때문이다. 사회계급들이 인간들로 구성되어 있다는 관념, 생산관계들이 인간들 사이의 관계들이라는 등등의 관념은 결국 **마르크스주의 내에서** 고전적인 부르주아 이데올로기(마르크스는 로크John Locke가 〔대문자〕 정치경제학 전체에서 가장 첫 번째의 위대한 이론가이자 스승이라고 말했다[46])가 회귀했음을 매우 단적으로 보여준다.[47] 이는 부르주아 이데올로기가 사회계급들과 계급투쟁을 표상하는 방식이다.

사회계급들과 계급투쟁의 존재를 발견한 이가 자신이 아니라 부르주아지라는 점을 마르크스가 엄숙하게 지적했다는 사실을 기억하자.[48] 계급에 대한 마르크스주의 이론 이전에, 계급과 계급투쟁에 관한 **부르주아** 이론이 존재했으며 지금도 여전히 존재하며 공산주의자들을 끔찍하게 짓누르고 있다. 계급에 대한 이 부르주아 이론이 바로, 계급들이 인간들로 구성되기를, 그리고 인간들이 "생산관계들 내로 **진입**"하기를, 그리고 〔이 생산관계들 안으로 진입한 인간들이〕 계급이라는 형태로 변형되어 다시 나오기를 원하는 그런 이론이다. 우선 인간들이, 그다음으로는 생산관계들이, 그다음으로는 계급들이, 마지막으로는 계급투쟁이 나오는 것이다. 바로 이것이 계급들과 **사회적 관계들**(부르주아지는 복수형을 지지하니까!)에 대한 부르주아적 개념화, 부르주아적 이론이다. 봉건 계급과 부르주아 계급이라는 경쟁하는 두 착취자 계급 사이의 대립이 만들어낸 작은 갈등으로 인해 〔인식론적〕 방해를 받았던 부르주아 이론가들이 계급과 계급투쟁의 존재를 인정하는 데 이르기까지 대담한 이론적 모험을 무릅쓸 때 일어나는 일이 바로 이것이다. 부르주아 이론가들은 우선 인간들에 대해 이야기한다! 그 다음 인간들 사이의 사회적 관계들에 대해(이것이 바로 자연권 철학이 만들어낸 인간사회에 대한 이론의 역사 전체이다), 그다음 사회계급들에 대해(이 사회계급들은 도덕과 법권리droit에 대한 위반, 혹은 황금에 대한 목마름 등등에서 태어난다 — 이 황금에 대한 목마름은 하나의 도착perversion이지만, 이에 대해 우리가 무엇을 할 수 있겠는가?), 또 그다음이 모든 것의 마지막, 즉 계급투쟁에 대해 이야기한다.

부르주아 이론의 이 낡아빠진 노래가 이러저러한 변형태로 우리 귀에 끊임없이 들린다는 사실을 인지해야만 한다. 그리고 침묵이 흐를 때조차, 이 낡아빠진 노래가 여전히 우리의 귀에 울리고 있다는 점을 인지해야만 한다. 우리는 이 노래를 들으면서 자라왔으며, 이 노래는 다른 모든 부르주아 이데올로기의 주제들과 마찬가지로 우리를 사로잡고 있다. 그래서 마르크스는 마르크스 자신이 되기 위해 발본적으로 자신을 이 노래와 분리시켜야만 했다. 우리는 이 노래가 계속되고 있음을, 그리고 수많은 마르크스주의자들이 (다소간 성급하며 여전히 기초가 제대로 마련되지 않은 정식까지 포함해) 마르크스의 정식들 그 자체를 부르주아 이론의 낡아빠진 노래풍으로 읊조리고 있다는 점을 스스로 깨닫지 못하고 있음을 충분히 인지하고 있는가? 부르주아지의 모든 영향력으로, 그리고 부르주아지의 경제적·정치적·이데올로기적 계급투쟁의 모든 영향력으로 우리를 위에서 짓누르는 이러한 낡아빠진 노래로부터 여전히 그리고 항상 스스로를 빠져나오도록 해야 한다는 점을 우리는 충분히 인지하고 있는가?

하지만 심지어 우리는 부르주아지가 계급투쟁을 수행하고

있다는 점조차도 모르고 있는 것은 아닐까? 나는 노동자 계급만이 계급투쟁을(물론 부르주아지에 대항하는 계급투쟁을) 수행한다고 믿는 공산주의자들, 그렇다, 그러한 공산주의자들이 존재한다고 확신한다. 이러한 공산주의자들의 생각에 따르면, 부르주아지는 바로 자본주의 [그 자체]이며 이 자본주의는 물론 우리가 쓰러뜨려야만 하는, 그리고 물론 스스로를 방어할 줄 아는 하나의 거대한 구축물로 자리잡고 있는, 하지만 또한 물론 하나의 사물과 같은, 우리가 옮겨야만 하는 하나의 산과 같은, 그로부터 가끔 CRS* 와 그 담론이 등장하곤 하는 추악한 체제이다. 하지만 부르주아지는 공격을 위해[즉 계급투쟁을 위해] 자신의 시간을 보낸다는 관념, 이 부르주아지의 체계가 계급투쟁의 한 체계에 불과하다는 관념, 이 모든 것이 부르주아 계급투쟁으로 인해서만 가능하다는 관념, 처음부터 (그리고 항상) 부르주아지는 계급투쟁을 통해 그리고 부르주아지 자신의 것인 계급투쟁을 통해 그 지배를 확립해왔다는 관념, 이 투쟁은 계속되며 그로 인해 당분간 가장 강력한 것은 바로 이 부르주아지 자신의 것인 계급투쟁이라는 관념, 그렇기 때문에 우리가 여전히 이를 전복시키지 못하고 있다는 관념, 몇몇 마르크스주의자들은 여전히 이를 인지하지 못하고 있다. 이 몇몇 마르크스주의자들은 《공산주의자 선언》의 다음과 같은 주장들, 즉 "계급투쟁은 역사의 동력이다" "[지금까지의] 역사는 계급투쟁의

---

*   CRS는 '공화국 치안 유지대'를 뜻하는 'Compagnies Républicaines de Sécurité'의 약자로, 프랑스 경찰 중 시위 진압 업무를 전문적으로 담당하고 있는 경찰부대를 지칭하며, 노동조합의 투쟁과 같은 시위를 전문적으로 진압한다는 점 때문에 프랑스 시민들 사이에서 '국가의 앞잡이'로 불리곤 한다.

역사일 뿐이다"와 같은 주장들의 가장 중요한 관념들, 그러니까 그 첫 번째 결과들을 이해하지 못했다.

그러므로 부르주아 계급투쟁이 이러한 결과를 획득한다는 사실, 공산주의자들이 우선 인간들이 존재하고 그다음으로 생산관계들(이 생산관계들이라는 단어만 말하면 전부 마르크스주의자인 것처럼 보이니 말이다)이 존재하며 그다음으로 계급들이, 그다음으로 계급투쟁이 존재한다고 말하면서 (마르크스주의자가 되기 위해서는) 이렇게 마르크스의 주장들을 반복하는 것으로 충분하다고 믿어버린다는 사실이 전혀 놀랍지 않은 것이다. 몇몇 공산주의자들이 이렇게 말할 때, 결국 승리하는 쪽은 부르주아 계급투쟁이다. 그리고 알다시피 부르주아 계급투쟁은 [자신들의 입장에서는] 그저 소박한 승리를 거둔 것일 뿐이다. 부르주아 계급투쟁은 이 승리에 만족한다. 부르주아 계급투쟁은, 유인물만 하루 종일 뿌려대는, 게다가 패배, 해산, 체포만을 겪으므로 승리에 대해 말할 만한 것이 전혀 없어 유인물 속에서 승리를 자처하지만 사실은 실패에 불과한 것만이 내용물로 담겨 있는 유인물만을 하루 종일 뿌려대는 우리의 소박한 단체들[49]처럼 유인물을 뿌릴 필요도 없다. 이 소박한 단체들은 부르주아지와 달리 웅장한 패배를 하고 있는 것이다. 하지만 부르주아 계급투쟁이 계급들 혹은 사회적 관계들에 대한 자신들의 노래를 듣고 이를 믿게 만드는 데 성공할 때, 부르주아지는 이것이 이득이 되는 투자라는 점을 깨닫게 된다. 그 뒤에 이어지는 상황들이 이를 항상 보여주듯 말이다.

아쉽게들 생각하겠지만 결국 다음과 같은 것이 현실이며 우리는 그 점을 받아들여야만 한다. 하나의 생산양식을 정의하는 **생**

산관계는 계급들 사이의 한 관계, 매우 정확히 말해 **생산관계가 구성하는 계급들 사이의,** 한번 더 더욱 정확히 말해 **생산관계가 구성하는 적대적 계급들 사이의** 한 관계이다. 물론 계급들 없는 사회들이 아닌 계급들로 구성되어 있는 사회구성체들 안에서의 관계 말이다.

계급 없는 '사회들'의 경우, 혹은 오히려 계급 없는 사회구성체들의 경우가 있다고 해서 논의에 어려움이 더해지는 것은 전혀 아니다. '사회들' 혹은 사회구성체들을 정의하는 생산관계는 항상 직접노동자와 생산력(생산수단과 노동력) 사이의 관계와 동일하다. 계급이 존재하지 않기 위해서는 분명 이 관계가 생산수단과 (직접노동자의) 노동력에 대한 이 직접노동자 자신의 **소유**détention로 구성된 하나의 관계여야만 한다. 이 관계가 (모든 계급적 사회구성체들에서 그러하듯 '자연적'*이든 상품적이든 이러저러한 형태 아래에서의 절대적이거나 상대적인 비-소유의 관계rapport de non-détention이기를 그치고) 소유관계rapport de détention가 되기 시작하자마자, 더 이상 계급은 존재하지 않게 된다. 왜냐하면 계급들을 계급들로 분할하는 것은 바로 비-소유이기 때문이다(나는 의도를 가지고서, 인간들을 계급들로 분할한다고 쓰지 않고 계급들을 계급들로 분할한다고 말한다. 왜냐하면 인간들을 계급들로 분할한다는 표현은 어떤 의미도 없는 표현인 데 반해, 계급들을 계급들로 분할한다는 표현은 이 표현 스스로가 표현하고자 하는 것, 즉 적대적 계급들로의 분할이라는 것이 계급들의 구성 그 자체와

---

* '현물로 거래하다'에서 '현물로'의 원어는 'en nature'이다. '자연적'이라는 뜻과 함께 (상품이 아닌) '현물로'라는 뜻이 함께 포함되어 있다는 점에 유의할 필요가 있다.

동일하다는 점을 잘 표현해주기 때문이다).

그러므로 이제 우리가 제기할 수 있는 질문은 다음과 같다. 비-소유의 다양한 형태들이 존재하는 것과 마찬가지로(위에서 이미 우리는 이 비-소유의 다양한 형태들에 대해 살펴보았다), 소유의 다양한 형태들, 좀 더 명확히 말하자면, 계급 없는 사회구성체들 내에서 생산의 **공동체적** 혹은 **공산주의적 관계**의 서로 다른 여러 조직화 형태들이 존재한다고 강하게 추측할 수 있다. 이러한 맥락에서 마르크스와 엥겔스가 '원시'사회들과 '원시 공산주의'에 관심을 기울였다는 점은 여기에 공통의 토대와 잠재적인 다양성 모두가 동시에 존재한다는 점을 그들이 예감했으며 역사가 이 둘에게 그 예시들을 제공했다는 점을 보여준다. 그리고 이 과거의 예시들은 미래와 관계 없는 것이 전혀 아니다. 물론 이는 도래할 공산주의의 모델로 사용할 원시 공산주의의 신화를 부활시키기 위함도 아니고, '원시적'이라고 불리는 사회들의 공동체적 형태들에 향수 어린 생명력을 부여하기 위함도 아니다. 하지만 최소한 역사적 사실들은 계급 없는 사회들이 존재했다는 점을, 계급 없는 사회가 존재할 수 있다는 점을 입증해준다. 바로 이것이 중요한 지점인데, 공산주의적 생산양식이 [현실에] 존재하지 않기 때문에 이 존재하지도 않는 공산주의적 생산양식에 대해 어떻게 말할 수 있는지의 문제가 제기되기 때문이다(마르크스는 스피노자의 충실한 제자였기에 다른 지점들에서와 마찬가지로 이 지점에서도 존재하는 것에 대해서만 말한다). 물론 마르크스는 공산주의적 생산양식에 대해 말할 수 있는데, 왜냐하면 1) 계급 없는 사회들이 존재했으며, 2) 자본주의적 생산양식에 귀신같이 달라붙는 적대(자본주의 아래에서 진행되는 계급투쟁)의 경향적 변화évolution가 계급 없는 어떤 사회의 도래를 예비하며, 3) 이 계급 없는 사회는 생산력에 대한 직접노동자의 **소유**라는 생산관계로 정의된 어떤 한 생산양식의 현실일 것이며, 4) 이러한 공동체적 소유는 상품관계들이 역사적으로 모든 계급사회들과 연관되어 있다는 점에서, 그리고 자본주의적 생산양식 내에서 생산관계가 상품관계가 된다는 점에서, **모든 상품관계 없이 존재해야** 하기 때문이다.

이는 몇몇 요소들을 가지고서 (비-소유의 '하위-생산물/부산물 sous-produit'로서의) 노동 분할[즉 분업]의 형태들에 연관되어 있는[노동 분할의 형태들이 산출하는] 모든 결과들에 대해 우리가 말할 수 있는 거의 모든 것이다. 이 이외의 나머지 것들의 경우, 우리는 그것들을 [새로이] 구성해나가는 방식으로 발견해나가야만 한다.

11.

우리가 방금 논의한 바의 결론들은 사회주의적 생산양식의 비-실존[즉 사회주의적 생산양식은 존재하지 않는다는 점]과 관련해 명확한 것이다. 하지만 {이 문제를 다루기} 전에, '상품생산', '상품생산양식' 그리고 '독립 소생산자petit producteur indépendant'라는 개념에 대해 두 가지 점을 지적하고자 한다. 바로 여기에 결정적 쟁점들이 걸려 있기 때문이다.

하나의 유령spectre이, 아니 오히려 하나의 환영fantôme이 마르크스주의의 세계에 매우 오래전부터, 그리고 심지어는 제대로 읽히지 못했으며 제대로 이해되지 못했고, 가끔은 이해되기에는 너무나도 잘 읽혔던 《자본》 이래로 출몰하고 있다. 상품생산양식이라는 환영을 자신 옆에 달고 오는 상품생산이라는 환영, 그리고 이 상품생산이라는 환영을 자신 옆에 달고 오는 독립 소생산자라는 환영 말이다. 결국 이 환영들이 기차와 같이 일렬로 행진하고 있는 것이다.

이 환영들의 인상적인 행진을 좀 더 가까이에서 살펴보도록 하자.

그리고 이 행진을 좀 더 가까이에서 살펴보기 위해, 상품생산양식이라는 사이비 개념이라는 악령을 쫓아냄으로써 끝에서부터 시작해보도록 하자. 상품생산양식이란 존재하지 않는다. 그런데 혹여나 만일 부르주아 이데올로기가 자기 자신, 즉 부르주아 이데올로기 안에서 생산양식이라는 [마르크스주의의] 개념에 [성공적으로] 접근했다면, 어떤 상품생산양식이 존재할 수 있다고 말할 수도 있을 것이다.* 하지만 부르주아 이데올로기가 마르크스주의의 개념에 접근할 수 있기 때문에, 그러니까 이 부르주아 이데올로기가 생산양식이라는 마르크스주의의 개념조차도 완전히 자신의 것으로 소화시킬 수 있는 능력이 있기 때문에 우리는 다음과 같이 말할 수 있을 것이다. 상품생산양식 혹은 상품적 생산양식이 분명히 존재하지만,** 이는 부르주아 이데올로기 안에서 존재한다고.

---

*   쉽게 말해, 부르주아 이데올로기가 어떠한 생산양식이라는 개념에 접근하는 데 성공했다면, 그 이데올로기가 성공적으로 접근한 생산양식 개념은 마르크스주의에는 존재하지 않는 상품생산양식이라는 사이비 개념일 것이라는 의미이다.

** 상품생산양식은 'mode de production marchand'을 옮긴 것이고, 상품적 생산양식은 'mode de production marchande'를 옮긴 것이다. 즉 전자에서는 'marchand'이라는 형용사가 'mode'를 수식하고, 후자에서는 'marchande'라

그건 바로 이 부르주아 이데올로기 안에서만 상품생산양식 혹은 상품적 생산양식이 존재하고 있기 때문이다. 더 정확히 말하자면, 부르주아 이데올로기에서 상품적 생산양식은 강한 의미에서, 다시 말해 존재할 가치가 있는[존재할 가능성이 있는] 단 하나의 유일한 생산양식이다. 왜냐하면 바로 이 상품적 생산양식만이 자연(복수의 자연들로서, 사물들의 자연/본성과 인간의 자연/본성은 상품적 생산양식이라는 거대한 자연의 침대 위에 나란히 누워 있다)에 부합하기 때문이다.***

이 지점에서 사태가 어떻게 진행되는지 가능한 한 가장 신중한 방식으로 살펴보도록 하자. 사물들의 자연, 그리고 인간의 자연은 도대체 무엇을 의미하는가? 인간이 땅을 경작한다는 사실, 인간이 땅 위에 울타리를 치고(로크, 루소, 스미스) 자신과 자신의 사랑스런 아내와 눈에 넣어도 아프지 않을 자식들의 생존을 위해 필요한 것들을 땅 위에서 생산한다는 사실을 의미한다. 인간은 본성적으로 자연에 대해[자연 위에서, 즉 자연을 대상으로] 노동하는 소생산자이며, 자연은 이 인간에게 생존을 위해 필요한 것들을 충분히 내어주는데, 다시 말해 자연은 이 인간의 노동이라는 효과 아래에서 그와 그의 작은 가족을 먹여 살릴 것들을 생산해준다. 왜냐하면 가족이라는 것은 나머지 모든 것만큼이나 자연스러운 것이니까. 그렇지 않은가? 그런데 무슨 일이 발생한 것일까? [아

는 형용사가 'production'을 수식한다. 의미상의 차이는 거의 없으나 알튀세르가 이를 구별해 서술하고 있음에 유의하며 각기 다르게 번역했다.
*** 영어와 마찬가지로 프랑스어의 'nature' 또한 '자연'과 '본성' 두 가지 의미를 모두 지니고 있다. 이후로 이 점을 염두에 두며 독해하면 좋을 것이다.

래에서 설명할 일이 발생하는 이유는〕 인간이 피에르, 장, 자크와 같은 이러저러한 〔평범한〕 개인이기 때문이다. 인간은 자기 집 구석의 조용한, 얼마 되지 않는 땅뙈기를 대상으로 노동한다. 그리고 자신의 옆에는 자신과 동일하게 노동하는 장, 피에르, 폴이 있다. 왜냐하면 결국 인간 종은 여러 개인들로 구성되니 말이다. 그렇지 않은가? 모든 인간들은 노동을 한다. 하지만 그들의 상상력 또한 노동하기 때문에 피에르는 다음과 같이 생각한다. 만일 내가 농사지은 사과 중 〔가족이 먹고 난 뒤〕 남은 잉여 사과를 나의 이웃 폴의 잉여 배와 교환하기로 합의한다면 어떨까? 알다시피 상상력이라는 것은 '전염성'이 있기 때문에("강한 상상력의 전염성", 말브랑슈 Nicolas Malebranche[50]), 이러한 발견은 가루처럼 퍼져나가며, 바로 이로 인해 우리의 모든 가족적인 독립 소생산자petits producteurs indépendants-familiaux는 교환자, 다시 말해 상인이 된다.

이 상상 속에서 한 걸음 더 나아간다면 우리는 당신에게 화폐를 발명해줄 수 있다. 이 화폐는 모두가 알다시피 (자연적으로) 교환을 용이하게 하기 위해 만들어진 것이다. 바로 이것이 〔끊임없이〕 이어지는 상업〔교역〕이라는 것이다. 우리의 가족적 독립 소생산자는 상품 소생산자가 되었다. 시장이라는 것은 상인들의 존재가 산출하는 자연적 결과이기 때문에(자연이 자신의 힘으로 취할 수 있는 것!), 이 상인들은 자신들이 소비하지 않는 잉여생산물을 시장에 가져온다. 이 모든 것보다 더 자연스러운 것이 있을까. 자연이 모든 것을 하며, (자신의 자연적 필요〔즉 성욕〕를 충족시키기 위해 취했던 자신의 아내 또한 지니는 자연적 욕구를 포함해, 그리고 아내가 자신에게 낳아주었던 자식들, 다시 말해 자신이 재생산이라는 인간 종의 자연적 필요를 충족시키기 위해 그녀에게 만들어주었던 자식들 또한 지니는 자연적 욕구을 포함해) 자신의 자연적 필요를 만족시키기 위해 생산자는 생산한다. 자연이 보상해주는 건강한 자연적 활동으로부터 탄생한 잉여생산물, 자연적 필요를 충족시키는 잉여생산물의 교환이라는 관념, 자신들의 잉여생산물을 교환하는 소생산자의 존재로부터 자연적으로 탄생하는 시장. 바로 이로 인해 (자신의 생산물의 일부를) 판매하기 위해 생산하는 독립 소생산자의 **상품생산양식**mode de production marchand이 탄생한다.

　여기서 한 걸음 더 논의를 진전시킨다면, 자연스럽게도 그리고 특히, 독립 소생산자들이 농업에서 제작 상품의 생산production d'objets fabriqués으로 자연스럽게 이행했을 때, 즉 독립 소생산자들이 수공업자가 되었을 때, 이 용감한 이들이 자연스럽게 판매를 위해서만 생산하기 시작한다는 점을 우리는 개념화할 수 있게 된다. 그렇지만 당신은 어느 신발 소생산자가 자신이 제작한 신발의 잉여분만을, 그러니까 자신에게 필요한 신발의 생산을 마친 뒤 자신에게는 필요하지 않은 신발이 남을 경우 이 잉여분만을 판매한다고 생각하지는 않을 것이다! 왜냐하면 '가장 후진 신발을 신고 있는 신발장이'조차(질 좋은 신발을 신고 있는 신발장이도 마찬가지이겠지만) 자신을 위해 1년에 한 켤레의 신발은 남겨놓으며, 또한 자신의 아내와 아이들을 위해 세 켤레씩은 남겨놓겠지만, 어쨌든 나머지 모두는 판매를 위해 내놓는다는 점을 우리 모두 알고 있기 때문이다. 다시 말해 이 신발장이는 [자신과 자신의 가족을 위해 네 켤레의 신발을 남겨놓는다고 할지라도, 자신과 자신의 가족을 위해서가 아니라] 판매를 위해서[만] 생산하는 것이다.

바로 이렇게 해서 자본가가 탄생하게 된다. 자신의 노동과 자신의 능력 그리고 자신의 도덕적 고결함을 통해 몇몇 도구들을 더 구입하기에 충분한 돈을 획득할 수 있을 만큼 판매할 정도로 생산하는 데 성공하는 독립 소생산자가 자본가의 기원이다. 그리고 바로 이것이 먹을 것을 전혀 가지고 있지 않아 굶어 죽기 직전인 몇몇 불쌍한 이들로 하여금 일을 하도록 만들기 위해 필요한 것이다. 왜냐하면 ('둥근', 다시 말해 칸트가 멋지게 설명했듯, 유한하며 한계 지어져 있는[51]) 땅 위에는 더 이상 공간이 없기 때문에, 이 불쌍한 이들은 독립 소생산자가 될 수 없었기 때문에, 그리고 이 불쌍한 이들에게 자본주의는 그들의 노동에 대한 대가로 임금을 제공하는 위대하고 관대한 도움의 손길을 내밀기 때문이다. 얼마나 관대한가! 하지만 관대함은 또한 인간의 본성에 존재하는 것이기도 하다. 관대함 이후 상황이 좋지 않게 돌아간다는 사실, 그리고 임노동자들은 노동하는 하루는 너무 긴데 임금은 너무 적다고 생각하는 나쁜[고약한] 정신을 가지고 있다는 사실, 이 또한 자신의 나쁜 측면들을 지니고 있는 인간의 본성에 내재해 있는 것이다. 몇몇 자본주의적인 독립 소생산자들(나쁜 인간들)이 자신들의 임노동자들을 악용하는 것이, 혹은 더 최악으로는 (상상해보라) 자신의 '경쟁자'로 간주해 다른 독립 소생산자들에게 훼방을 놓는 것이, 그리고 이들을 시장에서 가차 없이 공격하는 것이 인간 본성에 속하는 것이듯 말이다. 이러한 일들은 일어나서는 안 되는 것이지만 세상이 선량한 이들로 구성되어 있는 것은 아니다. 인간의 악의 méchanceté 혹은 인간의 무분별함inconscience이라는 십자가를 져야만 한다. 이 점을 사람들이 안다면 참 좋을 텐데!

만일 이 점을 알고 있다면 위에서 우리가 말했던 바를 사람들이 깨닫게 될 텐데 말이다. 자신들의 잉여를 혹은 자신들의 생산물 전체를 판매하기 위해 (작은 규모의 자기 가족들과만 일함으로써 혹은 집도 절도 없는 불쌍한 이들 — 이 불쌍한 이들에게 가족적 독립 소생산자들은 인간의 사랑으로 임금이라는 빵을 쥐어준다 — 을 고용함으로써) 생산하는 가족적 독립 소생산자들, 그리고 매우 자연스럽게 일종의 자본가(이 자본가들은 노동에 대한 보상을 제공하는 칼뱅의 신이 이들에게 은총을 내려준다면 자신의 규모를 키울 수 있을 것이다)가 되는 가족적 독립 소생산자들로 구성된 상품생산양식이라는 단 하나의 자연적인 생산양식만이 유일하게 존재한다는 사실을.*

바로 이렇게, 처음에는 자급자족적이고, 이후에는 자연스럽게 부분적으로 상인이 되도록, 그 이후에는 온전한 의미의 상인이 되도록, 또 그 이후에는 (자본주의적인) 임금제 생산에 기초한 상인이 되도록 이미 정해져 있는 그러한 독립 소생산자들의 존재에 기반해 있는 상품(적) 생산양식은 부르주아 이데올로기에서 **유일하게 존재하는 생산양식**이다.

부르주아 이데올로기에서 다른 생산양식은 존재하지 않는다. 다른 생산양식들은 이 유일한 양식으로부터 출발해 사고되는 일탈/예외 혹은 오류(즉 정상에서 벗어난 것)일 뿐이다. 계몽주의자들이 암흑과 몽매의 시대(즉 봉건제 시대)에 그 명증성의 정신을 꿰뚫지 못해 생길 수밖에 없었던 오류. 바로 이로부터 노예제에 대한 호들갑스런 공포가 유래하는 것이다. 노예제가 지배하던 당

---

* 위의 단락과 이 단락에서 알튀세르는 계속 비꼬는 어투로 말하고 있다.

시 우리는 모든 인간이 자유롭다(즉 인간 본성이라는 권리를 가지고 있다=독립 소생산자가 될 수 있다)는 점을 몰랐다는 공포 말이다. [노예제와 동일하게] 바로 이로부터 봉건제에 대한 공포가 유래하는 것이다. 영주에 대한 부역과 교회에 바치는 십일조라는 또 다른 공포에 의해서만 침범당할 수 있었던 자급자족이라는 공포의 폐쇄된 원환cercle 안에 갇힌 채 남아 있는 대신 세계의 모든 인간들과 마찬가지로 봉건제적 독립 소생산자 즉 농노 또한 자신의 땅을 떠나 다른 곳에 정착하고 그곳에서 생산한 자신의 생산물을 다른 생산물과 교환할 수 있다는 사실을 그 당시 우리가 몰랐다는 공포.

만일 상품생산양식이 부르주아 이데올로기에서 세계에 존재하는 유일한 생산양식이며 나머지 생산양식들은 일탈이거나 오류일 뿐이라면, 이는 이 상품생산양식이 세계에 존재하는 유일한 생산양식으로서 자본주의적 생산양식을 **정초하는** 기능을 수행하기 때문이다. 자본주의적 생산양식이란 도대체 무엇인가? (이 지점에서 우리는 항상 부르주아 이데올로기가 생산양식이라는 개념을 받아들이고 활용한다는 점을 전제하는데, 이는 부르주아 이데올로기가 완벽히 행할 수 있는 것이다. 부르주아 이데올로기는 예전에 이미 다른 것들 또한 모두 자신의 것으로 받아들이고 활용하지 않았는가!) 자본주의적 생산양식이란 자연적으로 발전한 형태를 지니는 상품생산양식 바로 그 자체이다. 상품생산양식은, 부르주아 이데올로기가 상품생산양식의 기초적 범주들을 통해 자본주의적 생산양식을 사고하는 한에서, 자본주의적 생산양식을 정초하는 부르주아 이데올로기를 위해 복무한다. 상품생산양식이 완벽히 신화적인 것[허구적인 것], 즉 이데올로기적 상상계의 발명품이기 때문에, 또한 이러한 정초화의 작용이 동일한 상상계에 속하기 때문에, 우리는 한편에 경악스러울 만큼 실재하는 자본주의적 생산양식의 존재라는 사실을, 다른 한편에 이 자본주의적 생산양식의 이론과 본질(상품생산양식의 신화적이고 정초적인 구성은 우리에게 그 이론과 본질을 제시해준다)을 가지고 있다. 이러한 상상적 정초화의 작용은 다음과 같은 세 가지 결과를 산출해낸다.

1) 현존하는 자본주의적 생산양식만이 존재할 수 있는 유일한 것, 존재하는 유일한 것, 존재할 권리를 가진 유일한 것이다. 자본주의적 생산양식이 항상 존재했던 것은 아니라는 사실(그리고 여전히도 자본주의적 생산양식이 항상 존재하고 있는 것은 아니다! 세밀하게 탐구해본다면 우리는 독립 소생산자라는 이 자연적인 현실을 도처에서 발견하게 된다), 혹은 끔찍한 현실들에 가려져 가시적인 방식으로는 존재하지 않았다는 사실은 역사의 우연에 불과하다. 자본주의적 생산양식은 [과거에도, 현재에도, 미래에도] 영원히 존재해야만 했으며, 신의 은총 덕에 모든 [비자본주의적] 몽매주의를 넘어 현존하고 있다. 그리고 우리는 자연이 비-자연/비-본성을 결국에는 물리친 뒤, 그리고 빛이 어둠을 물리친 뒤, 자연과 빛, 다시 말해 자본주의적 생산양식이 자신의 존재의 영원성을 보장받는다는 점을 보증받게 된다. 결국 자본주의적 생산양식이 **인정**된 것이다!

2) 결국 쟁취해낸 이러한 보증, 결국 존재할 수 있게 된 이러한 본질. 결국 우리는 이 모든 것을 이해할 수 있게 된다. 그리고 만일 우리가 자본주의적 생산양식이 무엇인지 이해하고 싶다면, 이 자본주의적 생산양식의 기원이 지닌 한 측면, 즉 그 본질인 상

품생산양식을 보는 것만으로 충분하다. 그러면 우리는 인간들, 독립 소생산자들, 그들의 가족 그리고 나머지 모든 것을 발견하게 될 것이다.

3) 결국 우리는 그 존재에 도달했으며, 존재하게 된 것이 바로 그 본질이기에, 우리는 우리가 필요로 하는 모든 것을 가지게 된 것이다. 충만으로 넘쳐흐르는 존재, 그리고 이 존재를 이해할 수 있게 해주는 본질 말이다. 이렇게 모든 이가 만족하게 된다.

달리 말해, 이렇게 부르주아 이데올로기는 다음과 같은 자신의 목표를 달성하게 되었다. 자본주의적 생산양식을 상상적인 어떤 상품생산양식의 발전으로 표상하는 것, 그리고 자본주의적 생산양식의 '발생genèse'을 자신의 몫을 제대로 해낸 것으로 인정받은 독립 소생산자들(이들은 정말로 그렇게 인정받을 만했다는 유일한 이유로 인해 자본가가 되는 것이다)의 노동의 결과로 표상하는 것. 이제 자유기업의 존재를 인정하는 인류의 보편적 찬가를 노래하기만 하면 된다.[52]

바로 여기에 우리가 관심을 기울여야만 하는 것이 존재한다. 왜냐하면 이 통념들의 체계가 거대한 무게로 마르크스주의 이론을 짓눌러왔기 때문이다. 또한 고전파 정치경제학 전체가 이 통념들의 체계로부터 영향을 받아왔으며, 이 통념들의 체계에 관한 학자들의 주해에 불과하기 때문이다. 이로부터 마르크스 그 자신에게까지 미친 효과들이 산출되지만, 마르크스는 이 위험들로부터 스스로를 방어하기 위해 필요한 모든 것을 갖추고 있었다. 하지만 마르크스주의자들이 보기에, 마르크스 그 자신은 이러한 오염으로부터 스스로를 방어하기에 전혀 충분하지 않았다(이들이 마르크스를 읽지 않았을 때는 말할 것도 없고 이들이 마르크스를 읽었을 때조차도).

그렇지만 이러한 사이비 난점들을 명확히 바라보아야만 하는데, 사실 이는 생각보다 꽤 단순한 작업이다.

마르크스가 **상품생산**에 대해 언급할 때, 그 언급은 사이비 상품생산양식의 존재를 전혀 함의하지 않는다. 상품생산이란 무엇인가? 이는 잉여생산물이 상업적 거래의 대상이 되는 혹은 상업적 거래의 대상이 되기 위해 생산되는 그러한 생산의 **규정된** 일부분이다. 〔상품생산이란〕 그 이상도 아니지만 그 이하도 아니다. 상품관계들이 존재하는 모든 생산양식 안에는 상품생산이 존재한다. 왜냐하면 시장에 일반적 등가물, 즉 화폐와 교환되는 생산〔물〕이 없다면 시장에서의 상품관계들은 존재할 수 없기 때문이다. 그런데 이러한 생산은 이 생산이 상품유통의 상품관계들을 통과하기 때문에 상품생산으로 불리는 것이다. 이것이 끝이며 더 이상의 논의는 필요하지 않다.

하지만 내가 이미 지적했듯, 상품생산은 비-상품생산의 잉여로 표상될 수 있으며, 혹은 정반대로, 순수하게 상품적인 생산의 결과, 다시 말해 판매를 위해서〔만〕 완료된 생산의 결과를 구성할 수도 있다. 이 후자의 상품생산은 하나의 생산양식 안에 **자리잡을** 수 있으며(이는 상품관계들이 존재하고 있는 모든 전-자본주의적 생산양식들의 경우이다), 다시 말해 마르크스가 지적했듯, '그 구멍들 안에 존재'할 수 있다.[53] 이 상품생산은 자본주의적 생산양식에서처럼 일반화될 수도 있다. 하지만 이것이 사태를 변화시키는 것은 전혀 아니다. 상품생산은 그 어떤 경우에도, 심지어 자본주의적 생산양식의 경우에도 마찬가지로, 상품생산양식으로서의 생산양식에 준거하지 않는다. 내 주장이 충분히 명료하지 않은가?

더욱 복잡한 지점은 분명 사회, 역사 그리고 정치경제학의 모든 부르주아 이데올로기가 기초해 있는 '독립 소생산자'라는 문제이다. 이 문제는 마르크스가 종종 '독립 소생산자'에 대해 언급한다는 점에서, 그리고 심지어 항상 명료하지는 않은 용어들로 이 '독립 소생산자'에 대해 언급한다는 점에서 더욱 복잡해진다.

심지어 마르크스가 자신의 모든 텍스트들에서 독립 소생산자가 어느 정도 **'자연적인'** 현실이라는 관념(이 독립 소생산자는 자신이 원하든 원하지 않든 이 현실에서 부르주아 이데올로기의 본질적인 범주, 자신의 권리에서의 기원 내에 존재하는 사실을 정초하려는 매우 단순하고 명료한 목적을 지닌 '자연'이라는 범주에 속한다)으로부터 완전히 벗어날 수 있었던 것은 아니었다는 점을 고백해야만 한다(나는 '모든 텍스트들에서 그랬던 것은 아니었다'라고 말하는데, 많은 텍스트들에서 그는 이 관념으로부터 벗어나는 것에 성공하기 때문이다). (자연, 그것은 권리를 소유하는 것이며, 바로 그렇기 때문에 모든 '자연권' 법률가들이 '자연권'에 대해 말하는 것이다. 자연, 그것은 **권리와 다르지 않은 것**이라고. 이는 자본주의적 생산관계라는 부르주아적 사실에 힘입어 [대문자] 권리가 부르주아의 가장 드높은 권위를 구성했던 시기의 확고한 통념이다.) 마찬가지로 생산과 소비의 통일체로서의 일부일처제 가족(부인과 자식들)이 '자연적인 것'으로 나타나게 된다. 마찬가지로 독립 소생산자가 일부일처제 가족 안에서 살아가고, 이 독립 소생산자가 자신의 잉여를 교환하며, 또한 임금노동자를 고용할 만큼의 재산을 축적할 정도로 일을 잘한다면 자본가가 될 수 있다는

역사에 관한 글들

것도 '자연적인 것'으로 나타나게 된다. 이는 그 기원적 형태로서의 **호모 (인디비둠) 에코노미쿠스**이다.*

하지만 마르크스를 매혹시켰던 것은 단순히 부르주아 이데올로기만이 아니었으며, 그를 매혹시켰던 완전히 다른 또 하나, 즉 중세의 끝에서부터 자신의 동시대까지 걸쳐 있는 전 기간 동안 부르주아 이데올로기가 제시하는 형상에 대체로 부합하는 **독립 소생산자의 사실적 존재**[실제로 존재했던 독립 소생산자]가 있다. 본원적 축적의 음산한 역사 내내 수탈당했던 것은 바로 이 독립 소생산자들이었다![54] 역설적이게도 우리가 프랑스와 같은 몇몇 서구 국가들에서 발견하는 것이 바로 이 독립 소생산자들이다(반면 영국에서 이 독립 소생산자들은 [경제적 변화로 인해] 사라지게 되었다). 그리고 오늘날 우리는 프랑스에서 이 독립 소생산자들을 여전히 발견하며(가족농업가적 수탈자들), 또한 '저발전' 국가들의 '발전'(아프리카[55])을 '재촉'하겠다는 등등의 이유에서 이 '저발전' 국가들에 이 독립 소생산자들을 설치하려_installer_ 노력한다. 이뿐만 아니라 스탈린 체제하 소련에서 토지의 집산화를 통해 제거되었던 이들이 바로 이 독립 소생산자들이기도 하다. 결국 이는 지속적으로 저항하고 있는[즉 끈질기게 존재하고 있는] 하나의 현실인 것이다.

그리고 바로 이 독립 소생산자의 사례만을 취해보자면, 마르크스가 자본주의의 기원에 관한 부르주아 이론(독립 소생산자 이론)을 자신의 본원적 축적 이론에 대립시킴으로써 이 자본주의의

---

* 원어는 'homo (individuum) oeconomicus'이며, 'individuum'은 '개인', '개체'라는 뜻을 지닌 라틴어이다. 또한 프랑스어 'droit'가 '법'과 '권리'를 동시에 뜻한다는 점에 유념할 필요가 있다.

기원에 관한 부르주아 이론을 정면으로 비판했을 때,[56] 마르크스는 자본주의의 기원으로서의 독립 소생산자가 아니라 바로 자본주의가 봉건제 생산양식의 폐허 위에서 스스로를 설치하기 위해 파괴시켜야만 했던 그런 독립 소생산자를 만나게 된다. 그러므로 [어찌되었든] 독립 소생산자는 존재하는 것이다! 그리고 만일 이 독립 소생산자가 소위 상품생산양식과 관계되어 있지 않다면, 이 독립 소생산자는 도대체 무엇이겠는가?

만일 우리가 여기서 봉건제 생산양식에 대해 앞서 언급했던 것을 상기하고자 한다면, 나는 봉건제로부터 연원한 자본주의 유럽의 경우 최소한, 독립 소생산자가 부르주아 이데올로기가 믿는 것과는 달리 자본주의적 생산양식의 기원적 형태이기는커녕 봉건제 생산양식의 하나의 유기적 형태라는 가설을 제시할 수 있을 거라 믿는다. 자신의 가족의 도움을 받는 독립 소생산자(생산의 단위이자 소비의 단위)는 자신의 생산수단과 노동력을 실제로 소유하고 있다. 우리는 봉건제 생산양식에서의 독립 소생산자[즉 농노]가 생산수단과 노동력을 '상대적으로' 소유하고 있다(이는 상대적 '비-소유'와 동일한 것이다)는 점을 보았다. 왜냐하면 이 독립 소생산자와 관계되어 있는 토지는 '명백히' 영주에게 속하며, 그의 노동력은 한편으로는 자신이 떠날 수 없는 토지에 관계되어 있고 다른 한편으로는 영주가 사용할 수 있다(영주의 토지에서의 노동, 부역 등등)는 점에서 사실상 자신에게 속하지 않기 때문이다.

봉건제 생산양식 아래에서 이 특징들은 더 많은 설명을 생략해도 될 만큼 충분히 명료하며 적절하다. 하지만 봉건제 생산관계의 이러한 **형태**가 다른 조건들에서도 살아남을 때, 그리고 이 봉

역사에 관한 글들

건제 생산관계가 자본주의적 생산양식의 조건들에서까지 보존될 때, 우리는 이 형태를 봉건제 생산관계의 전형적인 형태로 인정하기를 주저한다. 그렇지만 이는 충분히 명료하며 적절한데, 정말로 이 봉건제 생산관계의 형태는 그 시기에 지배적인 것이 된 다른 생산양식 아래에서도 분명히 존재하며 이것이 이 다른 생산양식의 몇몇 특징들을 변화시키기까지 하기 때문이다.

사람들은 지대에 대해서도 상황은 마찬가지라고 말할 것이다. 이러한 접근에는 정당한 무언가가 있다. 하지만 나는 '독립 소생산'의 형태는 지대가 그러한 것보다는 덜 자본주의적인 생산관계에 의해 침투되어 있다는 관념을 우리가 주장할 수 있다고 생각한다.

사실, 과거에 농노가 그러했듯 소생산자가 법적으로 더 이상 자신의 토지에 속박되어 있는 것은 아니라고 할지라도, 이 소생산자는 실질적으로는 자신의 토지에 속박되어 있다. 소생산자는 농노제에서와는 다른 '법칙들'에 의해 자신의 토지에 속박되는데(소생산자는 자신이 진 부채 등에 의해 토지에 속박된다), 하지만 그럼에도 농업 소생산자_{petits producteurs paysans}의 이주란 존재하지 않는다는 것이 사실이다. 이 농업 소생산자들은 자신들의 토지에 남아 있으며 이 토지가 그들을 붙잡아둔다. 분명 {소생산자는} 더 이상 부역에 시달리지 않으며 자신의 노동력을 '자유롭게' 사용할 수 있다. 하지만 이들은 농노제만큼이나 강력한 관계들(절대로 다 갚을 수 없는 부채관계와 같은 여러 관계들)에 의해 '붙잡혀' 있다.

하지만 이 지점이 가장 중요한 것은 아니다. 봉건제 생산양식 이래로 **변형되지 않은 채** 잔존하고 있는 것은, 자급자족하는

autosubsistance 부분(여기서 이 자급자족하는 부분은 부차적이다)뿐 아니라, 또한 독립 소생산자로서의 직접노동자가 자신의 노동력, 그리고 자신의 가족들의 노동력과 맺는 관계이다. 그런데 임금제가 지배하는 자본주의 체제가 보편화된 곳에서조차, [방금 지적한] 이 관계는 **상품관계들을 통과하지 않는** 관계이다. 가족적 착취에 투여된 노동력의 가치를 평가하기 위한 모든 부르주아 경제학자들 혹은 마르크스주의 경제학자들의 [이론적] 재구성들은 이 노동력이 교환가치가 아닌 하나의 사용가치, 그러므로 가치를 지니지 않은 하나의 사용가치라는 이 단순한 **사실**을 무시하는 허구적 재구성들일 뿐이다. [독립 소생산자의 노동력에 대한] 모든 회계론적 시도들은 이렇듯 사소한, 하지만 그토록 중요한 하나의 현실을 드러내는 '난점'에 부딪히게 된다. 즉 독립 소생산자가, 자본주의의 원형prototype이기는커녕, 한 명의 자본가이기는커녕, 그가 봉건제 생산양식으로부터 이어져 내려온 하나의 형태, 역사의 변화에 저항해온 하나의 형태를 표상한다는 점에서, 자본주의적 생산양식 내부의 '낯선 신체/이물질'이라는 현실 말이다.

　바로 이것이 우리가 아무리 강조해도 지나치지 않은 점이다. 왜냐하면 독립 소생산이 잠재적으로 자본주의적이라는 관념(작은 것[즉 독립 소생산]이 큰 것이 될 수 있으며, 이 큰 것이 결국은 자본주의적인 것이 될 것이라는 관념), 독립 소생산만큼이나 '자연적인' 것은 없다는 (**앞의 것보다 더욱 심각하게 문제 있는**) 관념, 이 관념들은 우리의 일상적 명증성들[일상적으로 우리가 자명한 것으로 의심 없이 받아들이는 것들]에 그토록 깊이 각인되어 있으므로, 또한 부르주아 이데올로기를 수 세기 동안 그토록 강력히 붙잡고 있으므로, 우리는 이 관념들을 부르주아적 신화들로, 그것도 가장 탁월한 하나의 부르주아 신화로 폭로하기 위해 모든 희생을 치르고서라도 이를 설명해내야만 한다.

이 관념들은 전혀 사실이 아니다. (농부의 생산이든 수공업자의 생산이든) 독립 소생산은 전혀 '자연적'이지 않다(마찬가지로 이 독립 소생산에 자양분과 노동력을 공급해주는 일부일처제 가족 또한 전혀 '자연적'이지 않다). 우리 프랑스의 역사의 경우, 이 독립 소생산은 그 구성 계기(즉 봉건제 생산양식)를 부여해줄 수 있는 그러한 하나의 과정의 결과이다. 이 관념들은 전혀 사실이 아니다. 독립 소생산(비록 몇몇 작은 것들이 큰 것이 되어 자본가가 될 수도 있겠지만)은 자본주의적인 생산 형태들과 아무런 관련이 없으며, 잠재적인 의미에서 자본주의적이지 않다.

나는 다음과 같이 말했다. 우리에게, 그러니까 최소한 서구 유럽에서, 그리고 어찌되었든 영국과 프랑스 그리고 또한 이탈리아에서 독립 소생산자는 봉건제 생산양식과 관계되어 있다고 말이다. 하지만 왜 이러한 유보 조건을 달아야 하는가? '독립 소생산자'라는 형태가 봉건제 생산양식과는 다른 생산양식들에서 탄생해 존재할 가능성을 배제할 수 없기 때문이다. 예를 들어 그리스와 로마에서, 그러니까 노예제 생산양식에서도 탄생할 수 있다. 하지만 이 경우들에서 우리는 이 형태들의 고유한 존재 조건들, 어쨌든 역사가 그 존재를 삭제해버렸던 이 형태들의 고유한 존재 조건들을 {인식}해야만 할 것이다(물론 이는 내 능력을 벗어나는 일이기는 하다). 왜냐하면 내가 아는 한, 로마적 형태 안에서의 통상의 그 독립 소생산자들은 거대 노예소유자들 앞에서 소멸해 중세 봉건제의 농노 형태 아래에서 부활했기 때문이다.

그러므로 내가 봤을 때 우리의 논의에서 핵심적인 지점은 다음과 같다.

우리가 다음과 같이 정의했던 의미로 이해된, '독립 소생산'이라 부를 수 있을 하나의 형태가 **존재한다.** (생산수단의 부분적 비-소유 혹은 부분적 소유를 통해) 자신의 생산수단을 작동시키기 위해 자신의 노동력과 자신의 가족들의 노동력을 활용하는 독립 소생산자와 그 가족.

이러한 형태는 전혀 자연적이지 않다. (게다가 '자연적'이라는 용어가 개입해 있는 모든 표현들을 이론적 존재로부터 지워버려야만 한다. 예를 들어 '자연적'이라고 불리는 '경제'[즉 '자연적 경제']만큼이나 '자연적'이지 않은 것은 없다. 친족 관계의 형태들, 그러니까 가족적 관계들의 이러저러한 형태만큼이나 '자연적'이지 않은 것은 없다.)

이러한 형태는 아마도 이 형태의 특징들(우리는 이 특징들을 연구해야만 한다) 안에 존재하는 그 여러 변형태들과 함께, 하지만 또한 그 불변의 요소들과 함께, **서로 다른 여러 생산양식들 내에 존재할 수 있다.**

이러한 형태가 하나의 생산양식 안에 존재할 때, 이 형태는 이 생산양식에 전형적이거나(봉건제 생산양식에서와 같이), 이 생산양식에 비전형적이며 그러므로 또 다른 한 생산양식의 전형적 형태와 관계된다(자본주의적 생산양식 내 '독립 소생산'의 형태와 같이). 혹은 이 형태는 논의의 대상이 되는 어느 한 생산양식의 이차적 형태, '하위-형태sous-forme', '변형된 형태'이다(이는 아마도 그리스와 로마의 노예제 생산양식의 경우일 것이다). (로마의 경우에서, 이 형태가

역사에 관한 글들

상품관계들의 한 생산물, 다시 말해 상품관계들의 생산물들 중 하나가 아닌지 확인해야만 한다.)

이러한 형태가 **자연적**이지 않기 때문에, 우리는 존재하고 있는 어느 한 생산양식의 변화를 용이하게 하거나 그 변화를 가속화하기 위해 이 형태를 존재하고 있는 어느 한 생산양식에 자의적으로 부과할 수는 없다. 바로 여기서, 이론적이기만 한 것이 아니라, 오 맙소사! 정치적이고 역사적인 놀랍도록 많은 문제들과 난점들이 서로 결합한다.

마르크스의 경험을, 그의 이중적 경험을 살펴보자. {1853년}에 마르크스는 인도에 대한 글을 쓴다.[57] 그리고 마르크스는 인도에서의 자본주의 발전이 인도 사회를 해체할 것이며 '고전적인' 자본주의의 형태들을 부여할 것이라고(인도의 소농은 독립 소생산자가 될 것이며 상품관계들이 이를 강제할 것이라고) 예언한다. 10년이 흐른 뒤, 마르크스는 그가 실수를 저질렀음을 인정하며, 또한 인도에 존재하고 있는 생산관계들이 '새로운 형태들'에 대한 놀라운 저항력을 보여주었다는 점을 인정한다.[58] 이상하다…… 마르크스는 도대체 어떤 새로운 형태들에 대해 말하고 있는 것일까? 어찌되었든 인도는 자신만의 역사를 따라갔으며, 인도의 역사는 바로 생산양식들의 '자연적' 잇달음이라는 엄밀한 진화 도식에 적합하지 않은 사소한 장애물을 나타낸다…… 그런데 엄밀한 진화 도식에 적합하지 않은 형태들이 정말 존재한다고?*

---

* 원문은 "Mais alors, il y aurait des formes qui ne marcheraient pas?"이며, 이는 알튀세르가 놀라는 척하고 있지만 사실은 '엄밀한 진화 도식에 적합하지 않은 형태들이 정말로 존재한다'는 점을 강조하는 문장이다. 가령, 어느

그러나 마르크스는 자신의 말년에 (자술리치Vera Zasulich에게 보내는 편지에서[59]) [러시아 지방의 자율적 농촌공동체인] **미르mir**에 대한 글을 쓴다. 이는 (자본주의적 생산양식이 강제했다고들 말하는 독립 소생산과는 다른) **또 다른 형태들**이 사회주의로의 이행을 위해 사고될 수 있다는 점을 고려하기 위한 것이다. 즉 특정한 조건들 아래에서 (자연적인?) 러시아 농촌공동체가 작동할 수 있다는 것, 어쨌든 이것은 여기서 절대로 무시해서는 안 되는 질문이다.

레닌과 볼셰비키는 이러한 질문을 무시했던 것일까? 사실 그들은 명백한 정치적 이유들로 인해 토지—물론 이 토지에서 직접 농사를 짓는 이들에게 속해 있는 토지 말이다—의 공유를 선언해야만 했다. 당연히 이 토지에서 직접 농사를 짓는 이들에게 속해 있는 토지에 대한 공유를 말이다. 하지만 레닌과 볼셰비키는 수천만 명의 독립 소생산자들을 만들어내기 위해 토지를 공유해야만 했던 것일까? 러시아혁명의 역사는 우리가 이 점을 명확히 이해할 수 있도록 해주기에는 너무 혼란스러웠다. 하지만 전쟁에 뒤따르는 비참 속에서, 침략 전쟁과 내전 속에서, 생산 도구를 박탈당했으며 아마도 이러한 개별 생산 형태에서 형성되지 못했을 이 불행한 러시아의 농민들이 이러저러한 이유에서 자신들보다 더욱 큰 규모로 농사를 짓는 농업가들에게 자신들의 땅을 파는 것 말고는 다른 방법이 없었다는 것은 사실이다(이로 인해 이 농업가들은 그만큼 자신의 규모를 더욱 키울 수 있었으며 이들은 러시아의 부

친구가 '길에서 꼬마애가 먹는 빵을 빼앗아 먹는 어른을 봤어!'라고 말한다고 할 때, 내가 '아니, 세상에 그런 어른이 있어?'라고 말하며 놀라는 척하는 경우의 뉘앙스를 떠올리면 된다.

역사에 관한 글들

농 계층koulaks을 형성하게 되었다). 젬스트보zemstvo[*]의 통계 자료들로부터 '러시아 (농촌)에서의 자본주의 발전'에 관한 흥미로운 결론들을 이끌어냈던 레닌이 농촌에서 자본가가 아니었던 이들을 무시하면서, 그리고 카우츠키[60]가 (《농업 문제》에서) 마르크스에 대해 이끌어냈던 결론들 ─ 비자본주의적 요소들을 과소평가함으로써 모든 국가들이 서구적 변화 단계succession의 질서를 자연스레 따른다는 주장 ─ 의 설득력을 어찌 보면 너무 성급하게 믿어버리면서, 이 결론들을 너무 성급하게 일반화했던 것은 아닌지 질문해보아야만 한다.[61]

만일 극도로 위험스런 이러한 가설이 어떠한 진리를 담지하고 있다면, 이 가설에서 우리는 상품생산양식에 관한, 그리고 잠재적 자본가인 독립 소생산자에 관한 부르주아적인 '자연'론과 짝을 이루는 진화주의의 악취 나는 흔적을 발견하게 될 것이다. 만일 우리가 이 문제의 근본을 파고든다면, 우리는 자본주의적 지대에 관한 이론뿐 아니라 '농업 문제'에 관한 이론에서도 마르크스주의 이론이 너무나 성급하게 농촌을 도시와 동일한 수준에 위치시켰던 것은 아닌지, 농업적 변화évolution의 '정상적' 흐름을 도시적 변화의 '정상적' 흐름과 동일한 수준에 위치시켰던 것은 아닌지 질문해볼 수밖에 없는 상황에 놓이게 된다. 하지만 마르크스[62]는 (공산주의가 제거해야만 하는) 도시와 농촌 사이의 대립 혹은 차이가 자본주의적 생산양식의 유기적 특징이라는 점을, 그리고 자본주

---

*   러시아혁명 이전 제정 러시아의 지방정부(지방자치회)를 뜻한다. 10월혁명 이후 볼셰비키는 젬스트보를 폐지하고 이를 '소비에트'로 대체한다.

의적 생산양식이 회복 불가능한 방식으로 이 차이를 극대화한다는 점을 정확히 지적하고 보여주었다(이는 [마르크스에게서] 암시적인 방식으로만 진실이지만, 그럼에도 마르크스주의에서 완전히 본질적인 테제이다).

하지만 이 가설이 포함하고 있는 단어들이 어떤 의미를 갖는다면, 이 단어들은 도대체 무엇을 의미하는가? 자본주의적 생산관계로 인해, 자본주의적 생산양식의 관점에서의 도시와 농촌의 발전 간 근본적 불균등성이 존재한다는 것이다. 하지만 정말 그러하다면, 이러한 지체의 이유는 무엇이며 이 지체가 산출하는 효과들은 도대체 무엇일까? 바로 (산업으로 인한) 도시의 훨씬 더 거대한 생산성이다. 하지만 자본주의적 생산양식이 시작된 곳은 바로 농촌이다! ([영국에서는] **인클로저**가, 프랑스에서는 중농주의가.) 아니, 그런데 (인도에서 봉건적 형태들이 그러했듯) 도시에서보다 농촌에서 더욱 심하게 [자본주의적 생산양식에] '저항'했던 봉건적 형태들이 농촌 내부에 잔존하고 있다는데? 만일 봉건적 생산양식의 형태들이 도시에서보다 농촌에서 더욱 쉽게 잔존할 수 있고 또한 {더욱더} 저항할 수 있는 것이라면, '왜'라는 질문이 한번 더 제기될 수밖에 없다.

이는 매우 진지한 관심을 기울일 만한 가치가 있는, 그리고 우리가 위에서 지적했던 것(모든 사회구성체는 이전 사회구성체의 요소들을 지니고 있는, 두 생산양식 사이의 '환승점'이다……)을 명확히 해명해줄 수 있는 질문이다. 이 질문으로부터 우리는 주어진 한 생산양식의 한 사회구성체 안에서 일어나는 것을 항상 매우 세심히 살펴보아야 한다는 관념을 이끌어낼 수 있다. 또한 이 질문은 우

역사에 관한 글들

리로 하여금 생산양식이 사회구성체 안에서 **순수한 형태로** 실현된다는 관념을 버릴 수 있게 해준다. 이는 가장 큰 중요성을 지니는 **정치적** 질문인데, 이 질문이 농촌에서(그리고 다른 곳에서도, 하지만 중국을 제외한 사회주의 국가들의 정치/정책에서, 그리고 아마도 또한 마르크스주의 이론의 '맹점'인 농촌에서 특히) 취해야 할 조치들을 강제하기 때문이다.

상품생산양식이란 존재하지 않는다고, 독립 소생산자들은 존재하지만 이들의 형태가 지니는 표면적 동일성identité에도 불구하고 이들의 실존은 전혀 '자연적'이지 않다고, 결국 중요한 것은, 결과적으로 독립 소생산자들을 [이론적으로] 취급할 수 있기 위해서는, 그리고 이 독립 소생산자들의 형태를 그 어떤 사회구성체에도 강제할 수 없다는 점을 깨닫기 위해서는 이 독립 소생산자들이 주어진 하나의 사회구성체에 등장할 때 이들이 어떠한 생산양식에 속하는지를 아는 것이라고 결론 내리자.

12.

하나의 생산양식을 정의하는 생산관계에 대해 위에서 우리가 한 설명은 사회주의적 생산양식이라는 사이비 생산양식의 문제를 다시 제대로 다룰 수 있게 해준다.

일반적으로 우리는 사회주의를 1) 생산수단의 집합적 소유, 2) 노동자 계급의 권력으로 정의한다. 상부구조와 관계된 두 번째 특징은 전제된 생산관계를 정의하기에 적합하지 않다. 그러므로 1) 생산수단의 집합적 소유라는 문제가 남는다.

나는 한 생산양식의 생산관계가 한편으로는 직접노동자들,

다른 한편으로는 생산력들(생산수단과 노동력) 사이에 존재하는 관계에 의해 정의된다는 점을 상기시키고자 한다.

그런데 사회주의적 사회구성체 안에서 우리는 다음을 확인하게 된다.

노동력은 여전히 임금제 형태, 다시 말해 상품 형태의 상대적 소유를 통과한다. 법적으로 보자면, 그 원리에서 자본주의적 생산양식의 생산관계의 그 무엇도 변하지 않은 것이다.

생산수단에 대해 말하자면, 이 생산수단은 직접노동자에 의해 직접적으로 소유되는 것이 아니라 간접적으로, 그러니까 '집합적 소유propriété collective'에 의해 소유된다(즉 국가와 생산협동조합).

그러므로 우리는 생산수단에 대한 비-소유를 동반하는assortie, 하지만 간접적 소유에 의해 보정된corrigée, 노동력에 대한 (임금제 형태 아래에서의) 비-소유라는 형태에 머무르게 된다.

바로 이것이 레닌의 정식이 옳았다고 말할 수 있게 해준다. 사회주의적 [사회]구성체 아래에서, 자본주의적 생산관계에 속하는 요소들과 공산주의적 생산관계를 예비하는 요소들이 모순적인 방식으로 공존하고 있다는 그의 정식.

이 공산주의적 생산관계는 생산수단의 집합적 소유에 의해, 그러니까 이 생산수단의 집합적 소유를 위한 일련의 모든 조치들, 즉 계획, 노동시장을 통제/관리하는 보증물,* 임금의 폭을 감소시키는 경향이 있는 임금 정책들, 그리고 일반적인 방식으로, 기업과 국가 경영의 공동체적 형태들을 예비하는 경향이 있는 조직화

---

* 여기서 '보증물'이란 '계획화'를 가능케 하는 장치들을 의미하는 듯하다.

의 조처들 — 육체노동과 지식노동 사이의 분할, 도시와 농촌 사이의 분할 등등의 노동 분할을 축소시키고 이후에는 이를 제거하는 것을 목표로 하는 계획 — 에 의해 예비된다.

이 모든 것은 자본주의적 생산관계에 의존하고 있는 요소들을 축소시키기 위해, 그리고 공산주의적 생산관계를 예비하는 요소들을 발전시키기 위해 정치적 노력/행동 위에서 작동한다. 모든 것이 이 위에서 작동하는데, 왜냐하면 이전에는 이 모든 것이 이렇게 작동하지 않았기 때문이다. 그리고 이 점과 관련해 저질러지는 오류들은 [공산주의로의] 경향을 다른 [엉뚱한] 방향으로 나아가도록 혼란을 일으킴으로써 모든 것을 훼손시킬 수 있다.

(제대로 이해되지 못한 점은 다음과 같다. 도시와 농촌 사이의 분할은 위에서 우리가 제기했던 질문들을 다시 발견할 수 있게 해준다. 사실상 우리는 이 질문에 대한 마르크스의 주장을 진지하게 취급하지 않았다. 하지만 마르크스의 다음과 같은 주장은 결정적이다. 자본주의는 거대 농촌과 몇몇 도시에서 자신이 발견하는 그대로 사태를 인지한다.** 그리고

**   이 문장에서 알튀세르가 표현하고자 하는 뉘앙스는 다음과 같다. 도시에서 광적으로 발전하기 전, 자본주의가 주저하면서도 농촌에서 그럭저럭 자신의 자리를 발견하게 되는 것은 농촌에 자리를 잡는 것이 자본주의의 '의도'가 아니며 자본주의 스스로 농촌에 자리잡을 수밖에 없게 만드는 '현실' 혹은 '상황'에 놓이게 되었기 때문이다. 즉 자본주의는 농촌과 관련해 자기 자신에게 주어진 그대로의 사태를 '발견'하고 '인지'할 뿐이라는 것이 알튀세르가 전달하고자 하는 뉘앙스이다. 그러나 여기서 주의해야 할 것은 자본주의적 지대란 영국의 거대 농촌에서만 예외적으로 존재했고, 동유럽 등 다른 지역에서는 자본주의적 농업의 형태가 존재하지 않았다는 점에서 이러한 '현실' 혹은 '상황'에 놓이게 되는 것이 전혀 당연한 일이 아니었으며, 알튀세르에게는 이 또한 예외로 인식된다는 점이다.

자본주의는 처음의 주저함 — 이 처음의 주저함 속에서 자본주의는 농촌에 자리잡는다 — 이후에 광적인 방식으로 도시에서 발전할 것이며, 그러므로 괴물과 같은 방식으로 도시와 농촌 간 불균등 발전을 도시를 이롭게 하는 방향으로 촉진할 것이다. 이 또한 '자연적'인 것처럼 보일 수 있다. 우리는 도시가 공장을 위한 최적의 장소라고 생각한다. 그런데 어떤 이유로? 커뮤니케이션 수단의 집중과 인적 집중의 측면에서? 원료를 가져다주는 모든 상업적 통로가 만나는 지점이라는 측면에서? 하지만 그럼에도 불구하고 산업의 상당 부분이 17세기와 18세기에 강과 광산 부근의 **농촌에서** 발전했다는 점을 인지해야만 한다. 그러므로 도시에서의 자본주의 발전은 전혀 '자연적'이지 않다.

바로 그 이유를, 사람들이 아마도 이미 발견했겠지만 내가 여전히 모르고 있는 그 이유를 찾아야만 한다. 아마도 우리가 상업 자본주의 capitalisme commercial라고 불렀던 것, 베니스, 헤이그, 런던, 보르도 등등 항구들에서 대륙의 도시들로까지 퍼져 있었던 이 상업 자본주의가 그 이유 아닐까? 또한 아마도 정치적 이유들이 있지는 않을까? 어떤 이유든 간에, 농촌을 희생시키는 방식의 도시 발전은 자본주의적 경제와 자본주의적 정치, 그리고 아마도 심지어 자본주의적 계급투쟁의 특징일 것이다. 도시에서 자본주의는 그 당시 자신의 적수였던 토지 귀족제를 제거할 수 있지 않았는가?)

이러한 관계 속에서, 스탈린과 현재 소련의 정치/정책은 위와 동일한 특징을 공유하고 있다. 중국의 정치/정책은 마르크스가 원했던 방향으로 나아가고 있었던 반면, 스탈린의 정치/정책은 농민들의 등 뒤에서〔농민들의 이해관계를 희생하며〕이루어지는 자신의 사회주의적 축적 정책과 짝을 이루고 있었으며, 이는 1917년

러시아혁명의 부적절했던 농업 정책(부적절했던…… 하지만 이 부적
절함을 명확히 인식하기란 매우 힘든 그러한 농업 정책)의 또 다른 변종
이었다.*

---

* 프랑스어 'politique'에는 '정치'와 '정책'의 의미가 모두 포함되어 있어 현대
프랑스 철학자들은 이를 통한 말놀이를 자주 수행한다. 이런 맥락을 고려해
'정치'와 '정책'을 모두 병기했다.

{주요 모순}[63]

1. 주요 모순

[유엔 안전보장이사회의] 결의안 제80호[64]와 다른 결의안들이 자신들의 출발점으로 삼는 테제, 즉 '제국주의 진영'과 '사회주의 진영' 사이의 모순이라는 테제를 거부해야만 한다.

이러한 모순은 적대적이지 않다. 심지어 냉전의 종식 이후(그런데 냉전이 종식된 이유에 대해서는 면밀히 다시 살펴보아야만 한다)에도 이 모순은 적대적이지 않다. '사회주의 진영'과 자신들의 해방을 위해 투쟁하는 인민들과 국제노동자 계급이 결합해 발휘한 힘만이 '냉전'을 종식시킨 것은 아니며, 또한 제국주의에 고유한, 그리고 몇몇 사회주의 국가들에 자신의 금융적이고(다시 말해, 이번에는 몇몇 사회주의 국가들에 직접적인 방식으로 적용되는 새로운 마셜플랜) 경제적이고(대외 부채의 효과) 정치적인(국제공산주의운동의 분열 효과와 그 악화를 활용하는 것을 포함해) 토대를 마련한다는 제

역사에 관한 글들

국주의적 전망들에 고유한 제국주의적 이유들이 '냉전'을 종식시킨 것이기도 하기에. 이러한 새로운 조건들 속에서 미국은 더 이상 군사적 '후퇴'라는 정책을 필요로 하지 않게 되었다. 금융적 제국주의 정책에 더해 소련과 중국 사이의 모순은 '평화적 공존' 정책, 그다음으로는 경제적 '협력'(!) 정책으로 나아갈 수 있게 해주는 길을 열어줌으로써 제국주의를 위해 더욱 효과적으로 일하게 된다.

〔진정한〕 주요 모순은 다음과 같다. 세계적 차원의 자본가 계급과 세계적 차원의 노동자 계급 및 그 동맹자들의 결합체, 다시 말해 자신들의 해방을 위해 투쟁하는 인민들 사이의 적대적 모순.

이러한 모순은 적대적이다. 이 모순은 (사람들이 흔히 말하듯) 이 모순의 항들 중 하나, 즉 제국주의 국가들의 자본가 계급을 제거함으로써만, 다시 말해 제국주의를 끝장냄으로써만 그 해결을 이뤄낼 수 있다.

여기서 문제가 되는 것은 당연히 적대적 모순이다. 하지만 이 적대적 모순은 만일 노동자 계급투쟁이 기회주의적 입장을 취한다면 비적대적 방식으로 '처리'될 수도 있다. 예를 들어 만일 소련이 심지어 자신이 직접 (미국과 서독에) 요구했던(그리고 곧 일본에도 직접 요구할) 새로운 마셜 플랜을 받아들이기 위해 개방을 선택한다면 말이다! 그러나 경제적 '개방'은 단지 경제적이기만 한 개방이 아니다. 이 경제적 '개방'은 제국주의 국가들 내 공산당들의 국제주의적 '정책'뿐 아니라 국내 '정책'에까지도 영향을 미치는 정치적 효과들을 초래할 수 있다. 만일 노동자 계급이 이 '원환'을 깨부수는 데 성공하지 못한다면, 노동자 계급은 제국주의의 '추락', 그러니까 제국주의의 종말을 상당히 오랫동안 기다려야만 할 것이다. 하지만 심지어 그 경우에서조차, (처음에는 화폐의 위기에서 시작해 곧 경제위기로, 마지막으로는 정치적 위기로 이어지는) 이 위기라는 사실은 위기 자신의 혹독한 방식으로 노동자 투사들/활동가들을 교육할 것이며 이 노동자 투사들로 하여금 지도부가 그들에게 강요하는 것과는 완전히 다른 리듬의 춤을 추게 할 것이라는 점을 예상해야만 한다.

2. 바로 이러한 주요 모순에 비춰 현재의 국제공산주의운동의 위기를 성찰해야만 한다.

분명히/표면적으로, 우리는 출구가 보이지 않는 위기 속에 있다. 분명히/표면적으로 말이다. 하지만 우리가 이러한 위기 속에 진입하게 된 것이 이번이 처음은 아니다. 1914년, 유럽에서 얼마나 많은 투사들이 3년 뒤 세계의 어느 곳인가에서[그러니까 1917년 러시아에서] 혁명이 발발하여 승리할 것이라고 믿었겠는가? '제2인터내셔널의 배신', 다시 말해 사회당과 사회민주당의 모든 지도자들이 '사회-국수주의적' 정책을 채택한 이후 혁명의 발발과 승리를 믿었던 투사들의 수는 양손의 손가락으로 꼽을 정도밖에 남지 않게 되었다.

1914년에 레닌은 몇 명의 동지들을 제외하면 사실상 혼자였다. 그리고 1917년의 '4월 테제' 때, 레닌은 자신을 위해 상트페테르부르크 역에 마중 나온 볼셰비키 공산당의 모든 지도자들 앞에서 여전히 혼자였다[혼자서만 혁명을 생각하고 있었다]. 하지만 그럼에도 러시아에서 혁명은 발발하지 않았는가!

{경쟁이라는 허상, 전쟁이라는 현실}

(앞으로 증명해야 할) 가설: 자본주의적 생산관계는 자신이 함의하는 바[즉 바로 뒤에 나오는 1)과 2)] 그대로이다.

1) 착취, 그리고 계급투쟁(양편 모두가 수행하는 계급투쟁, 하지만 우선은, 우리가 다음과 같이 말할 수 있다면, 자본가 계급의 편에서 개시하는 계급투쟁)

2) 자신의 고유한 '한계들' 안에서의 생산양식의 '작용$_{jeu}$'(그런데 이 '한계들'은 절대적이다): 자본주의적 생산양식은 자신의 이 고유한 '한계들'로부터 스스로 탈출할 수 없다.

이로부터 자본의 1) 집적$_{concentration}$과 2) 증가$_{accroissement}$의 **원인**으로서의 경쟁이라는 표상이 유래한다(즉 이 표상 안에서, 이러한 자본의 집적과 증가는 경쟁에 저항[경쟁에서 승리]하기 위한 것으로 제시되는데, 결국 이는 큰 것이 작은 것을 잡아먹고, 그렇게 잡아먹음으로써 자신을 살찌운다는 물고기에 관한 스피노자의 정식[65]을 적용해 만들어진, [노동자와 자본가 사이에서가 아니라] 자본가들 사이에서만 벌어지는 예방적 전쟁, 예방적 경제 전쟁에 대한 이론이다. 이는 노동자들이 서로 연합하기도 전에 자신들 사이에서 벌어지는 경쟁에 굴복해버리는 바로 그 때 자본가들 사이에서도 동시에 벌어지는 경쟁에 완전히 머물러 있는 하나의 이론을 제시한다). 이 이론은 하나의 부르주아 이론이다.

이와 함께, 자본주의의 최초 국면에 대한 **'경쟁적'** 자본주의로의 표상 또한 어떤 효과에 대해 말하는(하지만 우리는 이를 분명 언급해야만 한다) 순전히 기술적인descriptive 표상이거나 거짓된 표상 둘 중 하나라는 양자택일이 이 이론으로부터 유래할 것이다.

이 양자택일 중 무엇이 진실인지를 밝혀내기 위해서는 다른 지점을 탐구해야만 한다.

마르크스는 이윤율의 경향적 저하와 관련해 여러 차례에 걸쳐 다음을 지적한다. 이윤율의 경향적 저하의 원인이 경쟁인 것이 아니다. 오히려 정반대로 이윤율의 경향적 저하야말로 경쟁의 원인이다. 경쟁을 중심으로 취하는 경제적 다원주의(이 경제적 다원주의는 다른 독립 소생산자들과 경쟁하는 독립 소생산자라는 부르주아 이데올로기적 이미지에 다시 한번 준거한다)는 거짓이다.

경쟁은 '하나의 허상'이다(마르크스[66]).

그렇다면 경쟁의 원인, 그리고 경쟁으로 인해 발생하는 (집적과 같은) 다른 효과들의 원인을 어디에서 찾아야 하는가? 바로 이윤율의 경향적 저하 속에서, 이 이윤율의 경향적 저하가 포함하고recouvre 표현하는manifeste 것, 즉 계급투쟁 속에서이다.

이윤율의 경향적 저하는 어디에서부터 유래하는가? 바로 c

와 v로 표현되는 불변자본과 가변자본 간 관계에서의 증가,[67] 즉 생산성의 발전, 달리 말해 절대적 잉여가치를 상대적 잉여가치로 부분적으로 그리고 경향적으로 대체하는 것, 다시 말해 이러한 대체의 확장에서부터 유래한다. 그런데 이러한 '전위déplacement'는, **그 자체의 원리 속에서 이루어지는** 계급투쟁의 효과이다.

거짓된 표상들은 다음과 같다.

1) 부유해지고자 하는 욕망(심리학).

2) 이러한 심리학을 부정하는, (홉스가 묘사했던) 경쟁의 법칙 혹은 [대문자] 전쟁 상태État de guerre.*

3) 이러한 전쟁 상태의 법칙은 예방 전쟁을 의미한다. 모든 경쟁은 예방이다. '부유해지고자 욕망'하는 혹은 '이윤을 추구'하는 '자유로운' 인간의 심리는 '전진이냐 죽음이냐'라는 무의식적 법칙의 운동[68]일 뿐이다. 전쟁 상태의 법칙.

부르주아 이론은 이 세 가지 이론에서 탈출하지 못한다.

'부유해지고자 하는 욕망' 혹은 홉스의 '경쟁'은 '영광'에 대한 추구 ─ 헤겔은 이 '영광'을 '자기의 인정', '욕망되고자 하는 욕망', '인정받고자 하는 욕망'(당연히 이 욕망의 끝은 죽음이다)으로 만들었다 ─ 의 '명예가 걸린 지점point d'honneur'으로 승화될 수 있다.

위에서 설명한 경쟁에 관한 가설적 이론은 매우 거대한 중요성을 지닌 다음과 같은 하나의 예비적 질문, 즉 생산양식의 설치, 우리의 논의에서는 자본주의적 생산양식의 설치라는 질문과의

---

* 이하에서도 홉스와 관련한 '상태' 혹은 '전쟁 상태'는 모두 첫글자가 대문자로 표기되어 있다.

관계를 이미 '청산'했다는 점을 분명히 전제하고 있다.

이 질문은 다음의 세 가지를 전제한다.

1) 이 질문은 생산양식이 존재한다는 것이 무엇인지에 대한 특정한 관념이 있다는 점을 전제한다. 다시 말해, 생산양식의 실존(즉 그 지속적 재생산)의 조건들과 이러한 실존이 그 비-실존과 맺는 관계의 조건들. 달리 말해, 생산양식이 존재하지 않을 수도 있고 존재할 수도 있으며 나타나자마자 소멸할 수도 있고 그와 정반대로 나타나자마자 강력한 하나의 생산양식으로 확립되어 자신의 역사적 운명을 따라갈 수도 있다는 사실을 우리가 명확히 이해하고 있다는 점을 전제한다. 이는 생산양식의 존재 조건들에 대한 하나의 이론 전체, 즉 동시에 생산양식의 비-존재의 조건들에 대한 이론 혹은 소멸의 조건들에 대한 이론이기도 한 하나의 이론 전체를 전제한다. 왜냐하면 우리는 다른 그 무엇이 아닌 항상 바로 기정사실fait accompli 위에서 추론해나가기 시작하기 때문이다. 어떤 하나의 사실이 어떻게 기정사실로 확립될 수 있는가? 모든 문제의 핵심이 바로 여기에 놓여 있다. 자본주의적 생산양식이 우리가 지금 알고 있는 그 모습으로 살아남기 이전에, 봉건제 생산양식 혹은 다른 생산양식을 '격퇴'하기 이전에, 이미 여러 차례에 걸쳐 죽었음에도 말이다.*

2) 이 질문은 자본주의의 기원으로서의 독립 소생산자에 관한 이론을 완전히 포기했다는 점을 전제한다. 그런데 〔여기에서 말

---

* '격퇴'는 'prendre sur'를 옮긴 것으로, 일반적으로 'prendre l'ascendant sur'라고도 쓴다. 싸워 이긴 뒤 그 자리를 차지한다는 의미를 지닌다.

하는) 이 독립 소생산자는 자본주의적 소생산자가 아니라 봉건제
적 소생산자petits producteurs féodaux이다. 하지만 자본주의의 기원은 다
른 곳에 있다. 바로 '화폐 소유자homme aux écus'(마르크스[69])다. 그런데
우리는 이 독립 소생산자가 (자본주의에 관한 선량한 부르주아 이데
올로기에 따르면) '당연히도/자연스럽게도' 목가적 시장 내 '경쟁자
들'이라고 믿게 만드는 허상에 손쉽게 빠지고 만다.

　　3) 이 질문은 마르크스가 《자본》에서 여러 차례에 걸쳐 말했
던 것(사실 이 마르크스가 말한 바는 기정사실의 인정[인지]에 관한 이론
을 구성하는 것인데),[70] 즉 자본주의적 생산양식은 그 스스로가 자기
고유의 토대를 창조해낸다는 점, 다시 말해 재생산한다=존재한
다는 사실을 이미 잘 수용하고 이해했다는 점을 전제한다. (마르크
스의 이 텍스트들을 다시 찾아 독해해 그것들을 자기-재생산=존재에 관
한 텍스트로 해석하기.)

　　자본주의적 생산양식이 존재할 때 그것은, 마르크스가 분석
한 바와 같이, 즉 이윤율의 저하에 따라(다시 말해 계급투쟁의 경제
적 효과에 따라) '기능'하며, 그러므로 경쟁은 [계급투쟁에] 종속된
효과일 뿐이다. 물론 이 종속된 효과로서의 경쟁 또한 원인-효과
[원인으로서의 효과]이긴 하지만 어쨌든 이는 종속된 효과이다.

　　자본주의적 생산양식과 같은 한 생산양식의 탄생에서, 우리
는 항상 다음과 같이 질문해볼 수 있다. 아니 그렇다면 왜 그리고
어떻게 이 생산양식이 탄생하는 것인가? 그리고 우리는 항상 부
르주아지의 헛소리([부르주아지의 근면한] 노동을 통해 이 생산양식
이 탄생했다는 것 등등)의 함정에 빠져들고 만다. 하지만 부르주아
지의 헛소리라는 함정에서 탈출한다고 해도, 우리는 꽤나 심각한

곤란을 마주하게 된다. '왜 바로 이 생산양식이 탄생하게 된 것인가?', '왜 임노동이 탄생하게 된 것인가?' 하는 물음이 여전히 해결해야 할 것으로 남아 있기 때문이다.

이 질문에 대해 우리는 마르크스의 해답으로 답변할 수 있다.[71] 한편으로는 화폐 소유자들, 즉 형식적으로 자본으로 기능할 수 있는 축적〔물〕과, 다른 한편으로는 '〔이중으로〕 자유로운 노동자들' 사이의 마주침. 그리고 어떤 면에서 마르크스의 이 해답은 위에서 방금 언급한 마주침이 (존재하고 있는 자본주의, 다시 말해 스스로 재생산하는 자본주의라는) 기정사실을 생산해냈다는 사실 확인에 의거해 이루어진 것이므로 그 자체로 충분하다.

하지만 이러한 설명 뒤에는 또 다른 기정사실 하나가 더 존재하고 있다. 즉 임금제 생산관계가 어떠한 착취사회의 중심을 차지하고 있는 농노제 생산관계의 '위기'를 해결하는 해결책이라는 기정사실 말이다. 결국 하나의 착취관계가 이전 사회의 역사적 '위기'에 대한 해결책으로서 다른 하나의 착취관계〔이전의 착취관계〕를 대체하는 것이다. 그래서 이 양반들은 착취관계들에서 탈출하지 않는 것이다. 이전의 착취자들과 새로운 스타일의 착취자들이 모두 친구들이었던 '좋은/선한' 영국혁명이 바로 그 증거이다.

여기서 〔착취가 존재하지 않는 사회인〕 공산주의로의 이행이 그 어떤 경우에도 자본주의적 생산관계의 '위기'에 대한 하나의 해결책으로 표상될 수 없다는 관념을 획득할 수 있다. 이는 다음과 같은 당연한 이유 때문인데, 자본주의적 '위기들'은 그 스스로 해소/붕괴되거나(제국주의 전쟁이라는 형태 아래에서 이루어지는 해소/붕괴를 포함해), 그게 아니라면 할 수 있는 게 아무것도 없는 선량한 닭을 생산해내는 것이 아니라 프롤레타리아 혁명이라는 〔불평불만 가득한〕'오리'를 생산해내기 때문이다!

공동강령이 '국가독점자본주의의 위기'에 대한 하나의 해결책을 가져다준다고 프랑스 공산당이 말할 때,[72] 프랑스 공산당은 진실, 그러니까 이것이 부르주아적 강령이라는 점을 〔의도치 않게〕 말하고 있다. 혹 그게 아니라면 프랑스 공산당은 이 강령이 자본주의적 체제의 위기를 해결하기 위한 것이 아니라 이 체제를 끝장냄으로써 이 체제로부터 탈출하기 위한 관점을 노동자들에게 가져다준다고 말해야만/설명해야만 한다. 그런데 이는 심지어 공동강령이 〔부정확하게〕 말하는/설명하는 통상의 그 '이행'(신민주주의)이라는 맥락에서조차 발견할 수 있는 단어들을 통해서도 말해질/설명될 수 있는 것이다.[73]*

★
★★

자신이 끊임없이, 그리고 쉼 없이 자신의 자산을 무한히 증식하도록 강요받는다는 점을 인정하고 이에 대해 질문해보는, 꽤나 정직한 한 명의 자본가를 상상해보자. 그리고 이 자본가에게 **왜** 저항할 수 없을 만큼 강력한 이러한 경향에 굴복하는지 질문해보자. 그렇다면 당신은 순차적으로(순서 없음/무질서 또한 하나의 순서/질서일 것이다) 다음과 같은 답변들을 듣게 될 것이다.

---

* 여기서 알튀세르는 프랑스 공산당이 이렇듯 부정확한 공동강령에서조차 필요한 단어들을 찾을 수 있는데도 핵심을 제대로 설명하지 못하고 있다고 힐난하고 있다.

1. **심리학자**-자본가는 당신에게 다음과 같이 말할 것이다. 나는 부에 목말라 있다. 나는 황금에 목마르도록 생겨먹었다. 그리고 황금에 대한 나의 이 목마름은 아무리 진정시키더라도 이를 계속 불러일으키도록 생겨먹었다. 우리는 바다에 관한 이야기를 알고 있다. 왜 바다는 넘쳐흐르지 않는가? 왜냐하면 바다에는 매우 많은 물고기들이 있고 이 물고기들이 어마어마한 양의 물을 마시는데, 바닷물이 짜서 항상 목마름을 느끼기 때문이다. 우리는 황금이 짜다고 생각해야만 한다. 왜냐하면 황금은 항상 (황금에 대한) 목마름을 불러일으키기 때문이다. 자, 이제 농담은 그만하고 진지하게 다시 이야기해보자. 철학과 종교를 항상 선망의 눈초리로 바라보는 심리학은 다음과 같이 대답한다. 이는 사물과 인간의 본성/자연에 속하는 것이며, 인간은 욕망의 존재, 그러니까 만족을 모르는 욕망의 존재인데, 이는 이 욕망이 무한한 것이기 때문이라고. 이재학理財學에 대해 말했던 아리스토텔레스[74]부터 파스칼까지 세계의 모든 철학자들이 공통적으로 말하는 것, 그리고 다른 수많은 이들 또한 알고 있는 것은 다음과 같다. 인간의 욕망이 무한한 이유는 바로 이 인간이 욕망의 '악무한'(헤겔[75])에 종속될 수밖에 없기 때문이다. 그리고 바로 이것, 즉 인간 본성의 오점 때문에 자본가는 잠과 성욕을 잃어버릴 정도로까지 항상 이전보다 더 부유해지고자 노력한다.

2. 홉스와 헤겔에 대한 교육을 받은 **철학자**-자본가(그는 심리학자-자본가보다 한 단계 더 높은 수준에 위치해 있다)는 당신에게 다음과 같이 말할 것이다. 친구여, 본성/자연은 그 '지양dépassement' 속에서만 드러난다네! 재화, 부 혹은 권력(재화를 획득하는 단순한 수

단으로서의 권력, 혹은 재화를 획득한 인간의 권력)과 같은 단순한 **사물들**에 관한 것이라고 당신이 믿고 있는 이 욕망은 실은 무한히 더 높은 것에 관한 것이라네! 예를 들어, 만일 어떤 이가 황금을 찾아 나선다면, 이는 부 혹은 권력에 대한 필요$_{besoin}$(혹은 욕망$_{désir}$)를 만족시키기 위한 것이라기보다는(왜냐하면 이 부 혹은 권력은 한계를 갖게 마련이고, 그 욕망은 무한하다 해도 인간은 무한하지 않기 때문이다) 완전히 다른 하나의 재화, 즉 홉스가 '영광$_{gloire}$'이라 불렀던 것과 헤겔이 '인정$_{reconnaissance}$'이라 불렀던 것, 즉 동류 인간들로부터의 존경을 추구하기 위한 것이다. 그러므로 부를 향한 경주와 권력(과 그 수단)을 향한 경주는 인간 개인들에게 부여되기 위해 하나의 법칙이 취할 수밖에 없도록 **강제되는** 우회로일 뿐인 것이다. 사실이 그렇다. 보아라. 부자는 다른 인간을 희생해서만 더욱 부유해지며, 강한 자는 제삼자를 희생해서만 더욱 강해진다. 세상을 지배하는 것은 바로 보편적 경쟁이며 인간은 이 경쟁의 꼭두각시일 뿐이다. 이러한 경쟁은 그만![이라고 말해질 수 있는] 재화와 권력을 위한 경쟁이 아니라 더욱 비밀스럽고 더욱 고차원적인 어떤 한 욕망을 위한 경쟁, 즉 영광과 인정이라는 욕망을 위한 경쟁이다. 인간은 있는 그대로의 자신으로 존경받고 인정받기를 원할 뿐이다. 즉 다른 이들보다 더욱 고결한 이로(홉스), 혹은 주인 또는 노예라는 형상들을 통해 단순히 자유로울 뿐인 이로(헤겔). 그러므로 재화와 권력을 위한 경쟁은 또 다른 경쟁 — 이 또 다른 경쟁을 통해 각각의 인간은 자신이 지배하는 것들로부터 자신의 '영광' 혹은 자신의 '자유'에 대한 인정을 기대한다 — 을 위한 수단과 평계에 불과하다. 이를 통해 충족할 수 없는 부에 대한 목마름은 완전히 정신적인 것이 되는데, 이 정신적인 것 속에서 인간은 자신이 그토록 고결한 본성을—이 고결한 본성은 인간을 자신이 가지고 있다고 전제되었던 [예를 들어, 시기, 질투, 분노 같은] 천박한 정념들보다 백 보는 더 높은 위치로 오를 수 있게 해준다—가지고 있다고 자부심에 차 자랑할 수 있게 된다. [부와 권력을 가진] 부르주아지여봤자 아무 소용 없다. 부르주아지 또한 [위에서 언급했던 고결한 본성과 같은] 명예가 걸려 있는 지점을 찾아나선다.*

3. 홉스에 대해 더욱 제대로 교육받은 **현실주의자**-자본가(이론적으로 한 단계 더 높은 위치에 있는 이)는 다음과 같이 말한다. '영광'에 대한 추구는 중요한 것이 아니다! 진정으로 중요한 것은 다른 것이다. 그 누구도 예외 없이 모든 인간들로 하여금 자신이 추구하고자 하는 것을 추구하도록 강제하는 이러한 법칙이 바로 중요한 것이다. 왜냐하면, 어떻게 인간들이 이토록 광적인 추구를 행하도록 움직여지며 어떠한 힘에 의해 그렇게 되는지의 문제가 존재하기 때문이다. 물론 인간들은 모두 처음에는 재화를, 그다음에는 영광을 욕망하는 데서부터 출발한다. 하지만 인간들은 **모두** 이 재화와 영광을 매우 균등한 욕망으로부터 욕망하기에, 이 욕망은 인간들을 초월하고 지배하며 인간들 모두는 예외 없이 이 경주에 강제로 참가하게 된다는 것, 이것이 바로 설명이 필요한 지

---

* 제사題詞(이 책 5쪽)에서도 등장한 바 있는 '명예가 걸려 있는 지점'의 원어 'point d'honneur'는 프랑스어의 구어와 문어 모두에서 자주 쓰이는 표현으로, '명예로운 지점' 혹은 '명예가 걸려 있는 지점', 더 간단히는 '명예'로 옮길 수 있는 말이다. 여기서 이 단어는 부르주아지에게도 중요한 것이 부와 권력이 아니라 고결한 본성과 같이 남들이 부르주아지의 명예로운 점으로 존경할 수 있는 것이라는 의미를 나타낸다.

역사에 관한 글들

점이다. 이는 그들 스스로가 자신도 알지 못한 채 (시기가 도래했을 때) 부를 더욱더 많이 획득하려는 욕망의 기원을 제거하는 어떤 법칙의 역량, 즉 보편적 전쟁 혹은 만인에 대한 만인의 전쟁이라는 법칙의 역량을 작동시키기 때문이다. 사태의 모든 미스터리는 바로 다음과 같은 전도 속에 자리잡고 있다. 각자 {자신의} 작은 이익을 위해 재화를 욕망하는 개인들 모두는 갑작스레 전쟁 속으로 내던져지게 되는데, 이 전쟁은 매우 보편적이어서 이는 하나의 전쟁 상태[그 자체]로 [전도]된다. 다시 말해, 매 순간 그리고 매 장소에서 한편의 다른 한편에 대한 공격으로 인해 전쟁이 불붙을 수 있는(이는 홉스가 말하듯 좋지 않은 시기이다. 항상 비가 오는 것도 아니고 모든 곳에서 비가 오는 것도 아니다. 하지만 [좋지 않은 시기가 닥치게 되면] 항상 그리고 모든 곳에서 비가 내릴 수 있다.[76]) 그러한 관계들의 상태. 전쟁 상태라고 불리는, 그리고 만인에 대한 만인의 전쟁의 상태, 다시 말해 최초로 온 자가 뒤이어 온 자에 대해 수행하는 전쟁의 상태라고 불리는, 이렇게 확립된 보편적 경쟁의 상태에서 사태는 다시 한번 전도된다. 공격당할 것이라는 두려움이 먼저 급습하고, 전쟁은 자신의 모습을 드러낸다. 모든 전쟁의 본질은 바로 **예방성**이다. 이를 통해 경쟁이라는 그림이 완성된다.**

자, 우리가 가진 카드 패 전부를 테이블 위에 올려놓도록 하자.***

** 여기서 '상태'는 모두 소문자로 시작하는 'état'가 아닌 대문자로 시작하는 'État'이다.
*** 위와 같이 옮긴 'jouer cartes sur table'는 카드놀이에서 자신이 가진 모든 패를 테이블 위에 올려놓고 보여주는 것을 말한다. 주로 '솔직해지자', '까놓고

부르주아 이데올로기는 자본가에 의한 '가치의 가치 증식'과 '이윤의 과도한 추구'에 대한 '심리학적' 표상을 가질 수 있다. 하지만 이는 그리 오래가지 못하는데, 부르주아 이데올로기를 정당화해주는 역할을 수행하는 그 통상의 '인간 본성'이 우연히도 기묘한 예외들을 가지고 있기 때문이다. (계급 없는 사회들, 그리고 생산양식 안에서 상품관계에 의해 영향받지 않는 부분들과 같이) 이윤에 대한 이러한 과도한 추구가 부재하는, 우리에게 알려진 몇몇 생산양식들이라는 기묘한 예외가 그것이다.

이에 더해 부르주아 이데올로기는 또한 자기인정reconnaissance de soi에 대한 철학이론 속에서 자본가들 사이의 물질적 경쟁을 '승화'시키는 호사까지도 누릴 수 있다.

하지만 부르주아 이데올로기는 항상 자신의 근본을 이루는 것 속으로 다시 빠져버리고 마는데, 그 이데올로기의 근본을 이루는 것이 바로 전쟁 상태에 관한 이론 혹은 경쟁에 관한 이론이다. 따라서 무대의 전면에 등장해 경쟁하는 개인들을 지배하는 것은 바로 경쟁의 철칙이다. 하지만 이렇듯 순진한 이론 또한 그리 오래가지 못한다. 왜냐하면 이 순진한 이론이 어떤 하나의 필연성이 경쟁의 갈등을 이끌어간다는 점을 인정한다고 해도, 이 필연성은 갈등의 보편성이라는 개념, 그리고 이 갈등의 순간적 전환 retournement immédiat ━ **예방**을 통해 이루어지는, 방어에서 공격으로의 순간적 전환 ━ 이라는 개념에 불과하기 때문이다.

말하자'는 의미로 쓰인다. 여기서는 '우리가 아는 모든 것을 나열해 정리해보자' 정도의 의미로 볼 수 있다.

역사에 관한 글들

하지만 바로 그렇기 때문에 우리는 축적에 대한 자본주의적 경향을 혹은 심지어는 착취를 악화하는 자본주의적 경향을 (부르주아적인 방식으로) 설명하고자 하는 유혹에 굴복할 수 있다. 예를 들어 사람들은 저항할 수 없는 이러한 경향이 자본가들 사이에서 일어나는 경쟁에서 탄생하는 것이라고 말할 것이다. 자신의 노동자들을 착취하며, 생산수단 시장과 노동시장 그리고 상품시장 모두에서 자신의 적들을 만나는 이 자본가는, [자신이] 다른 자본가들과의 경쟁에 의해 사라질 수 있다는 두려움에서, [혹시라도 내일 닥칠지 모르는] 역경 속에서 내일은 지금보다 더 충분히 강해지기 위해 매우 자연스럽게 자신의 노동자들을 **예방적으로** 더욱더 착취하기 시작할 것이다. 그리고 각각의 자본가는 꼭 자신의 옆에 있는 자본가만큼은 하기 때문에, 이 회전목마[즉 경쟁]가 멈출 이유는 전혀 없다. 여기서 우리가 사실들 속에서 관찰하게 되는 것, 즉 잉여가치를 최대치로 착출하려는 경향, 노동일을 점점 더 늘리려는 경향, 그리고 노동 강도를 점점 더 높이려는 경향(생산성의 향상), (잉여가치를 점점 더 많이 착출하기 위해) 자본주의적 방식으로 점점 더 축적을 가속화하려는 경향이 발생하게 된다. 그래서 이제 우리는 사태의 본질에 접근했다고, 그리고 이러한 기묘한 경향의 이유를 밝혀내게 되었다고 생각할 것이다.

하지만 좀 더 자세히 살펴본다면, 자본가들이 스스로 수행하는 이 예방적 전쟁은 하나의 독특한 전쟁이다! 모든 전쟁에서와 마찬가지로, 심지어는 만인에 대한 만인의 전쟁에서도 마찬가지로, 전쟁이 [싸움에 참여하지 않는 이들은 제외시키고] 서로 싸우는 이들[만]을 대립시킨다는 점은 명백하다. 그런데 여기서 서로 싸우는 이들, 다시 말해 자본가들은 실제로 대립하는 것이 아닌데, 왜냐하면 이 자본가들은 예방적 조치들을 가지고서 스스로를 무장함으로써 다른 자본가들의 공격에 대비하는 것[만]으로 자신의 시간을 보내기 때문이다. 홉스의 전쟁[론]에서, 우리는 전쟁이 실제적인 공격이라는 것을, 그리고 예방을 위해(즉 공격당하지 않기 위해) 실제로 공격이 이루어진다는 것을 믿을 수 있었다. 자본가들 사이의 전쟁에서도 마찬가지이다. 하지만 자본가들은 예방을 위해 실제로 공격하는 대신, 예방만을 위해 스스로의 힘을 강화한다. 경쟁에서 낙오하지 않기 위해서 말이다. 물론 자본가들 사이의 경쟁에서도 희생당한 자본가들, 파산한 자본가들, 버려진 자본가들이 존재한다. 하지만 일군의 자본가들은 전체적으로 경쟁에서 잘 살아남는다. 심지어 마르크스가 경쟁은 자본가들이 수행하는 전쟁의 규칙이라기보다는 자본가들이 수행하지 않는 전쟁의 규칙, 그러니까 사실상 자본가들 사이의 '합의'[77]와 같은 것이라고 말할 정도로 말이다. 그런 점에서 이 전쟁 상태는 실제로는 평화 상태인 것일까? 세상에, 자본가 계급 전체의 관점에서는 그러하다.

　아니 그렇다면, 전쟁은 도대체 어디에 있는 것인가? 바로 다른 곳에 존재한다. 이 전쟁은 자본가들과 노동자들 사이에 존재한다. 자본가 계급은 경쟁을 통해 자신들의 갈등을 청산하기보다 조절한다.* 하지만 마르크스가 하나의 '허상'이라고 말했던[78] 이러한

---

*　'갈등의 청산'은 'régler ses comptes'를 옮긴 것이고, '갈등의 조절'은 'ajuster ses comptes'를 옮긴 것이다. 'régler les comptes'는 문제나 과거, 계산 등을 끝마친다는 의미를 지닌다. 여기서 알튀세르는 자본가 계급이 경쟁을 통해

경쟁의 뒤편에서, 자본가 계급은 노동자 계급에 맞선 진짜 전쟁을 이끌고 있다. 왜냐하면 결국, 만일 예방적 전쟁에 관한 이론을 문자 그대로 받아들인다면, 그 전쟁에 관한 이론은 잘 수행된 예방이 자본가에게 다른 자본가에 대한 전쟁을 하지 않아도 되는 것으로, 하지만 이 예방 전체는 결국 노동자 계급에 대한 전쟁으로 전환되는 것으로, 그리고 자본가들 사이의 사이비-전쟁에 대한 예방이 사실은 노동자 계급에 대한 하나의 영원한 전쟁이 되는 것으로 나타나도록 만들어주기 때문이다. 바로 이 점에서 전쟁은 전혀 보편적이지 않고, 홉스가 원했던 만인에 대한 만인의 전쟁이 아니며, 대신 노동자 계급에 대한 자본가 계급의 [특수한] 전쟁이다. 그러므로 자본가 계급이 노동자 계급에 대해 수행하는 전쟁은 자본가들이 아주 간단히 평화 속에서 살 수 있도록 해준다. 우리는 이 전쟁에 대해 지금까지 오해하고 있었다. 우리는 계급투쟁을 망각했던 것이다.

그리고 바로 여기에 모든 것의 근본이 존재하고 있다. 자본주의의 역사에 대한 특정한 하나의 표상, 다시 말해 자본주의의 역사에 대한 하나의 **부르주아적** 표상.

다른 곳에서[〈생산양식이란 무엇인가〉라는 절에서] 나는, 어떤 지점에서 자본주의와 그 기원의 동질적 본질을 구성하는 바로서의 '독립 소생산자'라는 신화가 자본주의에 대한 부르주아적 표상 전체에 출몰하는지에 대해 말했다. [이 신화는 바로 다음과 같다.] 그

자신들 사이의 이해관계적 갈등을 끝장내는 것이 아니라 사실은 이러저러하게 '조절'할 뿐이라는 점을 강조하고 있다.

기원에서 자신들의 생산수단을 가지고 스스로를 위해 일하는 개인들이 존재했을 것이다. 생산력 발전의 특정 수준에서부터, 이 개인들의 생산은 (잉여생산물에 대한 교환을 통해) 부분적 상품생산이 될 것이고, 이로부터 최초의 축적이 유래할 것이다. 부유해진〔부를 축적한〕교환자가 된 이 동일한 독립 소생산자들이 자신들의 생산수단을 활용해 일하는 대가로 집도 절도 없는 불쌍한 이들에게 돈(임금)을 제공했을 것이다. 그리고 이를 통해 이들은 자본가가 되었을 것이고 이들의 생산은 완전한 상품생산이 되었을 것이다. 이 지속적 과정은 상품생산이라는 존재의 최초 형태들에서부터 자연적으로(자본주의에 대한 부르주아적 역사에서 모든 것은 자연스럽다), 그리고 상품생산의 확장에 따라 점점 더, 서로 다른 상품시장과 생산수단 시장의, 그리고 결국에는 자본시장의 자본가가 되는 상품 소생산자들 사이의 경쟁에 이르게 될 것이다. 경쟁의 법칙은 {어느} 정도 노동의 자연적 법칙, 생산의 자연적 법칙, 그리고 최초로 잉여가치를 얻는 자에게 유리한 그러한 교환의 자연적 법칙을 완전히 자연스럽게 〔논리적으로〕 '이어가'게 되었을 것이고, 그 결과 사태의 진행이 가속화되고, 허약한 자본가들이 제거되고, 강한 자본가들이 더욱 강해지게 되고, 착취가 더욱 심화되고(이에 대해서는 생략하는 게 나을 것 같다), 집적concentration이 촉진되고, 독점기업이 탄생했을 것이다 등등. 하지만 단순히 이러한 '이어가기'〔논리적 연쇄〕에 대해서만 말해야 하는 것일까? 이 가설 안에서, 경쟁의 법칙은 다른 수단에 의해 혹은 오히려 다른 형태들 아래에서 지속되는 독립 소상품생산의 법칙일 {뿐}이다. 왜냐하면 이 가설 안에서 실제적 힘들 사이의 이러한 대립, 그로부터 이 실제적 힘들의 진실이 튀어나오게 되는 이러한 대립보다 더욱 자연스러운 것은 없을 것이기 때문이다.*

---

* 알튀세르는 여기서도 역시 비꼬는 투로 말하고 있다. 알튀세르에게 경쟁의 법칙, 즉 독립 소상품생산의 법칙 안에서 생산자들이 서로 대립한다는 가설은 전혀 자연스러운 것이 아니며 완전히 허구적인 것이다.

야만? 파시즘은 이 야만의
첫 번째 형태였다

제국주의란 무엇인가? '자본주의의 최고 단계.'(레닌)

이는 모든 사람들이 이미 잘 알고 있는 정식이다. 하지만 헤겔이 말했듯,[79] '잘 알려진' 것들이 바로 가장 잘 알려지지 않은 것들이다. 이 '잘 알려진' 것들이 가장 친숙한 것들이라는 바로 그 이유에서 말이다.

레닌의 이 정식 또한 그러하다. 이 정식은 정확히 무엇을 의미하는가?

이 정식은 자신만의 역사를 가지고 있다! 1916년 레닌이 제국주의에 관한 자신의 소책자(이는 레닌이 그 당시 자신이 구해 살펴볼 수 있었던 자료들만을 가지고서 다급하게 쓴, 그리고 검열의 압박 속에서 집필했기에 '노예의 언어'로 쓴 하나의 소책자에 불과하다[80])를 집필했을 때, 그는 이 책에 다음과 같은 제목을 붙였다. 《제국주의, 자본주의의 최고 단계L'impérialisme, stade suprême du capitalisme》.[81] 이 '최고

suprême'라는 단어로 번역한 러시아어 단어는 '가장 크고 가장 높은 le plus grand, le plus haut'을, 즉 '정점point culminant'을 의미한다. 우리는 이 단어를 레닌의 수고에서 발견할 수 있다. 알려져 있다시피, 그 뒤 레닌에게는 다른 할 일[즉 1917년 러시아혁명]이 있었다. 1917년 제정 러시아가 전복되었고, 케렌스키의 멘셰비키들이 권력{을 잡았으며}, 우연히도 레닌의 이 소책자를 편집하게 되었다. 이 당돌한 멘셰비키들은 제목에 아주 약간의 수정을 가했다. 그들은 '정점'을 의미하는 러시아어 단어를 '가장 최근의, 시간적으로 가장 마지막의le plus récent, le dernier en date'라는 의미를 지니는 또 다른 러시아어로 대체했다. 그래서 레닌의 소책자는 "제국주의, 자본주의의 단계들 중 시간적으로 가장 마지막 단계"라는 제목으로 출간되었다.[82] 이 제목의 뉘앙스에 조심하기를 바란다.

시간상 가장 마지막의 것이 꼭 마지막의 것은 아니다. 이는 단지 시간상 마지막이라는 것일 뿐이다. 자본주의의 또 다른 단계들이 시간적으로 가장 마지막인 단계, 즉 제국주의의 뒤를 이을 수 있다. [멘셰비키들에게는] 이 다른 단계들 또한 존재 가능한 것이다! 이를 통해, 형용사를 가지고 정치적 장난을 치는 우리의 훌륭한 멘셰비키들은 제국주의를 자본주의의 정점에 도달한 단계로 취급함으로써 이후의ultérieur 단계가 존재할 가능성을 전혀 남겨놓지 않았던 이 불쌍한 레닌과 자신들 사이에 놓인 거리를 표현했다.

자, 바로 이것이 알려지지 않은, 하지만 정말로 많은 것을 우리에게 말해주는 아주 작은/사소한 것의 한 가지 예이다.

레닌에게 제국주의 이후에 올 자본주의의 또 다른 단계는 존재하지 않는다. 그러므로 레닌에게 제국주의는 '시간상 가장 마지막' 단계가 아니라 마지막 단계[즉 최후의 단계]이다. 마지막 단계 그 자체인 것이다. 이는 자본주의가 하나의 역사를 가지고 있다는 점을 의미한다. 자본주의는 탄생했고, 발전했으며, 거대해졌다. 그리고 바로 지금 우리는 그 마지막 단계,* 즉 제국주의에 도달했다. 제국주의 이후, [모든 것은] 끝이다. 자본주의와는 끝인 것이다. 그 뒤 무엇이 있는가? 분명 사회주의이다.

그런데 그렇기도 하고 아니기도 하다. 왜냐하면 레닌은 제국주의가 자본주의의 '마지막 단계'라고 쓰지 않았기 때문이다. 레닌은 제국주의가 '정점에 도달한 단계'라고 썼다(그러니까 '최고'라는 번역어는 좋은/정확한 번역어가 아니다). 분명히 이는 그 어떤 의심의 여지도 없이 제국주의가 정말로 자본주의의 마지막 단계라는 점을 의미한다. 하지만 또한 이를 넘어서는 그 무언가를, 그리고 굉장히 흥미로운 무언가를 의미하는 것이기도 하다. 제국주의는 자본주의의 '정점'이며, 그러므로 제국주의 '이후' 만일 제국주의가 존속한다면 이는 제국주의의 타락décadence일 뿐일 것이라는 점을 말이다. 바로 이것이 레닌이 그 기원에서부터 제국주의 내부에 기입되어 있는 '부패pourrissement'와 '악화putréfaction'라고 부르는 것이다.[83] 왜냐하면 이 '정점에 도달한' 단계는 이미 '악화', '기생 상태 parasitisme' 그리고 '부패'의 단계이기 때문이다.

바로 이것이 우리로 하여금 이 '이후'를 정확히 설명할 수 있

---

* 참고로 《검은 소》(루이 알튀세르, 배세진 옮김, 생각의힘, 2018)에서 옮긴이는 이 '마지막'을 '최후'로 번역했다.

역사에 관한 글들

도록 해준다. 우리는 자본주의의 역사를 하나의 여행으로 표상해
서는 안 된다. 이 표상 속에서 자본주의라는 기차는 파리와 마르
세유 사이를 이동하는 기차가 생-샤를Saint-Charles 역에 도착하듯,
일련의 역들(그러니까 단계들)을 통과한 뒤 제국주의라는 역에 도
착할 것이다. '종점입니다! 모두 내리세요!' 혹은 사태를 그에 걸맞
는 이름으로 지시하기 위해 다음과 같이 말해보자면, 제국주의는
'자본주의 이후 모든 것이 끝났다. 자본주의는 끝났다. 그러면 그
이후에는 무엇이 남는가? [그건 바로] 사회주의다'라는 식의 의미
에서 자본주의의 가장 마지막 단계가 아니다. 전혀 그렇지 않다.
물론 끝났지만, 끝난 것이 아니다. 왜냐하면 이 제국주의가 오랫
동안 지속될 수도 있기 때문이다. 만일 우리가 사회주의에 도달하
지 못한다면, 부패는 더 심해질 것이고 썩은 부위가 점점 커질 것
이다. 이는 끔찍한 형태들을 취할 수도 있는데, 역사적으로 존재
했던 몇몇 생산양식들이 취했던 악화의 형태(예를 들어 로마의 '타
락')는 이러한 끔찍한 형태가 도대체 어떠할지 막연하게나마 우리
에게 알려줄 수 있을 것이다. 만일 우리가 사회주의에 도달하지
못한다면, 결국 이는 '야만barbarie'으로 이어질 것이다. 우리는 레닌
이 사용했던 형용사를 더욱 면밀히 살펴봄으로써 엥겔스가 사용
했던 오래된 단어를 다시 발견하게 된다.[84] **사회주의인가 야만인
가.** 그렇다, 사태는 이러하다. 즉 제국주의는 이렇게 생겨먹었다.
즉 제국주의는 그러한 형태를 계급투쟁에 강제하며 우리를 '분기
점bifurcation' 앞에, '교차로' 위에 서 있게 한다. 다시 말해, 노동자 계
급이 자신의 계급투쟁을 통해 사회주의를 강제하는 데 성공하고,
그래서 우리는 프롤레타리아 독재를 통해 대장정을 시작함으로

써 공산주의에 도달하거나, 노동자 계급이 (일시적으로 혹은 영원히) 이에 실패하고 우리는 '야만'에 즉 제국주의 자체의 분해와 부패에 이를 수밖에 없게 되거나.

물론 방금 위에서 말한 '이거나, 이거나'가 즉각적으로 적용되는 것은 아니다. 만일 많은 국가들에서 노동자 계급이 여전히 사회주의에 도달하지 못했다 해도, 우리의 운명이 최종적으로 결정된 것은 아니다. 비록 노동자 계급이 사회주의에 도달한다는 이러한 과업에 실패했다 하더라도, 노동자 계급은 여전히 주도권을 다시 취할 수 있을 것이다. 비록 이 노동자 계급이 전투를 통해 국가권력을 획득하는 단계에까지는 여전히 이르지 못했다고 하더라도, 세계 전체와 프랑스에서 진행 중인 거대한 대중운동은 노동자 계급이 자신의 전투를 승리로 이끌 수 있는 힘을 갖고 있다고 생각할 수 있게 해준다. 그리고 우리에게는, 비록 제국주의의 초-부패 상태sur-pourrissement의 특정 기간(제국주의의 점점 더 심화되고 있는 위기가 바로 그 첫 번째 징후이다)을 통과해야 한다고 하더라도, 잘 인도된 노동자 계급의 투쟁이 결국에는 사회주의에 도달해 '야만'을 피해갈 것이라고 생각할 만한 근거가 충분히 존재한다.

그러나 심지어 이러한 경우에도, 그리고 바로 이러한 경우에서, 엥겔스의 단어("사회주의인가 야만인가")와 결합되는 레닌의 작은 단어 하나("정점에 도달한 단계")가 한편으로는 현재의 제국주의에, 다른 한편으로는 우리의 미래에 독특한 빛을 비춰준다. 현재의 제국주의에 관해 말해보자면, 제국주의는 이미 썩었으며 끊임없이 빠르게 그 자리에서 썩어 점점 '야만'에 이르게 될 것이다. 우리의 미래에 관해 말해보자면, 미래는 노동자 계급과 그 동맹자들

역사에 관한 글들

이 권력을 잡을지 혹은 영원히 부르주아 계급의 지배 아래에 복속될지에 따라, 즉 노동자 계급투쟁이 올바른 대중 노선을 따라감으로써 그리고 올바른 대중 실천을 관찰함으로써 노동자 계급의 투쟁을 승리로 이끄는 방식에 따라, 사회주의일 수도 있고 야만일 수도 있다. 이것은 우리의 미래를 위해, 그리고 또한 우리의 현재를 위해《공산주의자 선언》의 다음 두 문장, 즉 "[지금까지의] 역사는 계급투쟁의 역사일 뿐이다"와 "계급투쟁이 역사의 동력이다"를 우리의 것으로 다시 취하는 방식이다.

《공산주의자 선언》의 이 문장들이 우리에게, 국내적이고 국제적인 노동자운동의 활동가들에게 직접적으로 말을 걸고 있다는 점을 그 누구도 의심하지는 않을 것이다. 그리고 만일 우리가 이미 이를 알고 있지 않다면, 우리는 우리가 해야 할 남은 과업이 무엇인지 파악하기 위해 '우리 자신의 머리를 돌아가게 만들'[즉 이에 대해 성찰할] 것이다.[85]

하지만 이 문장들이 제국주의에도 말을 걸고 있다는 점, 이는 '매우 잘 알려진' 것이거나 혹은 전혀 알려지지 않은 것이다. 만일 이 사실이 '매우 잘 알려진' 것이라면, 아마도 이는 이 사실이 (항상) 잘 알려져 있는 것은 아니기 때문일 것이다. 다시 말해, 계급사회들 전체에서 이 계급사회들의 '역사의 동력'인 계급투쟁은 또한 자본주의의 역사의 '동력'이기도 하다. 계급투쟁은 또한 제국주의라는 자본주의의 정점에 도달한 그 마지막 단계의 동력이기도 하다.

바로 이것이 레닌의 이 소책자가 유일하게 보여주고자 하는 것이다. 즉 **계급투쟁이 자본주의의, 그리고 또한 이 자본주의의**

제국주의적 단계의 역사적 동력이라는 것 말이다. 이는 기초적인 사실이다. 이 기초적 사실에서 그 무엇도 배우지 못하는 이들(이를 이미 알고 있어서든 이를 알고 있다고 스스로 믿어서든 이를 경멸해서든)은 [악의 없이] (좋은) 의도로, 의식적으로, 이 책을 덮어버리고 말 것이다. 반면 그렇지 않은 이들은 이 책을 읽을 수 있을 것이다.

본인[즉 알튀세르]은 독자들에게 매우 거대한 관용을 요구하는데, 왜냐하면 내가 제국주의에 관한 모든 책을 읽었던 것은 아니기 때문이다! 경제 전문가들이 쓴, 그리고 매우 현학적인 책들이 수없이 많이 존재한다. 나는 레닌 또한 [나처럼] 이 거대한 질문을 다루기 위해 단지 이 작은 소책자 하나를 썼을 뿐이라고, 그리고 레닌 또한 마르크스와 마찬가지로 [그리고 나처럼] 경제학자는 아니었다고 생각하면서 나 스스로를 위로할 것이다. 우리가 마르크스와 레닌이라는 그토록 커다란 예시들 뒤로 몸을 피할 수 있을 때, 이런 예시들은 우리에게 어떤 용기를 주게 된다. 이 예시들이 마르크스와 레닌이 이미 매우 잘 설명해주었던 것을 한번 더 설명하는 것인만큼 우리에게 용기를 주게 되는 것이다. 아마도 마르크스와 레닌의 논증 과정이 지니는 한 지점 혹은 두 지점을 확장시키는 대담함—다시 말해 '결과의 힘에 굴복해버리는 나약함'(루소)[86]—을 발휘하도록 하는 용기를 말이다.

어떤 이들은 자신들의 보증물을 통해 스스로를 안심시키고자 이러한 대담함을 무모함에 불과하다고 성급하게 치부해버리리라는 점을 나는 잘 알고 있다. 하지만 계급투쟁에서도, 그리고 또한 과학에서도, 위험을 전혀 감수하지 않는 이는 그 무엇도 얻지 못한다. 나는 이들이, 마르크스가 자신을 근거 없이 힐난했던

역사에 관한 글들

몇몇 비판자들에 대한 자신의 생각을 표현하기 위해《정치경제학 비판을 위하여》에서 인용했던 단테의 다음과 같은 문장을 다시 읽어보기를 바란다.[87]

"정치경제학의 영역에서 진행한 나의 연구에 대한 이 같은 소묘를 통해, 나는 단지 (나의 관점이 현재 우리를 지배하고 있는 계급〔즉 부르주아지〕이 가지고 있는 이해관계로 인한 편견들에 따라 어떻게 평가받든 간에, 그리고 나의 관점이 이 편견들과 기껏해야 얼마나 일치하든 간에) 나의 이러한 관점이 기나긴 성실한 연구의 결과라는 점을 보여주고 싶었을 뿐이다. 하지만 지옥의 문턱에서와 마찬가지로 과학의 문턱에서도, 다음과 같은 의무가 절실히 요구된다. '여기선 온갖 의심을 버려야 하고Qui si convien lasciare ogni sospetto, 온갖 주저함은 죽어 마땅하다Ogni viltà convien che qui sia morta'"[88]*

---

* 해당 구절의 번역은 다음의 한국어판을 따랐다. 단테 알리기에리,《신곡》, 한형곤 옮김, 서해문집, 2005, 60쪽.

몇몇 오류와
부르주아적 허상에 관하여

오늘날의 우리와 같이 제국주의와 마주하게 될 때면, 그리고 제국
주의에 관해 말하게 될 때면, 다음과 같은 관념을 백번은 더 머릿
속에 집어넣고 항상 인지하고 있어야만 한다. 우리가 제국주의에
관해 스스로 만들어 갖게 되는* 표상에 영향을 미칠 수 있는 허상
들 중 가장 큰 허상은 항상 그리고 이미 자본주의 일반에 관해 마
르크스가 끊임없이 비판했던 허상과 동일한 허상이라는 관념을
말이다.

    그리고 마르크스가 이러한 허상을, 가난한 이들의 살점에 달

---

*   '스스로 만들어 갖게 된다'의 원어는 'se faire'이며, 프랑스어에서 'se faire
    une idée'라는 숙어는 '~한 생각 등을 갖게 되다'라는 의미로 쓰인다. 단순히
    '~하게 생각한다' 정도로 옮겨도 무방하지만, 의미를 좀 더 강하게 살릴 필요
    가 있다고 판단되는 부분에 한해 'se faire' 혹은 'se faire une idée'를 '스스로
    만들어 갖다' 혹은 '스스로 ~한 관념 혹은 생각을 만들어 갖다'로 옮겼다.

라붙는 비참과 같이 자본가들의 살점에 달라붙는 **전형적으로 부르주아적인** 하나의 허상으로(이러한 부르주아적 허상 이외의 다른 출구를 남겨놓지 않는 자본주의 그 자체의 본성상 **전형적으로 부르주아적인**) 비판했다는 점을 알아야만 한다.

그리고 다음이 바로 이러한 허상이다.

발생하는 모든 것이, 그러니까 존재하는 모든 것이 **자연적**이라는 허상 말이다. 자본주의가 존재한다. 이는 자연스러운/본성에 따른 것이며, 사물의 자연/사태의 본성 안에 있다. 제국주의가 존재한다. 이는 자연스러운 것이며, 사물의 자연 안에 있다. 부르주아 이데올로기는 자본주의가 존재한다는 점에 대해 놀라지 않는다. 이는 자연스러운 것이니까. 그런데 왜 이것이 자연스러운 것인가? 왜냐하면 자본이 이윤을 생산하는 것 등과, (노동자가 임금으로 보상받는 것 등등과 정확히 동일하게) 자본이 이윤으로 보상받는 것과, 자본가가 자신의 자본에 따라, 토지 소유자 혹은 부동산 소유자가 자신의 재산에 따라, 은행이 자신이 제공하는 신용에 따라 그리고 노동자가 자신의 '노동'에 따라, 각자가 생산에 기여하는 바에 비례해 보상받는 것은 '사물의 자연 안'에 있기 때문이다.[89] 그리고 만일 우리가 이 논의를 더 밀어붙여본다면, 만일 우리가 항상 그랬던 것은 아니라고 비판한다면, 만일 우리가 사물의 자연은 지금까지도 변화해왔으며 그래서 앞으로도 변화할 수 있다고 말하게 만듦으로써 '사물의 자연'이라는 부르주아 이데올로기를 벼랑 끝으로까지 내몬다면, 우리는 마지막 답변들 중에서도 [가장] 마지막 답변, 즉 기정사실에 도달하게 된다. "그건 원래 그러니까 그런 거야."

제국주의에 관하여(일부 발췌, 1973)

스스로 허상을 만들어 이를 믿어버려서는 안 된다. 마르크스주의적인 용어로 이 허상을 위장시킴으로써 이러한 부르주아적 허상을 **수용해버리는** 어떤 마르크스주의적 방식이 존재한다. 분명 이 사람들은〔이 마르크스주의자들은〕 자본주의적 생산양식이 '이행적/일시적' 생산양식이라고(마르크스),[90] 이 자본주의적 생산양식의 '역사성' 그러니까 그 불안정성이 (이 '구조'가 치명적인 모순들의 영향을 받기 때문에) 그 '구조' 안에 각인되어 있다고(마르크스) 설명할 것이다. 그래서 분명/표면적으로는, 이 사람들은 사물(이 경우에는 자본주의적 생산양식)이 역사 속에서 탄생했으며 그 자신의 역사를 가지고 있고 그래서 종말에 도달해 기나긴 이행 뒤에 자신의 자리를 더 이상 계급이 존재하지 않을 공산주의적 생산양식이라는 완전히 다른 생산양식에 양보할 것이라는 점을 보여주었기 때문에, 〔그 뒤에는〕 '사물의 자연'이라는 주장을 버렸을 것이다. 〔이 사람들, 그러니까 이 마르크스주의자들이 말하듯〕 분명 역사는 '사물의 자연'이라는 위치를 차지했으며, 이 거대한 대체 뒤에서 자본주의적 생산 과정의 현실이 나타날 것이다. 이 자본주의적 생산 과정은 하나의 생산 과정인 동시에 착취 과정이기도 한 그러한 생산 과정이라는 현실이다. "자본가는 이윤을, 은행가는 이자를, 토지 소유자 혹은 부동산 소유자는 지대를, 노동자는 임금을, 이렇게 각자가 기여한 것에 따라 보상을 받는 것은 정상적인 것이다"라는 '자연적' 외양 뒤에서, 우리는 마르크스가 우리에게 보여주었던 것을 발견할 것이다. 바로 노동자 계급이 착취에 포섭됨으로써 생산 내에서 잉여가치가 강탈된다는 사실, 그리고 (산업적이든 상업적이든) 기업의 이윤과 (은행신용 등과 같은) 자본의 이자와

(농업이든 부동산이든) 지대 그리고 임금으로 이 잉여가치가 '분할'된다는 사실. 그래서 우리는 이러한 '사물의 자연'이라는 외관 뒤에서, 이 모든 것의 근본에서, 자본가 계급에 의한 노동자 계급의 착취 과정, 즉 자본가적 계급투쟁인 동시에 노동자적 계급투쟁인 계급투쟁의 과정을 발견할 것이다.

하지만 이 지점에서 사물/사태가 한번 더 반전될 수 있다. 분명 매우 미묘하게이긴 하지만 어쨌든 사물은 반전될 수 있다. 자본가 계급은 {이들이} 지금 잡고 있는 자신의 먹이를 절대로 놓치지 않도록, 그리고 앞으로도 이 먹이를 절대로 놓치지 않게 되도록 만들어졌다(왜냐하면 자본가 계급은 자살하지 않는 한 자신의 먹이를 놓아줄 수 없기 때문이다. 그런데 자본가 계급을 이렇게 만든 것은 바로 자본주의적 생산양식 그 자체이다)는 점을, 그리고 자본주의적 생산양식은, 세계의 모든 다른 생산양식들이 그렇듯 자신이 행하는 착취로부터 이득을 얻는 계급[즉 자본주의적 생산양식의 경우 자본가 계급]에게 자살적인 생산양식이 아니라는 점[자살함으로써 자신의 먹이를 놓아주는 생산양식이 절대로 아니라는 점]을 확실히 알고 있어야 한다. 자본가 계급은 절대로 자신의 먹이를 놓치지 않을 것이다. 최종심급에서 이는 다음을 의미한다. 자본가 계급은 노동자 계급을 절대로 놓아주지 않을 것이며, 자기 스스로는 이 착취를 절대로 멈추지 않을 것이며, 자기 스스로는 절대로, 착취에서부터 정치적 억압, 위협 그리고 이데올로기적 협박의 가장 미묘한 형태들까지, 있을 수 있는 가장 일관된 (노동자 계급에 대항하는) 계급투쟁을 멈추지 않을 것이다. 그리고 다른 결과들보다도, 이는 부르주아 이데올로기가 자신의 먹이, 즉 노동자 계급 그 자체를 절대로 놓아주지 않을 것이라는 점을, 게다가 부르주아 이데올로기가 노동자 계급이 스스로에게 부여했고 부여하는 계급투쟁의 조직들에서까지도, 그리고 노동자 계급이 자신의 계급투쟁을 이끌기 위해 쟁취해냈던 과학적이고 철학적인 투쟁이론에서까지도 노동자 계급을 사냥하기 위해 추격할 것이라는 점을 의미한다. 자본가 계급은 노동자 계급이 자신의 계급투쟁을 승리로 이끌기 위해 자신에게 스스로 부여했던 무기들 그 자체를 이들의 손과 머리로부터 빼앗기 위해 자신의 지배를 노동자 계급의 이론과 이데올로기에까지 강제하는 그런 공격을 포기하지 않을 것이다.

자신의 투쟁의 정치 노선, 조직, 이론 그리고 이데올로기에서 노동자 계급을 무장 해제시키는 자본가 계급의 이러한 행동(이 행동은 일시적이면서도 동시에 지속적인데, 계속 반복되고 항상 다시 시작되기 때문이다)을 통해, 노동자운동은 엄청난 대가를 치르고서 길고 고된 경험을 얻어냈다. 노동자운동은 이 대가에 개량주의와 수정주의라는 이름을 부여했다.

노동자 계급투쟁에 대한 전복, 우회 그리고 일탈/편향이라는 자본가 계급의 이러한 기획을 '인간 종의 역사에서 가장 성찰된'(루소)[91] 기획으로, 자본가 계급의 두뇌들에 의해 정교화되어 전략적이고 전술적인 목표로 고안된 것으로 표상해서는 안 된다. 물론 전체적으로 볼 때 부르주아 계급을 대표하며 부르주아 계급의 이름으로 국가권력을 행사하는 정치가들은 이를 위해 존재하며, 자신들이 해야 할 일을, 즉 자신들이 의식적·의도적으로 할 수 있는 일을 수행한다. 그러나 사실 이들은 그 어떤 외부의 도움 없이 홀로 작동하는, 그리고 이 정치가들에게 가장 '의식적'인 사고의

역사에 관한 글들

영감을 불러일으키는 그러한 체계의 작동에 봉사(가끔은 능숙한 방식으로, 하지만 가끔은 매우 서투른 방식으로 이 체계의 작동에 봉사하는데, 왜냐하면 이 정치가들은 이 체계의 작동 '법칙'을 알지는 못하기 때문이다. 그들이 이 체계의 작동 '법칙'을 인지하기를 원하지도 않고 인지할 수도 없기에)하고 있을 뿐이다.

이러한 투쟁을 의식적 '주체들'의 투쟁으로, 그러니까 적의 움직임에 따라 이러저러한 대응책을 취함으로써 (말을 탄 채 망원경을 들고 있는 장군이 머무르는 평야만큼이나) 매끈한 전장 위에서 움직이고 있는 의식적 '주체들'의 투쟁으로 표상하는 것, 이것이 바로 자본가 계급투쟁에 대해서뿐 아니라 노동자 계급투쟁에 대해서도 부르주아적인, 이 계급투쟁에 대한 완전히 부르주아적인 개념화이다. 한번 더 말하자면, 이러한 종류의 '현상'은 분명히 존재한다. 하지만 이 '현상'이 최종심급에서 결정적이라고 믿는 것은 부르주아적 허상 그 자체다. 계급들은 '주체들'이 아니다. 비록 이 계급들이 자신들의 대립 속에서 행위하지만. 그러나 계급들은 자신들이 [스스로] 행동하는 것만큼이나 그리고 그 이상으로 '행동하도록 만들어진다/강요받는다'.* 계급들은 계급투쟁(이 계급투

---

* '행동하다'의 원어는 'agir'이며, '행동하도록 만들어지다/강요받다'의 원어는 'agir'의 과거분사인 'agi'이다. 여기에서 'agi'는 'agir'의 수동태다. 원래 'agir'는 타동사로 거의 쓰이지 않아 구어에서 'agir'를 수동태로 쓰는 경우는 거의 없지만, 문어체에서는 알튀세르의 다음 논의와 유사한 맥락에서 종종 수동태로 쓰인다. '주체 없는 과정'을 강조하는 이론적 반-인간주의의 이론가인 알튀세르는 '행동한다'는 것이 '주체들'의 자율적 행위가 아니라 과정에 의해 '행동하도록 만들어지거나 강요받는' 것임을 강조한다. 이러한 뉘앙스를 살리기 위해 '만들어지다/강요받다'로 옮겼다.

쟁은 투쟁 중에 있는 계급들이 내리는 결정들로 절대 환원되지 않는다)이 따르는 법칙들에 의해 '행동하도록 만들어진다/강요받는다'. 계급 투쟁이 계급들에 대해 우위를 차지하는 것이다. 왜냐하면 계급들을 계급들로 구성하는 것은 바로 계급투쟁과 그 조건 그리고 그 형태이기 때문이다.

그렇다면 자본가 계급이 노동자 계급이라는 자신의 먹이를 지금도, 앞으로도 절대로 놓치지 않을 것이라고, 그리고 자본가 계급이 노동자 계급투쟁의 조직의 정치 노선에서까지, 그 이론과 이데올로기에서까지 노동자 계급이라는 먹이를 사냥하기 위해 추격할 것이라고 말할 때, 이는 아무리 탁월하고 단호하다 해도 자본가 계급의 '결정' 혹은 '결심'의 단순한 효과는 전혀 아니다. 왜냐하면 자본가 계급은 하나의 주체가 아니기 때문이다. 그렇다면 자본가 계급의 투쟁이라는 효과 아래에서 노동자 계급이 그 계급 조직의 투쟁 노선에서까지, 그리고 그 이론과 이데올로기에서까지 공격당한다고 사람들이 말할 때, 노동자 계급 역시 어느 하나의 자유로운 주체가 영향받게 되는 것과 같이 '영향받게 되는', 자신의 자연과 노선에서 '일탈'하는 하나의 주체로서 이러한 공격을 받는 것이 아니다. 개량주의와 수정주의가 분명 몇몇 개인의 이름으로[예를 들면 베른슈타인이라는 이름으로] 불릴 수도 있겠지만(왜냐하면 특정 상황들은 역사적으로 이러저러한 개인이 하나의 결정적 고리가 되도록, 그리고 일탈의 과정 안에서 핵심적인 역할을 수행하도록 만들기도 하기 때문에), 개량주의와 수정주의가 몇몇 이름으로 환원될 수 있는 것은 절대 아니다[즉 개량주의와 수정주의는 몇몇 개인의 일탈적이고 편향된 결정으로 만들어진 것이 아니다].

이는 다음과 같은 단순한 이유, 즉 자본가 계급이 그렇지 않은 것과 마찬가지로, 노동자 계급 역시 잘못된 '결정'을 내리는 혹은 잘못된 노선을 따르도록 '결정'하는 주체로 존재하지 않는다는 점 때문이다.

계급들에 대한 계급투쟁의 우위는 노동자 계급에게도 유효하다. 자본가 계급-노동자 계급이라는 쌍 바깥에서 노동자 계급이 어떻게 존재할 수 있겠는가? 그리고 만일 이 쌍이 그 적대 안에서 이 적대적인 두 계급을 구성하는 것이라면, 어떻게 노동자 계급이 계급투쟁 이전에 존재하는 주체로 존재할 수 있겠는가? 사실 (다음이 노동자운동에서 관찰되는 '일탈'에 대한 분석이 지니는 매우 중대한 난점을 구성하는데) 아마도 일탈이라는 단어 자체를 모호하고 임시적이며 대체되어야 할 것으로 만드는 것, 즉 노동자운동 안에서 ('분석의 오류' 혹은 더욱 심원하게는 오도된 계급 위치[계급 입장], 즉 올바르지 않으며 잘못 조정된 계급 위치로 인해) 개량주의와 수정주의로 나타나고 인식되는 것은 최종심급에서 결국 [부르주아] 계급투쟁이 노동자운동 내부에 생산하는 효과일 뿐이다.

물론 이러한 명제를 제시하기 위해서는, 일반적으로 받아들여지는 관념과는 완전히 다른 계급투쟁에 대한 관념을 스스로 만들어 가져야만 한다. 특히 계급투쟁을 정치적이고 이데올로기적인 투쟁으로 환원되지 않는 것으로, 그러니까 지배 이데올로기적 표상 즉 부르주아적 표상 안에서 의식과 결정의 속성들을 필요로 하는 계급투쟁으로 환원되지 않는 것으로 개념화해야만 한다. 그 대신 우리는 하부구조의 영역(즉 착취의 영역)에서부터 계급투쟁을 두 계급투쟁들 사이의 대립affrontement de deux luttes de classes으로 개념화해야만 하며(이는 다음과 같이 표현할 수 있다. 계급투쟁은 한편이 다른 편에 대항해 투쟁하는 두 계급들 사이의 투쟁이 아니다. 왜냐하면 이는 (선험적으로 구성되어 있는) 계급들이 아니니까. 그 대신 이는 두 투쟁들 사이의 투쟁, 투쟁 중인 그리고 자신들만의 무기—부르주아지와 프롤레타리아트 사이의 투쟁의 경우 이 무기들은 절대 서로 동일하지 않으며, 프롤레타리아 계급투쟁의 무기들은 그 투쟁의 전략, 전술, 실천과 마찬가지로 부르주아 계급투쟁의 무기들과 절대 어떠한 관계도 맺고 있지 않다—를 각자 지니고서 투쟁하는 두 계급들 모두의 두 신체들/집단들 사이의 대립이다), 또한 정치적이고 이데올로기적인 투쟁을 **관념들의 투쟁**이 아닌 것으로(왜냐하면 관념은 주체에 준거하기 때문에) 개념화해야만 한다. 왜냐하면 우리가 너무나도 자주 정치를 환원시키고자 하는 장소인 이데올로기는 **관념들이 아니라** (대문자) 장치들 Appareils 내부의 실천들이기 때문이다.

그렇다면 이제 우리는 마르크스주의가 자본주의와 제국주의를 표상하는 것에서까지 마르크스주의를 위협할 수 있는 부르주아–이데올로기적 허상의 문제로 되돌아올 수 있다.

왜냐하면 우리는 자본주의와 제국주의에 대해 말해진 바, 즉 '그건 원래 그래'에 대해 다음과 같이 다시 말할 수 있기 때문이다. 분명 이제 우리는 더 이상 이 자본주의와 제국주의가 사물의 자연 안에 있다고 말하지는 못할 것이다. 왜냐하면 우리는 부르주아적인 사물의 자연을 계급투쟁의 갈등적 역사로 대체했기 때문이다. 하지만 '사물의 자연'은 미묘한 방식으로, 은밀하게 역사로 다시 기어들어올 수 있다! 그리고 우리는 역사에 대한 마르크스주의적 표상의 진화주의적 개념화의 함정에 빠지게 될 것이다. 우리

역사에 관한 글들

는 모든 생산양식들을 [대문자] 역사라는 대로에서 행진시킬 것이다. 하나의 양식이 다른 양식을 뒤따르게 만들면서, 첫 번째 양식이 자기 앞에 있는 두 번째 양식을 뒤에서 밀면서, 두 번째 양식이 자기 앞에 있는 세 번째 양식을 뒤에서 밀면서 등등, 자기 앞에 있는 자기 자신의 (멀리 떨어져 있는) 미래, 즉 공산주의적 생산양식을 뒤에서 밀면서 앞으로 나아가는 자본주의적 생산양식에 이르기까지. 그러므로 역사는 구멍 뚫린 구슬들이 실에 꿰어지듯 생산양식들에 의해 꿰어진다. 혹은 역사는 하나의 신화가 다른 신화를 생성하고, 이 다른 신화가 또 다른 신화를 생성하는, 그래서 신화들이 끊임없이 생성되는, 헤시오도스 혹은 구약성서의 위대한 신화들의 아름다운 계보와 같이 생성된다.

그래서 결국 우리는 지금 제국주의 안에 자리해 있다. 자신이 쓴 소책자 제목이기도 한 레닌의 글귀에 대한 인용 덕분에, 우리는 제국주의가 자본주의의 '최고 단계'라는 점을 적합하게 인식하고 있다. 이 '최고'(이 '최고'로의 상승—'최고'보다 더 높은 것은 없다!—은 우리로 하여금 임박한 종말을 보지 못하도록 만들 수도 있다)를 '최후', '마지막'으로 정확히 번역한다고 가정해보자. 그렇다면 우리는 이 제국주의가 자본주의의 **마지막** 단계, 자본주의라는 역사의 마지막 단계라는 것을 알 수 있을 것이다. 결국 이 제국주의가 역사의 종점이다. 제국주의 이후에 모두 내리세요! 왜냐하면 자본주의라는 여행이 끝난 것이기 때문이다. 이 여행 뒤에는? 그 뒤 우리는 사회주의를 만나게 되는데, 몇몇 이들은 자신들의 체계적인 상상 속에서 사회주의를 하나의 생산양식(원문 그대로)[92]으로 간주하기까지 한다. 하지만 어쨌든 이 정신 나간 이들이 아니라 사회주의적 생산양식에 대해서는 전혀 말한 적이 없었던 레닌을 믿는 다면, 우리는 공산주의적 생산양식에 도달하는, 프롤레타리아 독재 아래에서 전개되는 매우 기나긴 이행을 거치게 된다.

그런데 결국 이 또한 '역사의 자연/본성'이 아닌가? 왜냐하면 여기서 역사는, 진화주의에 의해 통제되는 진화 내에서, 다시 말해 가장 낮은 곳에서 가장 높은 곳으로, 가장 열등한 형태에서 가장 우등한 형태로, 한 양식에 의한 다른 양식의 생성의 역사이기 때문이다. 이는 가장 낮은 형태가 자기 자신의 한가운데에서 가장 높은 형태를 만들어냄으로써 가능한데, 이러한 생성은 1) 역사의 진행이 절대로 멈추지 않기를, 2) 역사 안에 그 어떤 공백도 그 어떤 사산死産도 존재하지 않기를, 3) 각각의 형태가 자연스럽게 다음의 형태를 생성하기를, 4) 생성된 각각의 형태가 이전의 형태보다 높은 것이기에 사물/사태의 진행이 우리가 더 나은 것을 향해 나아가는 것을 우리에게 보장하기를, 이 네 가지를 바라는 그러한 진화의 법칙에 의해 가능하다. 이러한 조건 아래에서, 레닌의 단어는 우리를 안심시키며 편안하게 만들어주는 최고의 단어가 된다. 제국주의는 자본주의의 마지막 단계이며, "국가독점자본주의는 사회주의의 대기실이다".[93] 드디어 우리는 두루마리의 끝[즉 자본주의의 종말]에 도달한 것이다. 게다가 '국가독점자본주의'는 '세계적 위기'에 진입했다. 그러므로 모든 것은 예견된 계획에 따라 진행되고 있다. 대신 부르주아지의 사물의 자연에 따라서가 아니라 마르크스주의적인 '역사 발전'의 법칙에 따라 말이다.

우리에게는 정말로 기다리는 것 말고는 해야 할 일이 없다. 그런데 레닌의 말에 대한 이러한 잘못된 이해는 [사실] 인민의 고된 경험에서 비롯되는데, 이 잘못된 이해는 사람들이 인민에게 '대기실'에 대해 말해줄 때 뒤이어 등장하곤 하는 것과 하나가 되지 않을 수 없게 된다. 인민에게 '대기실'([중요한 일을 하는 인물로서의] 법무사나 [고위층 인물로서의] 장관의 대기실 등등)은 영원히 기다려야만 할 수도 있는 그러한 장소라는 것과 말이다. 그래서 '대기실에서 면회를 기다리다faire antichambre'라는 프랑스어 표현이 [인민들 사이에] 존재하는 것이다.

나는 마르크스주의 이론의 이러한 진화주의적 표상 안에서 우리가 그 어떤 주저함도 없이 부르주아 이데올로기의 승리, 노동자의 계급투쟁에 대한 부르주아 계급투쟁의 승리, 그것도 매우 중대한 승리를 인지할 수 있다고 말하고자 한다.

하지만 이것이 전부는 아니다. 우리는 '역사의 법칙'에 도달하기 위해 '사물의 자연'보다는 높은 수준으로 올라섰다. 그러나 이 법칙이 침투되지 않기에 침투될 수 없는impénétrable 것일 때,* 우리는 이전과 같이 '사물의 자연'의 수준으로 단순하게 다시 미끄러져 내려와버리는 것은 아닐까?

나는 매우 단순한 한 가지를 말하고 싶다. 사람들이 제국주의의 효과에 대한 '대차대조표tableau'를 우리에게 제시할 때, 사람들이 제국주의의 효과를 계산해 그 결과를 제시할 때, 사람들이 설명은 제시하지 않으면서 혹은 인식에 도움은 되지 않으면서 그럴듯하기만 한 설명을 제시함으로써(이런 일이 종종 일어난다) 이건 이렇고 저건 저렇다고 말할 때, 간단히 말해 몇몇 설명들이 곁들

---

* 외부의 영향을 받지 않는 불변의 절대적 진리와도 같다는 의미이다.

여겨 있다고 하더라도, 심지어는 매우 섬세한 이론이, 하지만 정말로 설득력이 있지는 않은 이론이 곁들여져 있다고 하더라도, 사람들이 제국주의를 선물 상자에 잘 포장해 리본까지 달아 우리 눈 앞에 가져다 놓을 때, 게다가 만일 사람들이 이론에 대해 착오를 범한다면, 우리는 '사물의 자연'의 함정에 다시 굴러떨어지는 것 아닐까?

그 하나의 예가 바로 제국주의 전쟁이다. 우리는 스페인에 대항하는 미국의 전쟁에 대해, 제1차 세계대전에 대해, 제국주의적 식민주의의 몇몇 다른 전쟁들(베트남에 대항한 미국의 전쟁)에 대해 말한다. 이러한 전쟁이 일어났다는 것은 사실이다. 우리는 이 사실을 잘 알고 있으며, 사람들은 이 전쟁으로부터 많은 고통을 겪었으며(하지만 이 고통을 모두가 똑같이 겪은 것은 아니다!), 그 고통은 몇 세대에 걸쳐 이들의 신체에 각인되었다. 하지만 [또다시] '그건 원래 그런 것'이다. 좋다. 우리는 이 전쟁이 제국주의 전쟁이라는 것을, 이 제국주의 전쟁이 제국주의의 효과의 일부라는 것을, 무장을 통한 세계 분할을 위해 독점자본이 수행하는 투쟁의 연장이라는 것을 알고 있다. 우리는 이 제국주의 전쟁이 끔찍한 것이었으며 전례 없이 많은 것을 파괴시켰고 수천만 명의 사람들을 죽였다는 것을 알고 있다. 분명 이는 추악한 이들이었던 나치의 잘못이다. '금융자본의 대표자들 가운데 가장 반동적인 이들.' 우리는 우리가 어디에 있는지 알고 있다. 전쟁을 제국주의적인 것으로 만드는, 그리고 새로운 세계 분할을 위한 전쟁을 수행하는 그런 제국주의 아래에 있다. 하지만 전쟁은 어쨌든 전쟁이다. 파괴, 그리고 끝없이 이어지는 죽음의 행렬. '그건 원래 그래.' 전쟁은 사물의 자연 속에 있는 것이다. 우리는 또다시 그 문턱 위에 서 있는 것이다. 게다가 이번에는 심리학이라는 문턱 위에 서 있는 것이기도 하다. 파시스트들은 추악한 이들이었다. "가장 반동적인 이들……" '반동적인'이라는 단어는 정치적 외양을 지닌 단어이긴 하지만 이는 (나치와 제국주의 국가들 사이의) 평형을 맞추기 위해 사용된 (실제로는 열리지 않는) 장식용 창문에 불과하다. 왜 다른 제국주의자들(미국과 영국 그리고 프랑스의 제국주의자들)은 **덜** 반동적이었는가? 그리고 아무런 설명도 없이 남겨진 사실상의 실천들을 지시하기 위한 용도를 제외한다면 이 '반동적'이라는 단어는 도대체 무엇을 의미하는가?

　다음과 같은 예를 들어보자. 나치와 파시스트들은 왜 그들이 '총력전'이라고 불렀던 것을 수행했는가? 분명/표면적으로는 이것이 그들에게 커다란 쾌락을 안겨줬기 때문이다. 아마도 이는 '더 반동적인' 그들의 자연을 통해 이해될 수 있을 것이다. 하지만 왜 미국은 독일과 일본에서 동일한 짓을 저질렀는가? 아마도 '덜 반동적'이었던 미국이 나치의 방법을 독일과 일본에서 나치와 똑같이 사용하도록 (상황에 의해) 강요받았기 때문에? 그래서 '덜 반동적'인 이는 '가장 반동적인 이들'과 같이 '더욱 반동적'이게 되지 않고서도 나치와 같이 행동할 수 있다는 얘기인가? 이상하다. 이 언급에 다음과 같은 정말 사소한 질문 하나를, 그러니까 '어떻게 제2차 세계대전에 대한 마르크스주의적 분석이 제2차 세계대전 또한 제국주의 열강들 간의 전쟁이었다는 사실에 대해 입을 다물 수 있는가? 어떻게 이 제국주의적인 제2차 세계대전이 일면적으로만 진실을 말하는 단어일 뿐인 '반-파시즘 전쟁'이라는 수식어

로 대부분 표현될 수 있는가?'라는 질문 하나를 덧붙여보는 것은
어떨까?

적절한, 즉 정확한 설명을 제시하지 못해 우리가 이러한 '사
물의 자연'의 수준으로 다시 떨어지고 말 때, 이는 부르주아 계급
투쟁이 노동자 계급투쟁에 대항해 (노동자 계급의 투쟁 조직이 제시
하는 설명이 제국주의에 대해 만들어내는 표상에서까지) 한번 더 승리
를 거두었다는 사실에 대한 부인할 수 없는 신호라고까지 나는 말
하고자 한다.

나는 이것 말고도 많은 예들을 제시할 수 있지만 독점기업
이라는 하나의 예만을 취해보도록 하겠다. 레닌을 읽었기 때문에
우리 모두는 제국주의와 독점자본주의가 하나의 동일한 것이라
는 사실을 알고 있다. 제국주의가 존재하기 위해서는 독점기업 또
한 존재해야만 한다. 좋다. 하지만 이 독점기업을 하나의 기정사
실('그건 원래 그래')로 간주하지 않는 한, 그러니까 '사물의 자연'이
라는 기정사실로 간주하지 않는 한, 이 독점기업이 존재하는 이유
를 찾아낼 필요가 있다. 사람들은 독점기업이 집적concentration에 의
해 만들어진 것이라고 말할 것이다. 그렇다. 하지만 이 설명은 그
저 단어에 불과할 수도 있다. 왜냐하면 더 작은 기업들이 존재했
다는, 하지만 자신들보다 작은 기업들을 흡수하는 집적을 통해 앞
으로 독점기업이 될 정도로까지 미래에 더욱 커지게 될 이 더 작
은 기업들이 독점기업 이전에 존재했다는 [말하나 마나 한 당연한]
사실을 보여줄 뿐이기 때문이다.

이는 설명이 아니라 '그건 원래 그래'라고 우리에게 말해주는
묘사에 불과하다. 또다시 등장하는 사물의 자연. 그리고 만일 당

신이 이러한 반대를 제기하고 큰 기업에 의한 작은 기업의 흡수와 집적(이를 통해 큰 기업은 더욱 커진다)의 이유를 요구한다면, 우리는 그 이유가 바로 경쟁이라고 답할 것이다. 경쟁의 법칙. 기업들은 서로가 서로에 대항해 경쟁하며, 이 경쟁을 견뎌내지 못한 한편은 투쟁에서 승리한 다른 편에 의해 흡수된다. 그래서 우리는 다윈 Charles Darwin으로까지 가지도 않고 특이하게도 스피노자의 자연권의 법칙을 상기시키는 '생명을 향한 투쟁'의 사회-다윈주의적 세계 전체를 가지게 된다.[94] 바다에서 작은 것을 먹는 것은 중간 것이고 중간 것을 먹는 것은 큰 것이라는 점을 우리 모두는 알고 있다. 물고기들은 자기들끼리 서로 먹고 먹힌다. 이는 이 물고기들만의 경쟁이다. 물고기가 자본가와 다른 점은 큰 물고기가 중간 크기의 물고기를 먹음으로써 더욱 커지지는 않으며, 중간 크기의 물고기 또한 작은 물고기를 먹음으로써 더욱 커지지는 않는다는 점이다. 물고기들 사이의 경쟁은 집적을 발생시키지는 않는, 영양 측면에서의 경쟁이다. 반면 자본가들 사이의 경쟁은 작은 기업가를 집어삼킴으로써 자신의 덩치를 키우는 기업가들 사이의 경쟁이다.

그런데 이러한 설명의 불행한 점 ― 마르크스가 《자본》에서 이 지점을 수없이 많이 반복해 다루기 때문에 내가 이를 또다시 상기시키는 것이 부적절해 보일 정도이다 ― 은 이 설명이 부르주아적인 설명이라는 점이다. 왜냐하면 경쟁은 '하나의 허상'이기 때문이다.[95*] 경쟁이라는 것이 존재하지 않기 때문이 아니라,

---

*   〈경쟁이라는 허상, 전쟁이라는 현실〉 절 전체(253~269쪽)를 참조하라.

이 경쟁이 경쟁과는 아무런 관계도 없는 하나의 원인에 의해 규제되는 효과로서의 그 수준 내에 존재하기 때문이다. 경쟁은 간주된 현상들의 원인으로서 존재하지 않으며, 본질적 원인이 아니며, 최종심급에서 독점적 기업들의 집적의 원인이 아니다. 분명 경쟁은 집적에서 어떤 역할을 수행하지만 이 역할은 집적을 지배하고 또한 이 집적의 실현을 위해 협력하는 경쟁의 형태들(이 경쟁의 형태들은 그 종속된 수준 안에서 서로 협력한다)도 지배하는 [또 다른] 원인에 의해 종속되고 규제된다.

노동자 계급이 제국주의에 대해 스스로 만들어 갖는 표상을 부르주아 이데올로기가(이 부르주아 이데올로기는 '경쟁이라는 허상'을 먹고 자란다) 왜곡시킨다는 점에 대해 방금 내가 말한 것이 잘못되었는가? 하지만 이를 지적했던 것은 마르크스 자신이며, 그는 우리가 거부할 수 없는 용어들로 이를 지적했다. 왜냐하면 마르크스는 집적의 최종 원인으로서의 '경쟁이라는 허상'을 거부하면서도, 분명 이 허상을 거부하는 데 머무르지 않았기 때문이다. 마르크스는 집적의 진정한 원인이 무엇인지 우리에게 알려준다. 우리로 하여금 '경쟁의 허상'의 필연성을 개념화할 수 있게 해주는, 그리고 왜 이러한 '허상'이 필연적으로 부르주아적인지를, 다시 말해 왜 이것이 부르주아 이데올로기와 일체가 되는지를 이해할 수 있게 해주는 용어들을 통해서 말이다.

이를 통해 마르크스는, 경쟁을 통해 독점주의적 집적을 설명하는 관념을 노동자 계급 속으로 침투하게 만들고 이로써 이들의 생각을 오염시키도록 만드는 것, 그것이 바로 제국주의라는 현실에 대해 노동자 계급이 스스로 만들어 갖는 표상을 부르주아 계급

역사에 관한 글들

투쟁이 손상시키는 하나의 방식이라는 점을 우리가 이해할 수 있도록 해준다. 심지어 '사물의 자연'을 대체했던 것으로 보였던 역사의 비호 아래에서조차 '사물의 자연'이 다시 한번 복권된다. 하지만 이러한 복권은 역사의 불투명성이라는 형태 아래에서뿐 아니라 역사에 대한 명명백백한 부르주아적 설명(왜냐하면 경쟁보다, 수요와 공급의 작용보다, 자본가들 사이의 투쟁보다, 투자를 위한 자본들 사이의 투쟁보다, 간단히 말해 생명을 위한 투쟁보다 이 세상에 더 명명백백한 것은 없으니까)이라는 형태 아래에서도 이루어진다.

그러므로 그 진화주의적 형태 아래에서 혹은 '사물의 자연'이 전달하는 명증성과 같은 너무나도 당연한 명증성 아래에서(큰 것은 작은 것을 잡아먹고 그래서 큰 것이 더욱 커진다는) '사물의 자연' 혹은 '역사의 자연'을 원용함으로써 우리는 '그건 원래 그래'의 질서 속에 남아 있게 되며 앞으로도 남아 있을 것이다. 우리는 제국주의(그리고 그 모든 '단계들' 안에서의 자본주의 일반)의 모든 현상들을 '자연적'인 것으로, 당연한 것으로, 다시 말해 **명증성**에 의해 인가되는 것으로 간주할 것이다. 그런데 우리는 이 명증성이 지배 이데올로기, 이 경우에는 부르주아 이데올로기의 공통감각[즉 상식]일 뿐이라는 점을 알고 있다. 이 부르주아 이데올로기가 이렇듯 노동자 계급의 이론에 성공적으로 구멍을 뚫어낸다는 것, 이것보다 더 정상적인 것은 없다. 왜냐하면 이것이 바로 부르주아 이데올로기가 지니는 기능의 본질적 측면이기 때문이다(지배 이데올로기로서 부르주아 이데올로기의 역할은 피지배계급의 이데올로기를 지배하는 것이다). 하지만 노동자 계급의 조직과 그 '유기적 지식인'(그람시)이 여기에 동의한다는 것은 완전히 다른 것이다.

제국주의에 관하여(일부 발췌, 1973)

그러나 마르크스는 《공산주의자 선언》 이래로 우리에게 모든 것의 종결어[즉 결론]를 제시했다. (계급사회들의 경우) [지금까지의] 역사는 계급투쟁의 역사일 뿐이다." "역사의 동력은 계급투쟁이다." 《공산주의자 선언》 20년 후에 그 1권이 출간된 《자본》은 이 예언적 성격의 두 문장에 대한 논평과 주석에 불과하다. 만일 당신이 계급투쟁이라는 이러한 '역사의 법칙' 아래에서 경제적 현상들이 사고될 수 있는 지점에까지 도달하지 못한다면, 당신은 부르주아 이데올로기에 복속된 하나의 표상 안에(이 표상이 원하든 원하지 않든, 그리고 심지어는 마르크스에 대한 가능한 모든 인용들로 꾸며진 역사에 관한 이론의 형태 아래에서의 표상 안에) 머무르게 되는 것이다.

부르주아적인 것에 '사물의 자연'만 존재하는 것은 아니라는 점을, 그래서 진화주의적 개념화, 역사에 관한 경제주의적 개념화 그리고 계급과 그 투쟁에 대한 기계론적 개념화(계급이 우선 존재하고 그 투쟁은 계급 이후에 도래한다는 개념화) **역시 부르주아적**이라는 점을 정확히 알고 있어야 한다. 즉 바로 이 지점에서 발본적인 구분선이 그어지는 것이다. 결국 우리에게 모든 것은 최종심급에서의 원인으로서 계급투쟁을 통해 설명된다. 계급들에 대한 계급투쟁의 우위에 대한 관념론적 개념화가 아니라 이 우위에 대한 유물론적 개념화와, 계급투쟁의 우위의 조건과 형태에 대한 유물론적 개념화를 통해.

최근에 쓴 글에서[96] 나는 이러한 구분선이 혁명가를 개량주의자로부터, 공산주의자를 (심지어 마르크스로부터 교육받았으며 마르크스의 용어로 사고할 때조차) 부르주아 이데올로기 안에서 계속

역사에 관한 글들

사고하는 이로부터 구분해준다고 말했다. 이 개량주의가 하늘에서 갑자기 떨어지는 것은 아니며 개념화/인식에서의 주관적인 '오류'의 단순한 효과 또한 아니라는 것을, 반면 이것이 노동자 계급 조직 내 지배적인 표상들의 바로 한가운데에서 부르주아 계급투쟁이 거두는 그 (일시적인) 승리의 결과라는 사실을 지적해야 한다는 점은 명백하다. 그리고 이것이 제국주의의 승리이기에 바로 레닌이 다음과 같이 말했던 것이다.[97] 제국주의는 노동자운동 내에서 개량주의와 수정주의를 생산한다고. 레닌의 이 말 바깥에서 내가 [자의적으로] 만들어낸 것은 전혀 없다. 나는 필요한 만큼 레닌을 더욱 인용할 수 있을 뿐이다.

자본주의적 생산양식의
역사에 관하여

테제들:

1.

최초심급에서는 사회구성체들의 역사만이 존재한다.[98*]

2.

'사회구성체formation sociale'라는 용어에 대해 주의해야 한다. '사회구성체'라는 용어와 '사회'라는 이데올로기적 용어는 등가적이지 않다. '사회'라는 용어는 '개인'이라는 또 다른 용어의 거울쌍이라는 점에서 이데올로기적이다. 그런데 '사회-개인(들)'이라는 쌍은 이데올로기적 쌍이며, 계급 이데올로기의 전사préhistoire로까지 거슬러 올라가지 않기 위해 이 이데올로기적 쌍에 대해 다음과 같이 말하자면, 우리에게 이 이데올로기적 쌍은 부르주아 이데올로기와 부르주아 철학(특히 고전철학 안의 다양한 형태들 아래에서, 예를 들어 [데카르트의] '정념론'과 같은 형태 아래에서 '존재'하는 부르주아적인 역사철학)이 구성하는 현재의 그 지배적 형태 안에 고정되어 있다.*사회-개인이라는 쌍 안에서 작용하는 것 그리고 쟁점이 되는 것은 존재하고 있는 혹은 앞으로 존재할 부르주아적인 사회적 관계들의 **토대**라는 문제, 다시 말해 '자연권'으로부터 계약을 통한 사회 상태로의 이행이라는 문제이다. 부르주아적인 철학적 이데올로기는 이 토대라는 문제, 다시 말해 모든 '사회'의 본질(즉 역사속 인간들이 형성하는 모든 연합체association의 본질)을 구성하는 것으로서의 부르주아적인 법적 관계들에 대한 '자연적'(=법권리적) 정

---

* '최초심급에서는'은 'en première instance'를 옮긴 것이다. 프랑스어에서 'en dernière instance'는 문자 그대로 '최종심급에서'라는 뜻이지만('instance'는 '1심', '2심', '항소심' 등등에서 쓰이는 법률 용어 '심審'에 해당하는 프랑스어이다) 일상적으로는 '결국에는', '종국에는', '마지막에는'이라는 의미로 쓰인다. 물론 마르크스주의에서는 그 법률적 의미에 가깝게 '최종심급에서'를 뜻한다. 반면 'en première instance', 즉 '최초심급에서'는 문자 그대로 '최초심급에서'라는 뜻이지만 일상적으로는 '근본적으로', '시작에서는', '처음에는'이라는 의미로 쓰인다. 마르크스주의적 전통에 따라(물론 '최초심급'은 마르크스주의 전통에서 거의 사용되지 않는 용어이지만 여기서 알튀세르가 의도적으로 사용하고 있다) 이 둘을 '최초심급'과 '최종심급'으로 옮기는 것이 옳지만, 이 두 단어에 위에서 언급한 일상적 의미들 역시 포함되어 있다는 점을 염두에 둘 필요가 있다. 알튀세르가 여기서 '최초심급'이라는 용어를 활용하는 이유는 뒤에 등장하는 다음의 테제와 대칭을 이루게 하기 위함이다. 311쪽의다음 단락을 참조하라. "그래서 만일 어느 한 생산양식이 (순수한 '본질들'이라는 이념적/이상적 천상 속이 아니라) 하나의 사회구성체를 재생산하기에 적합한 형태들 안에 '존재'하고 있다면, 그렇다면 우리는 일관성을 유지해 다음과 같이 말해야만 한다. 만일 최초심급에서 사회구성체들의 역사만이 존재한다면, 최종심급에서는 생산양식들의 역사만이 존재한다고. 이는 생산양식이 하나의 역사를 갖는다는 점을 의미한다."

당화라는 문제에 사로잡혀 있다. 부르주아적인 철학적 이데올로기는 그 이외의 나머지 것들에 전혀 관심을 갖지 않는다.

바로 이 '사회구성체'라는 용어는, 사회-개인(들)이라는 이데올로기적 쌍, 즉 '사회'라는 (이 쌍 안에서 이데올로기적인) 통념과 아무런 관계도 없다는 점에서 과학적 분석의 대상이 될 수 있다.

한 사회구성체의 **특수한 형태**라는 문제를 제기하게 되면 이 '사회구성체'라는 용어와 사회-개인(들)이라는 이데올로기적 쌍 사이의 차이는 확연히 드러나게 된다. 특정 시간 이래로 '자본주의적 사회구성체들'이 존재하기 시작했다. 그런데 이 자본주의적 사회구성체들은 **국민-형태**라는 하나의 특수한 형태 아래에 그리고 그 안에 '존재'한다. 이것이 너무 명백하지 않느냐고? 생각보다 그렇게 명백하지는 않다. 어쨌든 이는 우리가 [분석을 통해] '정복' 해야 할 하나의 명증성이다. 노예제적 혹은 농노제적 사회구성체들은 **국민-형태**와는 완전히 다른 형태들 아래에 존재했기 때문이다. 그리고 우리 모두는 마르크스[99]와 레닌[100]이 국민-형태가 오랫동안 존속한다고 할지라도 영원히 생존하지는 못할 것이며 [언젠가] 소멸하고 말 것이라는 점을 보여주는 작업에 얼마나 열중했는지를 잘 알고 있다. 공산주의적인 [복수의] 사회구성체들(혹은 [공산주의적인 단수의] 사회구성체?)의 존재 형태는 확실히 국민-형태는 아닐 것이기 때문이다.

왜 자본주의적 사회구성체들은 국민-형태 아래에서 '존재'하는 것일까? 왜냐하면 최종심급에서 이 국민-형태—그리고 나머지 모든 것은 가능한 한 가장 모순적인 방식으로 [바로 뒤에서 언급되는] 시장에 종속되어 있다—가 **시장**의 존재에 의해, 즉 자본주의적인 상품생산의 존재와 발전의 지리적 영역에 의해 이 자본주의적 사회구성체들에 〔강제적으로〕 부과되기 때문이다. 제작 생산물(즉 상품)의 시장뿐 아니라 생산수단 시장과 노동력 시장의 존재까지도 포함해서 말이다. 이는 필수 불가결한 시작점이며, 시작점일 뿐 아니라 지리적 공간에 의해 기입된, 그 어떤 자본주의적인 사회구성체에도 필수 불가결한 물질적 토대이다. 그리고 현재 상품의 세계시장을 넘어선(현재 상품의 세계시장은 금융자본의 세계시장에 의해 지배되고 있으므로), 국민국가들을 넘어선(우리가 '다국적' 독점기업들의 형성을 목도하고 있으므로) 제국주의의 발전과 함께 일어나고 있는 것들을 우리는 '국제적/간국민적inter-nationaux'이라고도 분명히 말할 수 있을 것이다. 여러 제국주의 국민국가들이 공유하는 하나의 '유럽 시장'을 수많은 장애물들이라는 값을 치르고서라도 구성하려 시도함으로써 발생하는 모든 것들 또한 국민-형태의 토대를 파괴하는 것이 아니라 오히려 이를 전제한다. 국민-형태의 토대 위에서, 즉 국내 시장의 토대 위에서 동시대 제국주의의 '세계적'이고 '국제적'인, 그리고 '대륙적'(즉 유럽적) 형태들이 구성되는 것이다.

3.

그러므로 이러한 의미에서 우리는 다음과 같이 말할 수 있다. 최초심급에서는 사회구성체들의 역사만이 존재한다. **사회구성체들의 실존 형태가 이 사회구성체들 안에서 실현되는 생산양식에 의해 결정된다**는 점을 고려한다면 말이다. 각각의 생산양식에는 그에 조응하는 각각의 사회구성체의 실존과 그 실현의 형태가 존재한다.

생산양식과 그 형태 사이의 이러한 구분은 굉장한 중요성을 지니고 있다. 왜냐하면 그 구분에 따라 다음과 같이 말할 수 있기 때문이다. 모든 생산양식이 일종의 신이 부여한 권리 혹은 존재론적 논거(모든 본질이 완전한 권리 안에 존재하기를, 각각의 생산양식이 이 본질로 인해 존재하기를 원하는 존재론적 논거)를 통해 자신이 그 안에서 존재할 수 있는 **형태**를 자동적으로 '발견'하지는 않기 때문이다. 만일 생산양식이 이 형태를 '발견'한다면, 다시 말해 만일 현존 조건들이 이 생산양식으로 하여금 이 형태에 존재를 부여하고 이 형태를 실현하고 이 형태를 '주조'할 수 있도록 한다면, 여기서 문제가 되고 있는 이 생산양식이라는 것은 존재하게 될 것이다. 만일 생산양식이 그 형태를 발견하지 못한다면, 만일 현존하는 조건들이 이 생산양식으로 하여금 이 형태를 실현하고 이 형태를 강제할 수 있도록 하지 않는다면, 이 생산양식은 존재하지 못하게 될 것이다. 혹은 만일 이 생산양식이 일정한 시간 동안 존재하기 시작했다면, 만일 필연적으로 요구되는 유예 기간이 지난 뒤 이 생산양식이 자신에게 조응하는 사회구성체의, 다시 말해 단순한 형태 아래에서든 확대된 형태 아래에서든 자신으로 하여금 재생산을 가능케 해주는 사회구성체의 **형태**를 갖는 데 성공하지 못한다면(생산양식은, 스피노자적인 필연성을 따라 [만일 이 조건이 충족되지 않는다면 바로 뒤에서 말할 것처럼] 죽어버릴 것이기 때문에 이를 지적해야 한다), 그렇다면 그 생산양식은 죽어버리고 말 것이다.

이는 역사에서 실제로 일어났던 일이며, 아마도 굉장히 여러 차례 일어났던 일이었을 것이다. 역사학의 불행(나는 지금 역사학

역사에 관한 글들

자들의 역사학에 대해 말하고 있다)은 역사학이 기정사실에 대해서, 그리고 자신의 물신 속에서, 역사의 재생산의 조건들을 생산하는 데 이미 적합한[즉 그 재생산에 성공한] 결과, 오랜 기간 앞으로도 유효할 결과에 대해서[만] '연구'한다는 데서 발생한다. 생물학자들이 현존하는, 즉 스스로를 재생산하는 데 이미 성공한 종들에 관해 연구하는 것과 정확히 마찬가지로 말이다. 하지만 최소한 생물학자들은 생명이 재생산에 적합한 몇몇 종(예를 들어 인간)을 생산하는 데까지 도달하기 위해(만일 사람들이 내가 이 '성공'의 언어를 사용하도록 허락해준다면) 상상을 초월하는 양의 쓰레기를 얼마만큼이나 지불해야 했는지를 잘 알고 있다.* [현재] 살아 있는 것은 [결국 과거에] 살아남은 것이다. [현재] 살아 있는 것은 살아남을 수 없었던 시체들이 가득 쌓여 있는 상상할 수 없이 드넓은 벌판 위에서만 존재한다. 그리고 퇴적층과 화석 속에 그 흔적이 잔존하고 있다. 바로 그렇기 때문에 생물학자는, 생명의 미스터리, 다시 말해 생존[살아남음]의 미스터리가 [현재] 살아 있는 것의 편에서, 즉 살아남은 것의 편에서가 아니라 죽은 것에서, 즉 살아남지 못한 것의 편에서 찾아져야 하는 것은 아닐까 의심하면서, 생명의 역사에 관한 희미한 관념을 스스로 만들어 갖게 되는 것이다. 그러나 생물학자들과 달리 역사학자들은 여전히 이러한 사고에 도달하지 못하고 있다.

하지만 생물학이 진화주의라는 자신의 이데올로기적 이론과

---

* 살아남은 종들 뒤에는 살아남지 못한 종들이라는 쓰레기가 어마어마하게 존재했다는 의미이다.

단절하기 시작했듯, 역사학이 진화주의라는 자신의 이데올로기적 이론과 단절하기 위해서는 이러한 사고에 도달해야만 할 것이다. 다시 말해 역사학은 이미 죽어버린, 살아남을 수 없었던 생산양식들을 고려하는 데 이르러야만 할 것이다. 왜냐하면 {이 생산양식들은} 다른 〔어떤〕 이유들보다 이 생산양식들이 (그 안에서 이 생산양식이 존재할 수 있는) 사회구성체의 고유한 **형태**를 실현하는 데 도달하지 못했다는 이유로 인해 자신을 재생산할 수 없었기 때문이다(이는 그 존재의 고유한 형태에 대한 추구 바깥에 존재하는 본질이란 없다는 점으로 인한 것이다).

단 하나의 예만을 들어보자. 이미 우리는 자본주의의 도래를 우리에게 약속해주었지만 자신의 '운명' 속에서 유산되어버린 14세기 이탈리아 도시들의 운명에 충분히 놀라지 않았는가? 하지만 여기서 더 멀리 나아가야 한다. 14세기 이탈리아 도시들은, 도시와 농촌에서 자본주의의 완벽히 근대적인 형태들을(즉 수력 에너지를 통해 작동하는 대공업의 조립 노동과 세분화된 노동, 그리고 농촌에서 생산을 발전시키기 위해 현존하는 과학적 지식 — 농업자본가를 위해 복무하는 농학자 집단 전체의 지식 — 을 활용하는 것을 포함해) 완벽히 '실현'했다. 그런데 자본주의는 죽었다.

왜일까? 그 당시 존재했던 사회구성체, 즉 '도시에 더해 농촌과 그 주변'이 자본주의적 생산양식의 발전에 적합한 형태가 아니었기 때문이다. 자본주의적 생산양식의 발전을 위해서는 국민-형태가 필요했지만, 그 당시 사람들은 '도시-형태에 더해 약간의 농촌'만을 가지고 있었을 뿐이다. 그러나 이는 자본주의에 필수적인 시장(위에서 우리가 제시했던 그 모든 의미에서의 시장이라는 것)이라는 영역을 구성하기에는 충분치 않았다. 이로 인해 이 자본주의적 사회구성체들은 죽을 수밖에 없었다. 이 사회구성체들은 자본주의적 생산양식의 존재에 적합한, 다시 말해 그 단순한 재생산과 확대된 재생산에 적합한 형태인 국민-형태를 구성할 수 없었기에 죽고 말았다.

만일 [역사적으로] 누군가가 이 점을 이해했다면, 그리고 심지어 바로 이탈리아에서 누군가가 이 점을 이해했다면, 그는 바로 마키아벨리라는 이름의 인물이다. 나는 마키아벨리가 모든 것을 말했다고 주장하려는 것은 아니다. 하지만 그는 필요하다면 모든 조각들을 가지고서 제작해야만 하는, 그리고 무無로부터 출발함으로써 제작해야만 하는,[101] **빠져 있는** '결정적 고리'가 무엇이었는지를 이해했다. 이는 바로 국민국가였다. 그리고 바로 이러한 사고로부터 《군주론Le Prince》[1532]이 탄생했다. 그러나 역사학자들은 이를 이해하지 못했다. 마르크스주의자 자신들은 이를 이해했는가? 마르크스주의자들은 14세기 이탈리아 도시들 안에 존재했던 이 자본주의를 역사에서 아예 삭제해버렸다. 왜냐하면 곧 죽음에 도달하게 될 이 자본주의라는 존재가 마르크스주의자들을 불편하게 만들었으며, 이들이 존재론적 주장과 경험주의 사이에서 동요했고 진화주의를 통해 자신들의 걱정을 해소해버렸기 때문이다. 마르크스주의자들이 보기에 이 도시들에 존재했던 것은 자본주의일 수 없었다. 왜냐하면 결국 죽고 말았으니까! 그리고 정의상 자본주의는 봉건제 생산양식의 뒤를 잇는 생산양식으로서 존재해야만 하니까. 결국 마르크스주의자들에게 자본주의는 존재하면서 동시에 죽을 수는 없는 것이다! 드디어 우리는 바로 이 지점에 도달했다.

이 단순한 언급은 분명 몇몇 심연〔즉 난점〕을 열어젖힌다. 하나의 생산양식이 죽을 **수도 있다**는 것, 이는 모든 마르크스주의자들이 동의하는 것이다. 그리고 심지어 마르크스가 자본주의적 생산양식의 변호론적 경제학자들 혹은 이와 유사한 다른 이들의 '초역사적éternitaires' 혹은 '초역사주의적éternitaristes' 허상에 반대하는 것은 필수적인 것으로 보인다. 하지만 주의하라! 자본주의적 생산양식은 이 자본주의적 생산양식이 **죽어야 할** 때만 죽을 수 있다! 다시 말해 이 자본주의적 생산양식이 **"자신의 모든 잠재력을 소진했"**을 때, 게다가 **"자신의 중심에 수용할 수 있는 모든 생산력을 발전시켰"**을 때 말이다.[102] 간단히 말해, 자본주의적 생산양식이 "자신의 시간을 다했을 때", 다시 말해 자신의 "역사적 임무"를 완수했을 (자본주의적 생산양식의 경우, "생산력을 전례 없는 방식으로 발전시키기"라는 임무[103]), 다시 말해 생산양식 자신의 **의무**를 완수했을 때. 하지만 하나의 생산양식이, 그러니까 시장을 넘어서 존재하고 있는 동일한 생산양식이, 자신의 역사적 의무를 완수하기도 전에 죽는, 자신의 시간이 다하기도 전에 죽는 등등, 그러니까 사태를 극한으로 밀어붙여보자면, (제대로 그리고 지속적으로) 존재하기도 전에 죽는 호사를 누리는 것, 이는 있을 수 없는 일이다!

나는 진짜 정치는 이러한 괴상망측한 질문이 아무런 의미도 없다고, 자신들은 존재하는 것에 대해서만 작업한다고, 진정으로 존재하는 것만이 투쟁할 가치가 있다고, 그리고 존재하는 것 바깥에서 투쟁할 수는 없는 노릇이라 말할 것이라는 점을 잘 알고 있다. 그러나 이 사소한 질문에 정말로 어떤 정치적 의미도 없는 것일까? 아니 오히려 어느 한 생산양식의 존재 자체를 가로막는 (예의 있게 말하기 위해 이러한 어휘를 사용하자면) 사회구성체의 **형태들**이 존재할 수 있다는 점은 정치적으로 가장 의미 있는 것일 수 있다. 그리고 우리는, 자본주의적 사회구성체들의 국민-형태 이외에도 **수많은** {형태들이} 존재할 수 있는 높은 가능성이 있음에도 불구하고, 단지 **하나의** 형태만을 언급했다. 예를 들어, **사회주의적** 사회구성체 안에서 자본주의적 생산양식과 함께(레닌) 적대적인 방식으로 존재하는(레닌) 공산주의적 생산양식이 **존재**할 수 있는 현실적인 가능성을, 다시 말해 (이 공산주의적 생산양식의 실존 형태들을 예비하는 동시에) 존속하고 있는 자본주의적 생산양식의 요소들을 압도할 현실적인 가능성을 지니기 위해서는, 하나의 **사회주의적** 사회구성체가 (국민-형태만이 아니라 또 다른) **어떤 형태들 아래에서** 존재해야 하는지를 질문하는 일은 충분히 의미 있는 것일 수 있다. 그렇지 않은가?

그런데 여기서 나는, 이러한 단순한 질문을 귀신처럼 따라다니고 있는 것에 대해 말하고 있는 것이 전혀 아니다. 아니 오히려 이에 대해 말해보자.* 만일 우리가 (자기들 고유의 적합한 형태들 아래에서) 현존하고 있는 생산양식들의 역사적 존재가 지니는 비밀이 그 존재의 조건들의 기정사실 안에서뿐 아니라, 존재하는 하나의 생산양식의 존재의 조건들을 이해하기 위해, 최소한 동일한 생

---

*   '~에 대해 말하고 있는 것은 아니다. 하지만 ~'은 말하고자 하는 바를 이야기하지 않는 척하면서 말할 때 자주 쓰이는 관용구이다. 여기서 알튀세르는 이 관용구를 한번 더 비틀어 이를 "~에 대해 말하고 있는 것은 아니지만, 그럼에도 오히려 이에 대해 말해보자"라고 농담조로 활용하고 있다.

산양식들의 비-존재(이 생산양식들이 죽었기에 존재하지 않는)의 조건들의 (완성되지 않아) 말소된 사실에서도 찾아져야 한다고 사고해야 한다면, 그 경우 우리는 사슬의 두 끝을 연결시켜야만 한다. 다시 말해 존재의 경우와 비-존재(위에서 지적한 의미에서의 비-존재)의 경우를 비교하고 **비-존재의 조건들에서부터 출발해 존재의 조건들을 사고**해야 하는 것이다.

기정사실의 전문가들에게는 미안한 이야기지만, 위와 같은 질문에는 정치적 결과 또한 없지 않다. 왜냐하면 이 질문은 (우리의 논의와 관련된 사회주의의 경우로 다시 돌아오자면) 생산양식의 비-존재의 조건들에서부터 출발해, 잉태 중인 생산양식〔즉 공산주의적 생산양식〕의 존재의 조건들에 관해 우리에게 많은 것을 말해주기 때문이다. 이는 매우 흥미로운 모순적 상황인데, 이 상황이 마치 우연처럼 자본주의에서 공산주의로의 '이행'에 관한 레닌의 이론을 다시 취하기 때문이다. 사회주의 안에서,[104] 공산주의의 비-존재의 조건들이 명명백백히 이곳으로 모두 모이게 된다. 이 비-존재의 조건들이란 바로 〔여전히〕 존속하고 있는 자본주의적 생산양식의 요소들이다. 물론 이는 사회주의에서 여전히 존속하고 있는 계급 및 계급투쟁과 같이, '다른 형태들' 아래에서(레닌[105]) 존속하고 있는 요소들(물론 마르크스라면 '변형된'이라고 {말했을} '다른 형태들' 아래에서 존속하고 있는 요소들)이다. 그러나 이 요소들은 상상 속에 존재하고 있는 것이 전혀 아니라 굉장히 실제적이고 능동적으로 여기에 존재하고 있다. 그리고 공산주의적 생산양식의 존재의 조건들과 비-존재의 조건들 사이의 이러한 모순을 올바르게 (제대로 정향된 정치를 통해 올바른 방향으로) '해결'한다는 조건 아래에서 우리는 언젠가 공산주의적 생산양식에 도달할 수 있을 것이다. 그리고 (어떤 사람들에게는 자본주의적 생산양식이 존재하기 시작한 이래로 그것의 운명이 볼 것도 없이 사전에 이미 결정되었듯,* ― 이들은 자본주의적 생산양식의 실존의 조건들이 채워지지 않아 이 자본주의적 생산양식이 죽고 말았을 때도 이것이 존재한 적도 없었다고 말한다. 이렇듯 죽음에 이른 모든 것이 실은 존재조차 하지 않았다고 전제하고서 이를 그 증거라고 들이미는 것은 얼마나 단순하고 쉬운 일인가!) 이 또한 볼 것도 없이 사전에 이미 결정되었다고 믿는 이들은, [사태를 제대로 파악하기 위해서는] 우리가 공산주의로 나아가는 대신 이전으로 다시 퇴보할 수 있으며 더 이상 나아가지 못해 뒷걸음질 치고 있는 사회주의 안에서 [하염없이] "대기실에서 면회를 기다리"기만 하게 될 수도 있다고 말했던 레닌[106]을 다시 읽어보는 것만으로도 충분하다. 정말이지 나에게는 레닌이 생산양식의 비-존재(혹은 그 죽음)의 조건들에 관한 이 사소한 질문의 의미를 꽤나 잘 이해했던 것으로 보인다. 물론 나는 여기서 **정치적** 의미를 말하고 있다 (왜냐하면, 오 주여, 최소한 레닌은 사변가는 아니었기 때문에).

그러므로, 최초심급에서는 다음과 같이 정의된, 그러니까 생산양식의 존재의 조건들**과** 비-존재의 조건들 사이의 모순적 쌍을 실현하는 (이 사회구성체들의) **형태들**을 통해 정의된 `사회구성체들`만이 역사적으로 존재하며, 사회구성체 내 생산양식의 **존재**라는

---

*   '볼 것도 없이 사전에 이미 결정되었다'는 'c'est joué d'avance'라는 관용구를 옮긴 것으로, (예를 들어 스포츠 경기에서 두 팀의 실력 차이가 너무 커) 결과가 볼 것도 없이 정해져 있거나, 그래서 경기를 치를 필요가 없는 상황을 일컫는 관용어이다.

질문이 다음과 같은 모순적 쌍, 즉 그 존재의 조건들과 그 비-존재의 조건들 사이의 모순적 쌍을 통해서만 제기되는 것이다.

4.

위에서 우리는 '최초심급에서'라고 말했다. 분명 이렇게 말했다. 왜냐하면 우리는 더 멀리 나아가야 하기 때문이다. 다음과 같은 이원론에 머무르는 것은 전혀 가능하지 않다. 한편으로, 하나의 **본질**로서의 생산양식, 다른 한편으로, **이 생산양식의 존재의 조건들**을 실현하는(혹은 실현하지 못하는) 것으로서의 사회구성체라는 이원론. 제대로 된 마르크스주의-스피노자주의에서, 본질과 존재는 두 층위로 나뉘어 존재하지 않는다. 본질은 자신의 존재 안에서만, 자신의 존재의 조건들 안에서만 존재한다. 그러나 이는 본질 그 자신에게 그 존재의 조건들을 **보증해주는** 선차적 적합성을 권리와 같이 가지고 있음을 의미하지 않는다. 오, 맙소사! 불행히도 역사는 그 정반대의 경우를 충분히 보여주고 있다. 본질과 이 본질의 존재 조건들 사이의 관계는 모순을 운명처럼 지니고 있다는 점을 말이다.

하지만 모든 모순들, 장애물들, 충돌들은 적절하지 않다〔적절한 만큼만 존재하지 않는다〕. 역사 속에는 쓰레기가, 그것도 엄청난 양의 쓰레기가, 즉 역사가 치러야 하는 부대 비용이 존재한다.* 그러나 그럼에도 우리는 명백히 이 모순이, 본질로부터 멀어지기는/

---

* '부대 비용'으로 옮긴 'faux frais'는 상황상 부득이하게 지불하게 되는 특별 지출을 의미한다. 여기서는 모순이 없었다면 치르지 않아도 되었을, 모순이 만들어내는 비용을 뜻한다.

낯설어지기는커녕, 본질과 한 몸을 이루고 이 본질을 구성한다고 말할 수 있다. 간단히 말해, 생산양식의 본질은 모순이며, 본질과 그 존재의 조건들 사이의 모순은 생산양식의 본질에 외재적이기는커녕 모순의 주요한 발현 형태forme de manifestation이다. 이 점은 상당히 쉽게 이해될 수 있다(어느 한 생산양식에, 아니 생산양식 모두에서라고는 말하지 않더라도 최소한 모순이 명백히 드러나는 계급사회에 내적인 '모순'을 우리가 알고 있을 때 말이다. 왜냐하면 이 계급사회는 그 생산관계의 적대적 특징 속에 존재하고 있기 때문이다). 하지만 이 지점에 대해서는 더 이상 다루지 말자.

그래서 만일 어느 한 생산양식이 (순수한 '본질들'이라는 이념적/이상적 천상 속이 아니라) 하나의 사회구성체를 재생산하기에 적합한 형태들 안에 '존재'하고 있다면, 그렇다면 우리는 일관성을 유지해 다음과 같이 말해야만 한다. 만일 최초심급에서 사회구성체들의 역사만이 존재한다면, 최종심급에서는 생산양식들의 역사만이 존재한다고. 이는 생산양식이 하나의 역사를 갖는다는 점을 의미한다.

매우 소박하고 짧은 이 문장은 우리를 웃게 만들 것이다. 그러니 열린 문을 열자!** 물론 당신을 위해 문을 열어준다면, 문이

** '열린 문을 열기'는 'enfoncer une porte ouverte'를 번역한 것으로, 프랑스어에서 자주 쓰이는 관용어이다. 이미 열린ouverte 문을 여는enfoncer 행위란 아무런 의미 없는 행동, 사실상 할 필요가 없어 하지 않은 행동 혹은 너무나 자명한 사실에 대한 말하기(가령, '열린 문이 열려 있다'는 문장)를 의미한다. 여기서 알튀세르는 '생산양식이 하나의 역사를 갖는다'는 문장이 너무 당연한 이야기지만, 그럼에도 이에 대해 설명해볼 필요가 있음을 풍자적으로 표현하기 위해 이 관용어를 활용하고 있다.

열려 있으니 당신은 들어오기만 하면 된다. 하지만 당연히 그 전에 자물쇠를 따서 이 문을 열었어야만 한다. 그리고 열린 문으로 들어오는 이들 중 자신이 직접 자물쇠를 따서 문을 열어놓았던 경우는 거의 없다. 열쇠공이 이미 해놓은 작업은 무시하면서, 그래서 열쇠공은 자물쇠를 가지고 한 일이 전혀 없으며 문은 이미 열려 있었고 그는 '열린 문을 열었'을 뿐이라고 말하면서 이들은 아무 노력 없이 이익을 사취하기를 원한다. 뭐, 아무래도 좋다.

하지만 생산양식이 하나의 역사를 갖는다고 말하는 것, 물론 이 생산양식과 역사라는 단어 각각을 진지하게 개념으로 취급한다는 조건에서 이렇게 말하는 것, 이것이 초래하는 결과가 없지는 않다.

왜냐하면 한눈에 보일 정도로 명백하지는 않은 이 생산양식이라는 것이 도대체 무엇인지 파악해야 하기 때문이다. 게다가 모호하거나 어렴풋한 방식이 아니라 정확하고 엄밀한 방식으로 파악해야 한다. 왜냐하면 이것이 바로 마르크스가 개념을 가지고서 작업했던 방식, 즉 개념을 과학적 개념으로 만들기 위한 방식이기 때문이다. 우리는 마르크스에게 이 작업 자체의 가장 커다란 부분을, 또한 마르크스의 이 작업을 계속 이어나갈 수 있도록 해주는 것들도 빚지고 있다. 하지만 이 작업의 성격에 대해 우리는 너무나도 잘 알고 있다. 마르크스는 모든 부정확한 것들을 배제하고 과학의 엄밀함을 요구했다.

그다음으로 우리는 역사란 무엇인지 파악해야 한다. 이 지점에서도 역시 동일한 언급이 가능하다. 역사는 우리가 원하는 거의 모든 것을 포함하는 모호한 단어가 아니라 과학적이기에 정확하

역사에 관한 글들

고 엄밀한 하나의 개념이다.

분명 이 모든 것을 설명해내야 할 것이다. 하지만 우리가 비유를 통해 이에 대해 방금 전 말했던 것은, 다음과 같은 짧은 문장, 즉 '생산양식은 하나의 역사를 갖는다'는 문장을 쓴다는 것이 (비록 이 문장이 짧기는 하지만 매우 진지한 문장이라는 점에서) 그럼에도 매우 진지한 작업임을 지적해준다. [여기서 '진지하다'라는 단어는] 하나의 과학이라는 의미에서 진지하다는 것이다.

[이 짧지만 진지한 문장이 초래하는] 몇몇 결과들을 통해 이 점을 다음과 같이 보여주도록 하겠다.

우리 모두는 하나의 역사적 사회구성체(예를 들어 '국민-형태'로 존재하고 있는 자본주의 프랑스)가 하나의 생산양식(여기서는 자본주의적 생산양식)의 존재[하나의 생산양식으로 존재한다]라는 점에 동의한다. 지금 당장 우리 머릿속에 떠오르는 역사적인 모든 쓰레기와 부대 비용(이에 대해서는 뒤에서 곧 다시 다룰 것이며, 이것이 얼마나 이상한 쓰레기인지도 살펴볼 것이다)이 한편에, 생산양식과 사회구성체 사이의 모순, 다시 말해 생산양식의 본질 그리고 이 생산양식의 존재의 조건들과 비-존재의 조건들 사이의 모순(생산양식의 본질의 존재에 구성적이라고 우리가 위에서 말했던 그 모순 — 어떤 의미에서 그러한지는 뒤에서 곧 살펴볼 것이다)이 또 다른 한편에 이 하나의 생산양식과 함께 존재한다. 이 모든 것에 우리 모두는 동의하고 있다.

동일하게, 생산양식의 본질이 (계급사회의 경우, 생산수단과 노동력의 소유와 비-소유를 대상으로 하는) 그 계급투쟁 내부에서 적대적인 두 계급들을 분할하고 대립시키는 구성적이고 적대적인 그 생산관계에 의해 구성된다는 점에 우리 모두가 동의해야 한다. 이에 대한 증명은 이미 다른 곳에서 행해졌다.

만일 그렇다면, 생산양식이 하나의 역사를 갖는다고 말하는 것, 이는 이 생산양식을 구성하는 것, 즉 그 생산관계가 역사를 갖는다는 점을 의미한다. 여기서 나는 무분별하게 사용되었던 복수형('생산관계들')이 아니라 (《자본》의 미간행된 장에서 마르크스가 했던 것처럼[107]) 단수형['생산관계']을 사용하고 있다. 이 복수형['생산관계들']은 (지배적 생산양식의 지배를 받는 이전 생산양식들이 함께 존재함으로써) 여러 생산양식들이 존재하는 하나의 사회구성체에 대해 말할 때 정당화될 수 있다. 이 경우, 우리가 하나의 사회구성체 안에서 여러 생산양식들을 발견하듯, 우리는 이 하나의 사회구성체 안에서 여러 생산관계들을 발견한다. 하지만 하나의 생산양식 안에는 하나의 생산관계만이 존재한다. (물론 이 생산관계는 다른 생산관계들[예를 들어 소비 관계, 교통 관계 등등]로 확장되지만, 그 경우 이는 더 이상 **생산**관계가 아니다.) 그러므로 하나의 생산양식의 생산관계는 하나의 역사를 갖는다.

우리는 마르크스가 '생산관계들의 발전'에 대해 언급하기 위해 활용했던 모든 정식들을 떠올림으로써 이에 대한 대략적이고 경험적인 관념을 스스로 만들어 가질 수 있다. 생산력들뿐 아니라 생산관계들 또한 발전하는 것이다. 그런데 아마도 이 발전은 일종의 역사가 지니는 지표일 것이다(하지만 이는 그저 지표이기만 할 것인데, 우리는 진화주의자가 아니기 때문이다). 또 다른 지표는 다음과 같다. 만일 생산관계가 계급들을 계급투쟁 내부에서 서로 대립하는 계급들로 분할한다면, 그리고 만일 계급투쟁이 '역사의 동력'

이라면, 생산관계와 역사 사이의 연결은 그 투쟁 속에서 대립하는 계급들이라는 매개를 통해 직접적인 연결이 될 것이다. 이것은 설명이 아니라 단지 지표들일 뿐이다. 이에 대한 논의로 곧 다시 돌아올 것이다. 지금으로서는 생산양식이 하나의 역사를 갖는다는 관념과 멀찍이에서나마 그저 친숙해질 필요가 있다.

하지만 열린 문을 열고 들어가기 위해 이 지점에서 우리의 논증 과정을 멈추고 논의의 차원을 변경해보자. 그리고 다음과 같은 명증한 진리를 언표해보자. 사회구성체들의 생산양식으로부터의 de, 그리고 사회구성체들의 생산양식에 의한par 역사, 즉 사회구성체들의 역사만이 존재한다.

이러한 언표를 통해 우리는 역사라는 질문에, 우리 모두가 그 명증성들을 가득가득 채워넣는 단어, 하지만 마르크스는 우리들과는 달리 과학적 개념을 통해 다뤘던 단어인 역사라는 단어가 제기하는 질문에 도달하도록 강요받는다. 우리 모두는 역사라는 것이 그 무엇도 일어나지/발생하지 않을 때조차 일어나는/발생하는 것이라는 점을 알고 있다.* 비트겐슈타인이라는 이 영리한 이는 심지어 사물/사태를 세계로까지 확장했다. "Die Welt ist alles, was der Fall ist",[108] "Le monde c'est", "tout ce qui advient", "tout ce dont il est question", "tout ce qui tombe". (기자라는 직업과 관

---

* '일어나다/발생하다'는 동사 'arriver'를 옮긴 것이다(이 어휘의 첫 번째 의미는 '도착하다'이다). 아래 등장하는 "Le monde est tout ce qui arrive"이든 "Le monde est tout ce qui a lieu"이든 "세계는 일어나는/발생하는 모든 것이다"로 옮길 수 있는데, 'arriver'의 경우 '도착하다'의 의미가, 'a lieu'의 경우 '장소를 차지하다'의 의미가 더 강하다.

련해 사람들이 사건사고가 '일어난다tombe'고 말하듯이.)*

　　하지만 바로 여기서부터 난점이 시작된다. 일어나는/발생하는 모든 것이 역사적인 것은 아니다. 모든 사건들이 역사적인 것은 아니다. 그렇다면 무엇이 역사적인 것과 그렇지 않은 것을 구분해주는가? 다시 말해 무엇이 그 둘을 분류해주는가? 분명 당신도 나도 아니며, 심지어 위대한 인간들도 아니다. 아 맞다, 역사학자들이 있지. 이게 그들의 일이니까. 하지만 그들이 채택한 분류의 기준은 도대체 무엇인가? 역사학자들의 기준을 조금만 가까이에서 검토해본다면, 흐름을 거슬러 노를 젓는 이들을 제외했을 때, 우리는 역사학자들의 기준과 판단이 역사학 그 자체의 기준과 판단을 등록하는 일 말고는 그 무엇도 하지 않음을 확인하게 된다. 이는 역설이다. 왜냐하면 역사적 사건들과 그렇지 않은 사건들을 분류하는 것이 바로 역사학이며, 역사적인 것이 무엇인지를 말하는, 즉 역사란 무엇인지를 말하는 것이 바로 역사학이기 때문이다.** 하지만 무엇이 역사인지를 말해주는 역사학은, 그 안에서

---

* "Le monde c'est tout ce qui advient", "Le monde c'est tout ce dont il est question", "Le monde c'est tout ce qui tombe" 모두 "Le monde c'est tout ce qui arrive", "Le monde c'est tout ce qui a lieu"와 마찬가지로 '세계는 일어나는/발생하는 모든 것이다'로 옮길 수 있다. 'advient'은 '닥치다'의 의미가, 'est question'은 '문제가 되다'의 의미가, 'tombe'는 '떨어지는 형태로 일어나다'의 의미가 강하다.

** 쉽게 말해, 역사학은 무엇이 역사적인 사건이고 무엇이 그렇지 않은 사건인지를 구분하는 어떤 기준을 가지고서 자신의 연구를 시작할 수 있다. 그러나 이러한 기준은 역사학이 역사적인 사건과 그렇지 않은 사건을 연구한 뒤에야 획득할 수 있는 것이라는 점에서, 결국 역사학의 이 기준을 정당화하는 최종심급은 역사학 자신이라는 역설이 발생한다.

이 역사학이 스스로를 역사학이라 공언하는 그러한 역사학과 동일한 역사학 아닌가? 그렇다. 역사학의 판단은 역사학이 자기 자신에 대해 내리는 판단인 것이다. 아멘.*** ****

바로 이 지점에서 마르크스가 소곤거리기 시작한다. 역사학이 자기 자신에 대해 내리는 판단은 역사학을 역사학으로 구성한다. 좋다. 하지만 이 '판단'은 신이 내린 판단/심판이 아니다. 이 '판단'은 적대적 계급들을 대립시키는 계급투쟁의 **결과**이다. 피착취계급에 대한 지배계급의 승리는 '역사(학)'의 자기 자신에 대한 '판단'이며, 지배계급의 역사학자들은 패배한 계급(1848, 1871)을 그 패배에 대한 [자신들 식의] 근거와 수식어를 통해 적절한 방식으로 다룸으로써 승리를 자신들의 책 속에 기입한다. 패배한 계급이 다시는 감히 저항할 생각을 하지 못하도록, 그리고 필요하다면 패배한 계급에게 왜 그들이 패배할 수밖에 없었는지를, 그들이 또다시 저항하지 않도록 만들기 위해 자세히 설명해주기까지 하면서. 이것이 역사학의 판단/심판이다. 그러나 패배한 계급은 패배로부터,

---

*** '아멘'은 '그러할지어다'를 의미하는 가톨릭 용어로, 여기서 알튀세르는 이를 비꼬는 의미로 사용하고 있다. 즉 방금 지적한 바가 전혀 타당하지 않으며, 역사학 자신에게나 유효한 것임을 지적한다. 또한 이 부분에서 반복적으로 등장하는 '판단'은 '심판'으로도 옮길 수 있다.

**** 번역을 통해 의미를 전부 살리기 힘들 정도로 알튀세르가 '역사'와 '역사학'의 중의성을 활용하고 있어 부득이하게 원문(p.248)을 제시한다. "Paradoxe: c'est donc l'histoire qui fait le tri entre les événements historiques et les autres, c'est l'histoire qui dit ce qui est historique, donc qui dit ce qu'est l'histoire. Mais l'histoire qui dit ce qu'est l'histoire est-elle la même histoire que l'histoire sur laquelle elle se prononce? Oui: les jugements de l'histoire sont des jugements que l'histoire porte sur elle-même. Amen."

그리고 지배계급이 자행한 학살에서 완전히 다른 기억을 간직할 수도 있다. 패배한 계급이 겪었던 사건은 역사에 대한 완전히 다른 '판단'을 내릴 수도 있다. "아니다, 파리코뮌은 죽지 않았다."[109] 그 증거는 다음과 같다. 눈 위에서 춤을 추었던[즉 러시아에서] 레닌의 1917년 러시아대혁명에서부터 중국의 신해혁명과 문화대혁명의 몇몇 사건들에 이르기까지 파리코뮌은 끊임없이 살아 있었다고.

자, 이제 결론을 내려보자. 계급투쟁의 사건에 따라, 계급간 대립의 결과에 따라, 역사학은 자기 자신에 대한 '판단'을, 투쟁의 결과이자 투쟁 중인 계급들에 의해 모순적인 방식으로 논평되는 '판단'을 내린다. 왜냐하면 이 결과는, **심급instance 중에** 있기에, 이 결과를 생산했던 계급투쟁의 과정/재판procès에 의해 그 자체가 판단될 것이기 때문이다. "우리는 전투bataille에서 패배했지만 전쟁 guerre에서 패배하지는 않았다"고 부르주아 국가의 어느 한 남자는 말했다.[110] 하지만 레닌은 이 남자보다 앞서 파리코뮌의 패배에 대해(비록 이 패배가 충분히 예상 가능한 것이었으며 끔찍한 것이었다고 할지라도) 다음과 같이 말했다. 이미 패배했다고 할지라도 미래의 승리를 위해 투쟁을 이끌어가야 한다고.[111] 이것이 바로 프롤레타리아의 언어이다. 부르주아지는 한 전투에서는 승리한다고 해도 전쟁에서는 패배할 수도 있다는 점을 상상조차 하지 못한다. 이는 그들의 논리 자체에 따른 결론이다. 그래서 우리는 [그들의 논리 내에서는 논리적으로 불가능한 것이기 때문에] 부르주아지에게 그들이 소멸할 수도 있다고 생각해보라 요구할 수 없는 것이다.

역사가 '계급투쟁의 역사'라는 점, 이는 당연한 것처럼 보일

역사에 관한 글들

수 있다. 이는 역사의 최종심급에서 역사의 '판단'을 선언하는 것이 바로 계급투쟁이라는 점을 이해할 수 있게 해준다. 바로 이 계급투쟁이 분류$_{tri}$를 행하는 것이며 계급투쟁이 그 자체로 역사임과 동시에 역사의 동력이기에, 우리는 이 계급투쟁이 [판단을 위해] 계급투쟁의 역사의 바깥으로 나갈 필요도 없이 이러한 분류를 행한다는[즉 행할 수 있다는] 점을 이해하게 된다.*

---

* 프랑스어 'histoire'는 '역사', '역사학', '이야기'라는 세 가지 의미를 모두 지니고 있다. 위의 네 문단에서 등장하는 '역사'는 모두 '역사학'으로도 옮길 수 있으며(역으로 '역사학' 또한 '역사'로 옮길 수 있다), 이 네 문단에서 알튀세르는 그 양의성을 활용하고 있는 듯하다. 심지어 우리가 이미 잘 알고 있는 '역사는 계급투쟁의 역사'라는 테제 또한 이 맥락에서는 '역사 혹은 역사학은 계급투쟁의 역사 혹은 역사학'으로 옮길 수 있다고 판단되는데, 위에서 알튀세르가 부르주아 역사학에 관해 이미 지적했듯, 역사학 안에서 벌어지는 것 또한 하나의 계급투쟁이기 때문이다. 따라서 'histoire'라는 원어의 양의성을 염두에 두며 이 네 단락을 독해할 필요가 있다.

제국주의에 관하여(일부 발췌, 1973)

제국주의와
노동자운동에 관하여

세레티Giulio Cerreti라는 이는 자신의 저작 《두 T의 그늘À l'ombre des deux T》[1973]에서 톨리아티Palmiro Togliatti의 위대한 발명, 즉 토레즈 Maurice Thorez가 옹호했다는 소위 레닌주의적 노선 내부의 소위 지도 자 당parti de cadres과는 다른 프롤레타리아-대중 당이라는 위대한 발 명을 설명할 때는 그렇게 멍청이 같지 않다.*

    만일 노동자운동의 노선과 연관된 조직 형태들이 변화하지 않았다고 믿는다면, 우리는 착각하고 있는 것이다. 일반적으로 우 리는 사회민주주의가 취했던 '잘못된' 혹은 '불충분한' 형태들을 (세포 조직 없는, 직장 세포조직cellules d'entreprise 없는, 전문적 혁명가 없는, 그러니까 지도자 그룹 등등이 없는 [자생주의적인] 사회민주주의의 조 직 형태들과 함께 모두) 제거했던 레닌 이전에도, 과거부터 이 조직

---

*   원문에서 '소위'가 위와 같이 두 번 반복된다.

형태들이 〔끊임없이〕 변화해왔다는 점을 알고 있다.** 하지만 현재 우리는 조직 형태라는 것이 레닌 이래로 단번에 고정되었다고〔그래서 앞으로도 불변할 것이라고〕 생각하고 있으며, 레닌이 고정시킨 기준들에 따라 이러저러한 것이 옳은지 아닌지를 결정하고 있다.

바로 이런 상황에서 세레티가 언급하는 '이탈리아 학파'가, 그리고 톨리아티의 '이탈리아적 노선'에 반대하는 프랑스 공산주의자들이 등장하는 것이다.[112]

그러나 프랑스인들 또한 인민전선의 시기 동안 굉장한 것들을 발명해냈다. 프랑스인들은 프롤레타리아, 빈농, 파산한 프티-부르주아 혹은 임노동자로 전락한 프티-부르주아(그 당시 사람들이 중간계층이라고 불렀던), 반-파시스트 민주주의 부르주아지의 몇 몇 요소들의 광범위한 결합이라는 '노선'을 발명해냈다.

하지만 프랑스인들은 당이라는 개념화를 건드리지는 않았다. 분명 토레즈는 (바르베Henri Barbé-셀로르Pierre Célor와 그 분파주의,[113] 그리고 '계급에 대항하는 계급'의 시대에 반대해[114]) 당의 분위기와 실천을 변형했으나 당이라는 개념화 자체를 변형한 것은 아니었다. 그래서 볼셰비키적 유형의 당만이 남게 되었다.

톨리아티는 당의 노선뿐만 아니라 당의 개념화까지도 변화시켰다. 왜일까?

**   '직장 세포조직'에 대해서는 《검은 소》(배세진 옮김, 생각의힘, 2018)의 1장에서 알튀세르가 제시하는 프랑스 공산당 조직 체계에 대한 소개를 참조하라. '기획 세포'라는 번역도 가능한데, 프랑스 공산당은 이 '직장 세포조직'이 사회주의 건설을 위한 '기획'을 선도하는 세포조직이어야 한다고 주장하기 때문이다.

그 이유는 상대적으로 꽤나 단순하다. 바로 이탈리아 파시즘 때문이다. 노동자 조직을 거의 다 파괴시키고 그 활동가들을 말살한 뒤 실제적인 대중적 토대를 만들어내는 데 성공한 파시스트 정당의 승리는 그 승리에 적합한 '응답'을 톨리아티에게 요구했다. 톨리아티의 위치/입장은 공산당을 대중당(더 이상 '지도자'가 없는, 심지어 '전위'도 존재하지 않는)으로 변형해 대중이 존재하는 모든 곳에서, 특히 파시스트 노동조합 내부에서 투쟁하도록 강제했다. 여기서 톨리아티가 발명해낸, 또 다른 노선을 취하는 다른 형태의 당원 모집과 조직화가 등장하게 되는 것이다. 파시스트들을, 하층 파시스트 관리자들을, 그리고 동시에 가톨릭 집단 등등을 설득해 모집하고 조직화하는 방식 말이다. 프롤레타리아 독재 이전부터 이미 **헤게모니적** 목표를 가지고서 대중당으로 이전하는 방식!

바로 이 방식이 그람시의 헤게모니 개념에 대한 기묘한 이탈리아식 개념화를 설명해준다. 헤게모니적 목표, 그것은 선거적이고 노동조합적이고 문화적인 목표이며, 이러한 정책은 계급투쟁의 중심, 즉 공장에 당을 위치시키는 것에 대해 더 이상 레닌과 같이 강조하지는 않는다는 특징을 보여주는 목표들의 종합 속에서 어느 정도 자연스럽게 만들어진다. 이 '헤게모니적' 정책은 세레티가 자랑스럽게 말하듯,[115] 인상적인 결과들을(하지만 굉장한 손실을 치르고서 얻은 결과들을) 산출해냈다. 그 결과들을 나열해보자면, 1) 이탈리아 공산당은 서구 공산당들 중 제1의 공산당이다(당원의 수 측면에서 말이다. 하지만 [이탈리아 공산당에 따르면] 또한 이탈리아의 한 명의 당원은 특별한 유형의, '헤게모니적인' 한 명의 당원이기도 하다……), 2) 이탈리아 공산당은 서구 공산당들 중 선거 결과에서 제

1의 공산당이다 — 하지만 선거 결과의 '상한선'이 존재한다……,[116] 3) 공산주의자들이 관리하고 있는 이탈리아 북부 지역의 대도시, 공산주의자들이 장악하고 있는 일반 평의회, 노동조합 그리고 특히 협동조합 등등에 대한 장악이라는 성과, 4) 비록 좋을 때도 있고 좋지 않을 때도 있지만 어쨌든 지식인, 그리고…… 가톨릭과 맺는 특권적 관계라는 성과.

그러므로 이러한 헤게모니적 노선과 조직화가 지니는 역설은 중간계층과 '문화적' 영역(교회, 지식인)에 대해 위에서 언급했던 수단들을 가지고서, 물론 분명 프롤레타리아트와 빈농의 **이름으로** '헤게모니'를 행사한다는 것이다. 하지만 프롤레타리아의 이름으로 행사되는 이러한 헤게모니는 자신의 노동과 그 착취의 장소에서 자기 고유의 정치적 조직을 더 이상 갖지 못하는 프롤레타리아 자신을, 그리고 세레티 자신이 이미 얼마간 '버려진' 존재들이라고 인정했던[117] 빈농을 사실상 한쪽으로 치워놓는다는 특수성을 보여준다. 결국 톨리아티 수준의 '스타일classe'을 모두 갖고 있는 것은 아닌 지식인들이 거의 대다수를 차지하고 있는 이러한 당은 우리가 보아왔던 장치들을 가지고서 중간층과 문화적 영역에 프롤레타리아적 헤게모니를 행사하지만, 이 당은 그 프롤레타리아적 헤게모니를, 프롤레타리아와 그에 대한 정치의 부재 속에서 당의 지식인들이 스스로에게 부여하는 〔허구적〕 대표성을 통해 프롤레타리아의 이름으로 행사하는 것이다. 그 대신 프롤레타리아는 노동조합 내부에서 조직화되는데, 바로 여기서, 그람시가 토리노의 공장 평의회에 남겨주었던 위대한 기억의 은총 아래 정치적 목표들을 자신의 투쟁 과제로 삼는 노동조합의 경향이 비롯된다.

그런데 톨리아티의 노선이 지니는 역사적 '선전parade'으로서의 특징이 두드러진다. 톨리아티가 고안해낸 것은 파시즘에, 그러니까 파시스트 헤게모니에 장악당하고 지배당한 이탈리아에서만 유효하다. 파시스트 헤게모니에 톨리아티는 프롤레타리아 헤게모니의 노선을 대립시켜야만 했다. 하지만 톨리아티 그 자신 또한 파시스트 헤게모니의 조건들을 통과/수용해야만 했다. 파시즘이라는 적수의 지형 위에서 싸워야만 했던 것이다. 그러므로 노동조합의 문제가 이 모든 것의 중심에서 등장하는 것은 우연이 아니다. 파시스트들이 노동조합을 장악하고 변형시켰기 때문이다. 톨리아티의 탁월함은 파시스트 노동조합 내부에서 투쟁해야 한다는 것을 말했다는 데 있다. 그리고 톨리아티는 노동조합 이외의 다른 영역들에서도 동일한 기세로 나아갔다. 톨리아티의 노선, 즉 프롤레타리아 헤게모니의 노선(레닌에게서 이 프롤레타리아 헤게모니라는 개념은 프롤레타리아가 자신의 동맹자들에 대한 정치적 지도력을 가져야 한다는 점밖에는 의미하지 않는다[118])은 이탈리아 파시스트 헤게모니의 사실적 확립과 그 형태 그리고 그 장소에서 정의된 **대항-노선contre-ligne**(어뢰정torpilleur을 막기 위한 반-어뢰정contre-torpilleur 또한 어쨌든 동일한 어뢰정인 것과 마찬가지로)이었다. 이로부터, 파시스트 헤게모니 노선에 반대하는 것만을 목표로 하는, 그리고 (사실은 전혀 프롤레타리아적이지 않으며 톨리아티가 부여했던 의미에서 헤게모니적이지도 않은—왜냐하면 톨리아티는 한편으로 이 프롤레타리아의 동맹자들에 대해 프롤레타리아가 취하는 헤게모니와 국가권력 장악 **이후의** 헤게모니, 이 둘 사이에 연속성이 존재하며 이 둘은 같은 것이라고 잘못 생각했기 때문이다) 이 프롤레타리아 헤게모니를 적용하는 것만을 목표로 하는 당이라는 개념화가 만들어지게 된다.

이 모든 것에서부터, 조직화의 형태들과 ({무엇}보다도 이탈리아 공산당과 같은) 하나의 당의 노선이 파시스트 제국주의의 형태들이 지배하는 계급투쟁이 취하는 정치적 변종들에 의해 규정되고 마는 결과가 비롯되었다.

프랑스 공산당과 이탈리아 공산당 사이의 차이보다 더 명확한, 제국주의의 형태들에 의한 그리고 이 제국주의가 야기시킨 국소적 사건들에 의한 '변별적 예증illustration différentielle'을 찾을 수는 없을 것이다. 이 차이는 프랑스 그리고 이탈리아와 같이 그토록 유사하면서도 {동시에} 다른 두 나라의 제국주의의 실현 형태에서 생산되는 변별적 효과일 뿐이다. 그리고 이 모든 것은, 프랑스가 그 승전국으로서 독일을 구속하고 착취했던, 반면 형식적이기만 했던 승리로 인해 전쟁으로 망해버렸던 이탈리아는 다른 국가들을 위해 대가를 치러야 했던 제1차 세계대전(1914~1918) 이후에 일어났던 일들과 결부될 때만 이해될 수 있다. 제국주의적 고리의 약한 지점이자 동시에 파시즘의 제1의 강점. 이는 우연이 아니다.

그러므로 명백히 제기되는 질문은, 이제 이러한 과거를 결산하고 우리가 지금 어디에 서 있는지를 확인하는 것이다. 제2차 제국주의 세계대전 이전에, 혹은 그동안 혹은 그 이후, 파시스트적이든 아니든 그러한 제국주의의 실현 형태들에 의해 강제된 일시적 투쟁 조건들에 의해 '고정'되었던 그리고 '매혹'되기까지 했던 그러한 정치를 계속 유지하는 것은 어리석은 짓일 것이다. 물론 하나의 정치적 당을 구성하기 위해서는 상당한 시간이 필요할 것이며, 제국주의의 이곳과 저곳에서의 각각의 '전환기'마다 이곳과 저곳에서 모든 것을 다시 작업하기란 불가능할 것이다. 제국주의 국가들마다 **서로 다른** 제국주의의 실현 형태들(이 실현 형태들의 토대는 고리가 약한지 아닌지에 따라 두 가지 방향으로 나아갈 수 있는, 뒤처지거나 아니면 반대로 너무 빨리 앞으로 나아갈 수 있는, 각 국가마다의 **발전**이 지니는 매우 거대한 **불균등성**이다—사실 발전의 불균등성의 이론적 토대란 도대체 무엇인가? 레닌은 이에 대해 언급하지 않는다! 대신 이는 이윤율 저하 법칙 실현의 모순적이고 불균등한 과정에 대한 마르크스의 언급 속에서 찾아야만 한다![119]), 그리고 조직 형태들과 결정 형태들 등등이 서로 다를 수밖에 없기에 이 국가들 각자가 자율성을 부여받아야만 한다는 사실을 강조하는 것이 바로 톨리아티[120]와 그 동지들이 큰 소리로 공언하는 '다중심주의polycentrisme'의 진실들 가운데 하나이다. '다중심주의'는 국제노동자운동에 미치는 제국주의의 정치적 효과들 가운데 하나, 즉 제국주의의 승리들 가운데 하나이다. 그러나 이것이 이 다중심주의에 맞서 싸워야 한다는 의미는 아니다. 다중심주의는 좋은 측면들을 지니고 있는('자기 자신의 힘에 의지하기',[121] 혹은 어떤 측면에서는 소련의 지배를 감축시키기) 필요악이다. 하지만 이 다중심주의로 인해 우리가 치러야 할 대가가 무엇인지 역시 살펴보아야 한다. 즉 이 다중심주의로 인해 우리는 더 이상 인터내셔널〔국제주의〕을 유지하지 못하게 된다. 이는 현재 점점 만개하고 있는 제국주의의 효과이기도 하다.

이 모든 것을 다시 검토해보아야 한다. 그렇지 않다면, 자신의 과거에 의해 열린 길 위에서, 자신의 옆에 있는 이를 증오하면서 각자는 홀로 걸어가게 된다. 왜 이 길 위를 걷고 있는지도 알지 못한 채, 멍청한 실수를 저지를 위험 속에서 말이다.

'순수한 본질'

우리는 여기서 제국주의에 관해 말할 것이다. 그러나 제국주의의 이러저러한 세부적인 표현 형태manifestations 속에서의 제국주의가 아니라, 《자본》에서 마르크스가 자본주의적 생산양식에 관해 말했던 방식과 마찬가지로, 제국주의의 '내적 본질', 그 **'맹아 형태 Kerngestalt'**(그 중심 형상configuration centrale), 그 '내적 구조'[122] 등등, 간단히 말해 그 '이상적 평균'[123] 속에서의 제국주의에 관해 말할 것이다.

우리는 마르크스가 자신의 저작 내내 끊임없이 반복했던 이 표현들의 의미를 여전히 이해하지 못하고 있다. 우리는 왜 마르크스가, 자신은 그 구체적 세부 지점 안에서의 현상이 아니라 그 '내적 본질' 혹은 '그 순수성 안에서의' 현상들을 다룰 뿐이라는 점을 독자들에게 그토록 열심히 상기시켰는지를 여전히 이해하지 못하고 있다. 우리는 마르크스가 현실적 현상들(《자본》 3권의 이윤,

지대, 이자 그리고 임금과 같이, 그가 '사태의 표면'에 제시되는 것으로서의 구체적 특징 속에서 결국 '현상들을 발견해'낼 것이라고 말할 때의 현실적 현상들[124])을 말하고 있기에, 게다가 상당히 자주 그가 구체적인 예시들(예를 들어 노동일, 공장입법, 영국 노동자들이 처한 착취 조건, 1860년대 목화 파동 등등)을 제시하고 있기에, 이를 제대로 이해하지 못하고 있다.

하지만 마르크스는 모든 과학자들이 해왔던 것과 다른 것을 하고 있는 것이 전혀 아니다. 마르크스는 자신이 본질적인 것으로 인지하는 데 성공한 메커니즘을 '고립'시키고 그 메커니즘의 흐름에 (본질적인 방식이 아니라 우연적인 방식으로) 영향을 미칠 수 있는 모든 세부 지점들을 해당 메커니즘으로부터 고립시킴으로써 그 '순수성' 속에서 현상을 분석하는 것이다. (하나의 단순한 예시를 들자면) 물체가 낙하하는 법칙을 분석하는 물리학자와 정확히 동일하게, 마르크스는 그 순수성 안에서의 현상과 관련되지 않는 모든 것(예를 들어 〔물리학자에게는〕 마찰 등등)을 추상한다. 그러므로 마르크스는 진정으로 과학적인 실험의 조건들을 만들어내는 것이다. 이 과학적 실험이 순수하게 개념적이라는 사실은 그 어떤 사태도 변화시키지 않는다. 이는 마르크스라는 학자가 자신이 적절한 것으로 간주한 요소들을 고립시킨 뒤 그 요소들을 변화시키는 하나의 실험이다.

1   1916년 로자 룩셈부르크가 엥겔스의 것이라고 주장했던 '사회주의인가 야만인가'라는 유명한 정식은 그보다 몇 개월 전에 출간된 한 논문에서 레닌이 활용했던 정식을 로자가 자기 나름대로 요약한 정식인 것으로 보인다. R. Luxemburg, *La Crise de la social-démocratie*{«Brochure de Junius»} *suivi de sa critique par Lénine*, trad. J. Dewitte, Bruxelles, La Taupe, «Documents socialistes», 1970, p.68.; Lénine, *Œuvres*, op. cit., t. XXI, p.295. "사회주의를 위한 내전 이외에, 야만에 맞선 구원은 존재하지 않는다⋯⋯". 레닌의 경우, 그의 정식은 카를 카우츠키가 《에르푸르트 강령Das Erfurter Programm》(1892, Berlin, Dietz, 1965, p.141)에서 제시한 주제를 변형한 것이다.

2   미완성된 것으로 보이는 일러두기 텍스트는 여기서 끝난다. 알튀세르는 여기에서 다룬 문제들을 《제국주의에 관하여》 도입부의 또 다른 판본인 것으로 추정되는 〈야만? 파시즘은 이 야만의 첫 번째 형태였다〉라는 절(270~277쪽)에서 발전시킨다.

3   *La Question agraire. Étude sur les tendances de l'agriculture moderne*, trad. fr. partielle E. Milhaud et C. Polack, Paris, Giard et Brière, «Bibliothèque socialiste internationale», 1900, réimp. en fac-similé, Paris, Maspero, 1970[카를 카우츠키, 《농촌 문제》, 이승무 옮김, 지만지, 2015].

4   *Karl Marx. Histoire de sa vie*(1918), trad. J. Mortier, Paris, Batillage, 2009.

5   타자본에서 이 '메링'이라는 자리는 빈칸으로 남겨져 있었으며, 대신 이 '메링'이라는 이름이 손으로 쓰여 있었다.

6   *Œuvres*, op. cit., t. XXXIII, p.212.

7   이 인용은 레닌의 또 다른 청년기 텍스트에서 가져온 것이다. «Notre programme(1899)», *Œuvres*, op. cit., t. IV, p.218. *Œuvres*, op. cit., t. I, p.148.

8   알튀세르는 아마도 《유물론과 경험비판론》을 염두에 두고 있는 듯하다. *Matérialisme et empirio-criticisme*, dans *Œuvres*, op. cit., t. XIV, p.16.

9   *La Théorie du matérialisme historique. Manuel populaire de sociologie marxiste*, Paris, Éditions sociales internationales, «Bibliothèque marxiste», 1927.

10 *Le Marxisme de Marx*(1963), éd. J.-C. Casanova et C. Bachelier, Paris, Éditions de Fallois, 2002, pp.346-348, p.375, pp.447-462; *Les Étapes de la pensée sociologique*, op. cit., pp.161-163; *D'une Sainte famille à l'autre. Essais sur les marxismes imaginaires*, Paris, Gallimard/NRF, «Les Essais»,

1969, pp.175-204, p.298.

11 *Œuvres*, op. cit., t. I, p.154 *sq.*

12 G. Lock, «Humanisme et lutte de classes dans l'histoire du mouvement
    communiste», trad. Y. Blanc, *Dialectiques*, 3e trimestre 1976, n(os) 15-16,
    p.14, n. 6. "'사회주의적 생산양식이란 존재하지 않는다', 1973년 6월 윌므가
    파리 고등사범학교의 정치경제학 비판 강의에서 알튀세르가 제시했던
    테제." M. Décaillot, *Le Mode de production socialiste. Essai théorique*, Paris,
    Éditions sociales, 1973.

13 p.132 이하를 보라. 또한 *Lénine, Œuvres*, op. cit., t. XX, p.16; t. XXXIII,
    p.502를 보라.

14 *Les Manuscrits économico-philosophiques*, trad. F. Fischbach, Paris, Vrin,
    «Textes et commentaires», 2007, p.184[카를 마르크스, 《경제학-철학
    수고》, 이론과실천, 2006].

15 Ibid., pp.144-147; «Ébauche d'une critique de l'économie politique»,
    Œuvres I: *Économie*, 2, op. cit., pp.95-96; *Le Manifeste du Parti
    communiste*, trad. M. Rubel et L. Évrard, *Œuvres*, t. I: *Économie*, 1, op. cit.,
    p.164, p.178 *sq.*; *Le Capital*, Livre I, op. cit., p.939 *sq.*, p.994 *sq.*, p.1125,
    note b.

16 C. Meillassoux, *Anthropologie économique des Gouros de Côte d'Ivoire. De
    l'économie de subsistance à l'agriculture commerciale*, Paris, École des
    hautes études en sciences sociales/Mouton et Co., «Le Monde d'outre-
    mer passé et présent», 1964, p.168 *sq.*; E. Terray, *Le Marxisme devant les
    sociétés 'primitives'. Deux études*, Paris, Maspero, «Théorie», 1969, p.95,
    note; P.-P. Rey, *Colonialisme, néocolonialisme et transition au capitalisme.
    Exemple de la "Comilog" au Congo-Brazzaville*, Paris, Maspero, «Économie
    et socialisme», 1971, p.31 *sq.*

17 *Le Capital*, Livre I, trad. J. Roy, trad. revue par M. Rubel, ibid., pp.985-987,
    pp.992-993.

18 Lettre à Feuerbach du 11 août 1844, *Correspondance*, op. cit., t. I, Paris,
    Éditions sociales, 1977, p.324; «Ébauche d'une critique de l'économie
    politique», op. cit., pp.98-99; *La Sainte Famille ou Critique de la critique
    critique*, trad. M. Rubel avec L. Évrard, *Œuvres*, t. III, op. cit., p.479[칼
    맑스·프리드리히 엥겔스, 《칼 맑스 프리드리히 엥겔스 저작 선집》1,
    박종철출판사 편집부 엮음, 박종철출판사, 1997]; *Misère de la philosophie*,

Œuvres, t. I; *Économie*, 1, pp.134-136[《칼 맑스 프리드리히 엥겔스 저작 선집》1]. «Salaire», trad. M. Rubel, *Œuvres*, t. I: *Économie*, 2, p.168.

19 *Le Capital*, Livre I, op. cit., pp.994-995.

20 p.128, n. 2.

21 «Les luttes de classes en France», trad. M. Rubel avec L. Janover, *Œuvres*, éd. M. Rubel, t. IV, Paris, Gallimard, «Bibliothèque de la Pléiade», 1994, p.305; *Le Capital*, Livre III, op. cit., p.1175 *sq.*; Lettre à N. F. Danielson du 19 février 1881, «Lettres sur l'économie», *Œuvres*, t. I: *Économie*, 2, op. cit., p.1522; Lettre à F. Engels du 2 avril 1858, *Correspondance*, t. V, op. cit., p.171.

22 *La Guerre civile en France*, 1871, Paris, Éditions sociales, 1968, p.68[카를 마르크스, 《프랑스 내전》, 안효상 옮김, 최갑수 해제, 박종철출판사, 2003], 2003; *Le Capital*, Livre III, p.1148, pp.1178-1179; «Adresse inaugurale de l'Association internationale des travailleurs», *Œuvres choisies*, t. I, Moscou, Éditions du Progrès, 1955, p.400[칼 맑스·프리드리히 엥겔스, 《칼 맑스 프리드리히 엥겔스 저작 선집》 3, 박종철출판사 편집부 엮음, 박종철출판사, 1997].

23 *Le Capital*, Livre I, op. cit., p.867 *sq.*, p.1238 *sq.*; *Le Capital*, Livre III, op. cit., p.1044; *Un chapitre inédit du Capital. Premier Livre: Le procès de production du capital, sixième chapitre*, trad. R. Dangeville, Paris, Union générale d'éditions/10-18, 1971, pp.199-200.

24 LIP은 프랑스의 지방 브장송의 시계 회사이다. 1973년 6월 12일, LIP의 관리위원회에서 다수자가 된 스위스 다국적 회사가 회사를 해체하고 직원의 3분의 1을 감축하려는 시도를 저지하기 위해, 노동자들은 자신들의 공장을 점거하고 6일 뒤 "이것은 가능하다. 우리는 생산하고, 우리는 판매한다"라는 구호 아래 직접 생산을 재개하기로 결정한다. 이 노동자들은 8월 중순 공장에서 강제로 추방당하고, 체육관에 다시 모여 손목시계의 생산을 재개하고 이를 불법적인 방식으로 판매한다. 《제국주의에 관하여》의 이 절은 8월 17~18일에 집필되었다.

25 «La France à l'heure LIP», *L'Humanité*, 16 août 1973, p.1. "단 한 번도……전체 노동자의 4분의 3이 가입해 있는 두 노동조합[CGT와 CFDT] 수뇌부의 서기장들이 …… 사회적 갈등의 장소에서 이들의 옆에 서서 발언한 적이 없었다. 오늘 아침 브장송에서{LIP의 파업자들 앞에서} 조르주 세기{CGT의 서기장이자 프랑스 공산당의 정치국 구성원}와 에드몽 메르Edmond

Maire{CFDT의 서기장}가 할 것이 바로 이것이다."

26 Préface, *Le Capital*, Livre III, trad. G. Badia et C. Cohen-Solal, Paris,
    Éditions sociales, 1976, p.17.

27 L. Althusser, «Chronologie et avertissement aux lecteurs du livre I du
    Capital», dans K. Marx, *Le Capital*, Livre I, trad. J. Roy, Paris, Garnier-
    Flammarion, 1969, p.19.

28 L. Althusser, «Le courant souterrain du matérialisme de la
    rencontre»(1982-1983), *Écrits philosophiques et politiques*, éd. F. Matheron,
    t. I, Paris, Stock/Imec, 1994, pp.570-576[루이 알튀세르, 《철학과 맑스주의:
    우발성의 유물론을 위하여》, 서관모·백승욱 옮김, 중원문화, 2023(개정판)]

29 «La reproduction des rapports de production. Appendice: Du primat
    des rapports de production sur les forces productives»(1969), *Sur la
    reproduction*, éd. J. Bidet, Paris, PUF, «Actuel Marx Confrontations», 2011,
    2e éd., pp.240-248[루이 알튀세르, 《재생산에 대하여》, 자크 비데 편집,
    김웅권 옮김, 동문선, 2007].

30 «Introduction générale···», op. cit., p.264 *sq.*

31 K. Marx et F. Engels, «Le Manifeste···», op. cit., p.171, p.1574, n. 3[칼
    맑스·프리드리히 엥겔스, 《공산주의 선언》(개정판), 김태호 옮김,
    박종철출판사, 2016]. *idem*, «Lettre circulaire {du 17~18 septembre
    1879} à A. Bebel, W. Liebknecht, W. Bracke et autres»["거의 40여 년
    전부터, 우리는 역사의 직접적 동력으로서의 계급투쟁을 일차적인 것으로
    제시해왔다······"], www.marxists.org/francais/marx/works/1879/09/
    kmfe18711123.htm.

32 Avant-propos de *Contribution à la critique de l'économie politique*(1859),
    trad. M. Rubel et L. Évrard, op. cit., p.272[카를 마르크스, 《정치경제학
    비판을 위하여》, 김호균 옮김, 중원문화, 2017]. "인간들은 규정된 ······
    관계들과 이어지게 된다nouer." 알튀세르는 [방금 언급한 뤼벨과 에브라르의
    번역, 즉 '잇다', '맺다' 등의 의미를 지닌 동사 'nouer'를 역어로 채택한
    번역이 아니라, '들어가다', '진입하다' 등의 의미를 지닌 동사 'entrer'를
    역어로 채택한] 모리스 위송Maurice Husson과 질베르 바디아Gilbert Badia의
    번역을 활용한다(Paris, Éditions sociales, 1972).

33 알튀세르는 «그 자신의 한계 내에서의 마르크스Marx dans ses
    limites»(1978~1980)에서 1859년 《정치경제학 비판을 위하여》의 서문의
    상당 부분을 직접 번역하고 있다. *Écrits philosophiques et politiques*, op.

cit., t. I, pp.409-412. "인간들이 규정된 관계들 내로 진입한다(entrent)"가 알튀세르의 번역에서는 (아래에서 그가 제시하는 바에 적합하도록) "인간들은 규정된 관계들의 이해관계자partie prenante이다"로 바뀐다(p.441).

34 Avant-propos de *Contribution à la critique*..., op. cit., p.272.

35 그리고 노동력(cf. 더 아래를 참조하시오){이는 알튀세르의 주석이다}.

36 Avant-propos de *Contribution à la critique*..., op. cit., p.250.

37 *Le Capital*, Livre III, op. cit., p.1400. "항상 생산조건들의 지배자와 직접생산자들 사이의 복수형 정관사les 직접적 관계들rapports immédiats{das unmittelbare Verhältnis} 안에서 우리는 사회구조 전체의 내적 비밀, 숨겨진 토대를 찾아야만 한다……" 질베르. 바디아와 솔랄C. Cohen-Solal의 번역(*Le Capital*, Livre III, Éditions sociales, op. cit., p.717)은 원문에 더욱 충실하다. "항상 생산수단의 소유자와 직접생산자 사이의 단수형 정관사le 직접적 관계rapport immédiat 내에서 …… 사회구조 전체의 가장 깊은 비밀, 숨겨진 토대를 찾아야만 한다……" 마르크스는 알튀세르가 인용하는 문장에 선행하는 문장에서 "복수형 부정관사des 생산관계들"{Produktionsverhältnisse}에 대해 언급한다.

38

1. 직접노동자 ←→ 생산력 { 생산수단 / 노동력

39 *Le Capital*, Livre I, op. cit., p.614; *Le Capital*, Livre III, op. cit., p.1098.

40 *Sur les sociétés précapitalistes: textes choisis de Marx, Engels, Lénine*, Paris, Éditions sociales, 1970.

41 *Un chapitre inédit du Capital*..., op. cit., p.198, p.204, pp.257-265.

42 E. Pasukanis, *La Théorie générale du droit et le marxisme*, trad. J. M. Brohm, Paris, Études et documentation internationales, 1970[오이겐 파슈카니스, 《법의 일반이론과 맑스주의》, 박대원 옮김, 신서원, 2008].

43 L. Althusser, «La reproduction des rapports de production», op. cit., p.197 *sq*.

44 L. Althusser, *Pour Marx*, op. cit., pp.254-255[루이 알튀세르, 《마르크스를 위하여》, 서관모 옮김, 후마니타스, 2017]; *idem*, «L'objet du *Capital*», op. cit., p.339.

45 Lucien Sève, *Marxisme et théorie de la personnalité*, Paris, Éditions sociales, 2e éd., 1972, p.97의 각주. 이 각주에서 세브는 마르크스의 '이론적

반인간주의'에 관한 알튀세르의 테제들을 비판한다.

46   *Théories sur la plus-value*, éd. G. Badia, t. I, trad. Badia et al., Paris, Éditions sociales, 1974, p.429.

47   수정 이전에 이 문장은 다음과 같았다. "로크가 정의했던 고전적인 부르주아 이데올로기의 **마르크스주의 내로의** 회귀le retour de l'idéologie bourgeoise classique, définie par Locke, dans le marxisme."

48   Lettre à J. Weydemeyer du 5 mars 1852, K. Marx et F. Engels, *Correspondance*, op. cit., t. III, Paris, Éditions sociales, 1972, p.79.

49   여기서 알튀세르는 다른 어떤 단체들보다 혁명적 공산주의 동맹Ligue communiste révolutionnaire이라는 단체를 우선적으로 겨냥하고 있다.

50   *Recherche de la vérité*, Livres I-III, N. Malebranche, *Œuvres*, t. I, éd. G. Rodis-Lewis, Paris, Vrin, 1962, p.320.

51   *Métaphysique des mœurs, Ire partie: Doctrine du droit*, éd, et trad. A. Philonenko, préface M. Villey, Paris, Vrin, 1993, §13, p.138.

52   만일 우리가 자본주의적 생산양식의 기원에 존재하는 한 유형의 개인을 절대적으로 찾아내고자 한다면, 이 개인은 **직접**direct 독립 소생산자가 아니라 마르크스가 '화폐 소유자'라고 부르는 이이다. 이 '화폐 소유자'는 직접생산자도, 심지어 소생산자도 아닌 비-생산자, 즉 고리대나 장물 거래와 같은 수천 가지 방식을 통해 '부trésor'—이 '화폐소유자'는, 최초 형태의 매뉴팩처에 고용한 '수공업자들'에게 자신이 구입한 원료와 적절한 도구들을 제공하고 [매뉴팩처 공장을 건설해] 자리를 잡기 위한 장소인 건물을 구입하기 위한 화폐-자본으로 이 '부'를 사용한다—를 축적한 이이다. / '화폐 소유자'는 특정한 수의 개인들에게 '할당se répartit'되는 사회적 현상인 본원적 축적의 '담지자'이다. 그래서 본원적 축적이 자본주의의 '기원'에 존재하는 것이다. 자본주의의 [유일한] 기원이 아니라 이 자본주의의 탄생 **조건들 중 하나**로서 말이다. 바로 이 조건들에 우리는 사회적 차원에서의 '자유로운 노동자들', 즉 모든 생산수단으로부터 '자유로운'[박탈된] 노동자들의 존재를 추가해야 한다. / 바로 다음을 지적하는 것이 핵심적인데, 일단 하나의 사회구성체 내에서 자본주의적 생산관계가 구성되고 통합된다고 해도, 이 자본주의적 생산양식은 그럼에도 그 **존재**와 발전을 보증받지 못한다는 점을 지적하자. 우리는 영국, 프랑스 등등 서구의 역사적 형태와 같이 우리가 알고 있는 형태 아래에서 존재하기 이전에, 자본주의적 생산양식이 탄생했으며 구성되었고 특정한 발전을 겪었으며 자신의 형태에서 매우 진전되었고(세분화된 노동, 조립노동에

이르기까지) 이후 14세기에 (이탈리아의 포Pô 강을 따라 형성된) 이탈리아의
몇몇 도시들에서 **소멸되었다**는 점을 무시, 다시 말해 알고 **싶지 않아** 한다.
하나의 생산양식이 탄생한 뒤 소멸할 수 있다는 점, 자본주의적 생산양식이
사망할 수 있다는 점, 탄생한 뒤 여러 차례에 걸쳐 죽을 수 있다는 점,
이는 얼마나 깜짝 놀랄만한 일인가! 왜냐하면 우리 모두는 자본주의적
생산양식이 사회주의에 그 자리를 양보하기 위해서만 죽을 수 있다고
생각하기 때문이다. 하지만 자본주의적 생산양식은 이 생산양식을 가져왔던
사회구성체로부터 간단히 사라졌던 것이다. 왜냐하면 사회구성체는
도시라는 형태를 취하고 있었지만, 이에는 국민국가nation 또한 필요했기
때문이다(마키아벨리). {이는 알튀세르의 각주이다} *Le Capital*, Livre I, op.
cit., note a, p.1171 et F. Engels, «Au lecteur italien»{《공산주의자 선언》의
이탈리아어판(1893) 서문}, *Œuvres*, t. I, *Économie*, 1, op. cit., p.1490 *sq.*

53   p.147, n. 1.

54   *Le Capital*, Livre I, op. cit., p.1171 *sq.*, p.1178.

55   L. Althusser, «Notes, hypothèses et interrogations sur le problème du
"développement rural" en Afrique»(Imec, Fonds Althusser, Alt2.A7-01.01).

56   *Le Capital*, Livre I, op. cit., p.1167 *sq.*

57   «La domination britannique aux Indes», trad. M. Rubel avec L. Janover,
Œuvres, t. IV: *Politique*, op. cit., p.718 *sq.*; «Les conséquences futures de
la domination britannique en Inde», trad. M. Rubel avec L. Janover, ibid.,
pp.730-736[칼 맑스·프리드리히 엥겔스 《칼 맑스 프리드리히 엥겔스 저작
선집》 2, 박종철출판사 편집부 엮음, 박종철출판사, 1997].

58   *Le Capital*, t. III, op. cit., pp.1101-1102; «Zur Kritik der politischen
Ökonomie», *Marx Engels Gesamtausgabe*, Section II, t. III, 5e partie:
Manuscrit 1861-1863(texte), éd. H. Skambraks et H. Drohla, Berlin, Dietz,
1980, p.1555.

59   Lettre à V. Zassoulitch du 8 mars 1881, *Œuvres*, t. I: *Économie*, 2, op. cit.,
pp.1557-1561; Brouillons de la correspondance avec V. Zassoulitch, ibid.,
pp.1565-1573.

60   K. Kautsky, *Die Agrarfrage. Eine Übersicht über die Tendenzen der modernen
Landwirtschaft und die Agrarpolitik der Sozialdemokratie*, Stuttgart, Dietz,
1899, p.332 *sq.*(trad. ang. *The Agrarian Question in Two Volumes*, trad. P.
Burgess, Londres, Zwan, 1988, t. II, p.339 *sq.*)

61   *Œuvres*, t. III, pp.13-15, p.63 *sq.*, p.160, p.180; t. XX, pp.104-107, pp.362-

363.

62   *L'Idéologie allemande*, op. cit., p.1092 *sq.*, p.1106[칼 맑스 · 프리드리히 엥겔스 《칼 맑스 프리드리히 엥겔스 저작 선집》 1, 박종철출판사 편집부 엮음, 박종철출판사, 1997]; «Le Manifeste···», op. cit., pp.165-166, p.182: *Le Capital*, Livre I, op. cit., p.894. F. Engels, *Anti-Dühring (M.E. Dühring bouleverse la science)*, trans. É. Bottigelli, Paris, Éditions sociales, 1977, 3e éd., p.327 *sq*[프리드리히 엥겔스, 《반듀링론》, 김민석 옮김, 새길아카데미, 2012].

63   알튀세르의 문서고에는 이 텍스트의 세 가지 초안이 존재한다. 첫 번째 초안은 (이 책에 수록되지 않은) 서론과 동일한 제목, 즉 '제국주의의 최종적 위기를 향하여'라는 제목을 달고 있다. 첫 번째 초안은 이 서론에 포함시키기 위해 작성된 것일 가능성이 있다. 세 문장으로 구성된 두 번째 초안에는 제목이 달려 있지 않다. 세 번째 초안은 '국가독점자본주의에 관하여'라는 제목을 달고 있는 하나의 장 안에 포함되어 있다. 본 텍스트 〈주요 모순〉의 첫 번째 문장만이 제목이 달려 있지 않은 두 번째 초안에서 가져온 것이고, 나머지는 '제국주의의 최종적 위기를 향하여'라는 제목을 달고 있는 첫 번째 초안에서 가져온 것이다.

64   «Déclaration des partis communistes et ouvriers», *L'Humanité*, 6 décembre 1960, pp. 5-6, pp.9-10. 이 '선언'의 상당 분량을 가져온 발췌문은 1960년 12월 7일자 《르몽드Le Monde》 6~7쪽에 실린 바 있다.

65   *Traité théologico-politique*, trad. C. Appuhn, *Œuvres*, t. II, Paris, Garnier-Flammarion, 1965, p.261.

66   *Principes...*, op. cit., p.295 *sq.*; *Le Capital*, Livre I, op. cit., p.853 *sq.*, p.1096; *Le Capital*, Livre III, op. cit., p.998, p.1014, p.1327, p.1457 *sq.* R. Establet, «Présentation du plan du *Capital*», *Lire Le Capital*, op. cit., p.612 *sq.*, p.629 *sq.*

67   «Salaire, prix et plus-value», trad. L. Évrard, *Œuvres*, t. I: *Économie*, 1, op. cit., p.531 *sq.*[칼 맑스 · 프리드리히 엥겔스 《칼 맑스 프리드리히 엥겔스 저작 선집》 3, 박종철출판사 편집부 엮음, 박종철출판사, 1997]; *Le Capital*, Livre III, op. cit., pp.1000-1014. *Principes...*, op. cit., p.269 *sq.*

68   타자본에는 "le mt"라고 쓰여 있다. 알튀세르의 글에서 'mt'는 일반적으로 '운동le mouvement'을 의미한다. 하지만 그가 '표현la manifestation'을 의미했을 수도 있다.

69   《자본》 1권의 독일어판에서 마르크스는 'Geodl besitzer'[화폐 소유자]

혹은 'Besitzer von Wert oder Geld'[가치 혹은 화폐의 소유자](K. Marx et F. Engels, *Werke*, t. XXIII, Berlin, Dietz, 1972, p.121, p.181, p.183, p.189, etc)라는 용어를 사용한다. 우리는 '화폐 소유자homme aux écus'라는 표현을 마르크스 자신이 그 원고를 직접 검토했던 조제프 루아(Joseph Roy, Paris, Lachâtre, 1872-1875)의 프랑스어 번역본에서 발견한다. [고슈가리언이 이 각주를 작성한 이유는 'homme aux écus'라는 표현이 현대 프랑스어에서는 전혀 사용되지 않는 표현이기 때문이다.]

70   *Le Capital*, Livre I, op. cit., p.1066 *sq.*; *Le Capital*, Livre III, op. cit., p.1402 *sq. Principes...*, op. cit., pp.232-233.

71   *Le Capital*, Livre I, op. cit., p.715 *sq.*, p.941, p.1072.

72   1972년 6월 프랑스 공산당의 공산주의자들과 프랑스 사회당의 사회주의자들이 조인한, 그리고 이후에는 1972년 9월 좌파 급진파Radicaux de gauche의 급진주의자들까지 함께 조인한 프랑스 공산당, 프랑스 사회당, 좌파 급진파의 통치 강령을 말한다.

73   신민주주의démocratie nouvelle는 좌파연합이 사회주의로의 이행기적 국면에서 확립해야 하는 체제를 특징짓기 위해 공동강령의 조인 직전에 프랑스 공산당이 천명했던 구호이다. 그래서 조르주 세기(p.131, n. 6)는 신민주주의를 "인민의 이해관계 내에서 그리고 인민의 현실적 통제 하에서 공적 문제들을 관리할 진보적 민주주의"로 규정했다. *Georges Séguy répond à 20 questions*, Supplément à *La Vie ouvrière*, 20 janvier 1971, n° 1377, Montreuil, CGT, 1971, réponse à la question n° 6.

74   *Politique*, 1256a-1259a; *Éthique à Nicomaque*, 1130b-1133b[아리스토텔레스, 《정치학》, 김재홍 옮김, 도서출판 길, 2017; 아리스토텔레스, 《니코마코스 윤리학》, 김재홍·강상진·이창우 옮김, 도서출판 길, 2011].

75   *Science de la logique*, t. I, trad. G. Jarczyk et P.-J. Labarrière, Paris, Aubier-Montaigne, 1972, p.115[게오르그 빌헬름 프리드리히 헤겔, 《대논리학》 I·II·III, 임석진 옮김, 자유아카데미, 2022].

76   *Léviathan*, trad. F. Tricaud et M. Pécharman, Paris, Vrin, «Librairie philosophique», 2004, p.107[토머스 홉스, 《리바이어던》 I·II, 진석용 옮김, 나남출판, 2008]

77   *Le Capital*, Livre III, op. cit., p.989. "…… 노동자 계급 전체에 맞선 진정한 프리메이슨단".

78   p.192, n. 1.

79 *Phénoménologie de l'esprit*, trad. P. J. Labarrière & G. Jarczyk, Paris, Gallimard, «Folio Essais», 1993, p.45[게오르그 빌헬름 프리드리히 헤겔, 《정신현상학》 1·2, 김준수 옮김, 아카넷, 2022]. "일반적으로 잘 알려진 것은, 이것이 잘 알려져 있다는 이유 때문에, 알려지지 않은 것이다." cf. Hegel, *Encyclopédie*, §24, Zusatz 1. 주어캄프Suhrkamp에서 출간된 독일어판으로는, t. 8, p.85.

80 Lénine, *Œuvres*, op. cit., t. XXII, p.203.

81 «Империализм как высшая стадия капитализма». 1920년부터 소련에서 이 제목으로 출간되었다.

82 «Империализм как новейший этап капитализма».

83 *Œuvres*, op. cit., t. XXII, p.297 *sq.*

84 n. 1, p.105.

85 'faire marcher notre tête', 즉 '우리의 머리를 돌아가게 만들기'는 그 당시 프랑스 공산당의 서기장이었던 조르주 마르셰Georges Marchais가 1973년 프랑스 공산당의 활동가들에게 제시했던 구호이다.

86 *Émile*, dans *Œuvres complètes*, t. IV, éd. B. Gagnebin et M. Raymond, Paris, Gallimard, «Bibliothèque de la Pléiade», 1969, p.477.

87 Avant-propos de la *Contribution...*, op. cit., p.275. 이는 《정치경제학 비판을 위하여》 서문의 마지막 문장들이다.

88 타자본에는 이 구절에 대한 [알튀세르 자신의] 두 가지 번역이 모두 등장한다. 1) Pour entrer en ce lieu il faut dépouiller toute suspicion et traiter (avoir traité) la bassesse par la mort. 2) Voici le lieu de dépouiller toute suspicion et de traiter toute bassesse par la mort.

89 K. Marx, Premier essai de rédaction de *La Guerre civile en France*, dans *idem* et Lénine, *Sur la commune*, Moscou, Éditions du progrès, 1971, p.166. "{현재 작동 중인 경제 체계에 대해 완전히 무지한 사람들이} 자본의 지배가 베푸는 '자비'와 임금제 체계가 베푸는 '자비'를 현재 옹호하고 있는 것과 마찬가지로, 만일 그들이 봉건제 시대 혹은 노예제 시대를 살았다면, 그들은 이 체계들이 사물(사태)의 자연(본성)에 기반해 있으며, 자연(본성) 그 자체로부터 자생적으로 태어난 것이라고 말하면서 이 봉건제 체계와 노예제 체계를 옹호했을 것이다." *Le Capital*, Livre I, op. cit., p.616.

90 «Principes···», op. cit., p.285; *Le Capital*, Livre I, op. cit., p.1095; *Le Capital*, Livre III, op. cit., p.1025, p.1476.

91 *Discours sur l'origine et les fondements de l'inégalité parmi les humains,*

Œuvres complètes, op. cit., t. III, 1964, p.177. "······ (상황의) 필요에 의해
다급해진 가진 자는 결국 인간 정신 속으로 지금까지는 전혀 들어온 적이
없는 가장 정교하게 고안된 기획을 만들어냈다. 이는 자신을 공격하는
이들의 힘 그 자체를 자신에게 이득이 되는 방식으로 활용하는 것, 자신의
적을 자신의 방어자로 만드는 것이다······."

92 이 '원문 그대로'는 알튀세르의 것이다.

93 *Œuvres*, t. XXV, pp.388-390; t. XXVII, pp.357-358, p.367; t. XXXII,
pp.354-357, etc.

94 p.191, n. 1.

95 p.192, n. 1.

96 *Réponse à John Lewis*, Paris, Maspero, «Théorie», 1973, pp.28-30. 1973년
7월에 출간된 이 텍스트를 알튀세르는 1972년 여름에 집필했다.

97 *Œuvres*, t. XXII, p.277, p.283, p.300 *sq.*

98 L. Althusser, *Socialisme idéologique et socialisme scientifique(1966~1967)*,
미출간, 근간. "생산양식은 '변형'되지 않는다. 변형되는 것은 바로
사회구성체이다. 다시 말해 (생산양식이 아니라) 사회구성체만이 변형되는
것이다."[이 유고는 2022년에 다음과 같이 출간되었다. *Socialisme
idéologique et socialisme scientifique, et autres écrits*, Louis Althusser, PUF,
2022].

99 «Le Manifeste···», op. cit., pp.179-180; «Discours sur la Pologne», *Œuvres*, t.
IV: *Politique*, op. cit., p.995.

100 *Œuvres*, op. cit., t. XXI, p.33.

101 최초 원고에서는 "창조해야만 했음에도"로 적혀 있다.

102 Avant-propos de la *Contribution...*, op. cit., p.273. «Jamais une société
n'expire, avant que soient développées toutes les forces productives
qu'elle est assez large pour contenir.»["그 어떤 사회도 자신이 수용하기에
충분한 생산력 전체를 온전히 발전시키기 전에는 죽지 않는다."《칼
맑스 프리드리히 엥겔스 저작 선집》 2권(박종철출판사 편집부 엮음,
박종철출판사, 1997, 478쪽)에 실린 최인호의 번역에 따르면, 이 문장
전체는 "한 사회구성체는 그것이 충분히 포용하고 있는 생산력들 모두가
발전하기 전에는 결코 몰락하지 않으며, 더 발전한 새로운 생산관계들은
자신의 물질적 존재 조건들이 낡은 사회 자체의 태내에서 부화되기 전에는
결코 자리를 차지하지 않는다"로 옮길 수 있다.]

103 «Le Manifeste···», op. cit., p.166. *Le Capital*, Livre III, op. cit., p.1768, note.

Le Capital, Livre III, Éditions sociales, op. cit., p.244, p.252, p.255.

104 타자본에서는 '공산주의'로 쓰여 있다.

105 *Œuvres*, op. cit., t. XXXIII: p.282 *sq*., p.315 *sq*.

106 *Œuvres*, op. cit., t. XXII, p.333; t. XXXI, p.15; XXXIII, p.61, p.208, p.282.

107 [이 책] 333쪽 각주 37번을 보라.

108 *Tractatus logico-philosophicus*, dans *Tractatus logico-philosophicus* suivi de *Investigations philosophiques*, trad. P. Klossowski, Paris, Gallimard, «Tel», 1961, p.29. «Le monde est tout ce qui arrive.» *Tractatus logico-philosophicus*, éd. et trad. G. G. Granger, Paris, Gallimard/NRF, 1993, p.33. «Le monde est tout ce qui a lieu.»[루트비히 비트겐슈타인, 《논리-철학 논고》, 이영철 옮김, 책세상, 2020]. ·

109 〈파리코뮌은 죽지 않았다Elle n'est pas morte〉(1886), 빅토르 파리조Victor Parizot의 〈걱정하지 마T'en fais pas〉라는 멜로디에 부치는 외젠느 포티에Eugène Pottier의 가사.

110 Ch. de Gaulle, "L'appel du 18 Juin", dans *Discours de Winston Churchill devant la Chambre des communes le 13 mai et 18 juin 1940*, suivi de *L'Appel du 18 Juin. Déclarations du général de Gaulle sur les ondes de la BBC, le 18 et 22 juin 1940*, Paris, Points, 2009, p.50, p.52.

111 *Œuvres*, op. cit., t. XII, p.109; t. XIII, p.500.

112 G. Cerreti, *À l'ombre des deux T. Quarante ans avec Palmiro Togliatti et Maurice Thorez*, Paris, Julliard, 1973, p.50 *sq*., p.59 *sq*., p.68 *sq*.[두 T란 톨리아티와 토레즈를 의미한다.]

113 1931년 7월, CPSU 지도부의 주도로, 앙리 바르베와 피에르 셀로르는 프랑스 공산당의 정치국Bureau Politique 내에서 '분파적 그룹'을 형성했다는 이유로 고발당했으며 얼마 뒤 정치국에서 퇴출되었다. L. Althusser, *XXIIe Congrès*, Paris, Maspero, 1977, p.66을 보라. 이 부분에서 알튀세르는 바르베-셀로르 그룹 사건을 '계급에 대항하는 계급' 시대 프랑스 공산당의 '권위주의'와 결부시킨다.

114 1927년 소련 공산당으로부터 트로츠키와 부하린이 축출된 이후, 그리고 1929년부터 소련의 토지 집산화 이후, 공산주의 제3인터내셔널의 정당들은 소련의 사회-민주주의와 사회주의 정당들을 '사회-파시스트', '자본주의의 최종적 위기crise finale 속 부르주아지의 최고 동맹자'로 규정하면서 초분파적 정책을 채택하기 시작한다. 1927년의 선거에서부터, 프랑스 공산당은 '계급에 대항하는 계급'이라는 구호 아래 강력한 반사회주의적 캠페인을

펼친다. 이러한 정책은 인민전선 기간의 시작점인 1934년 5월 말까지 유지된다.

115 *À l'ombre des deux T...*, op. cit., p.70.

116 L. Althusser, Lettre aux camarades italiens du 28 juillet 1986, Imec, Fonds Althusser, Alt2.A29.06-10. "연합조직의 서기였던 어느 한 프랑스 동지가 1972년 중앙위원회 앞에서, 선거에서 당이 (기차의 종점과 같은) '상한선'에 맞닥뜨리게 되었다고 한탄했습니다. '21퍼센트까지는 획득했지만 그 이상은 획득하지 못하고 있다'라고 말하면서요." 1970년대 초 이탈리아 공산당의 '상한선'은 대략 27퍼센트였다[연합조직에 대해서는 《검은 소》 1장에서 제시되는 프랑스 공산당 체계를 참조할 수 있다].

117 *À l'ombre des deux T...*, op. cit, p.49, pp.57-58.

118 *Œuvres*, t. IX, p.95, p.108, p.139; t. XIII, pp.117-118, p.124, p.365; t. XV, pp.56-57; t. XXV, pp.305-307, p.437; t. XXIX, p.379; t. XXX, pp.268-273, pp.410-411; t. XXXII, pp.11-14, pp.293-294, pp. 447-449; etc.

119 *Le Capital*, Livre III, op. cit., p.1015 *sq.*; "Principes···", op. cit., p.273 *sq.*

120 P. Togliatti, *Les Voies du socialisme*{Rapport à la réunion du Comité central du Parti communiste italien}, Rome, 13 mars 1956, *Cahiers du Parti communiste italien*, Section pour l'étranger, n° 2, s.p., s.d., pp.29-34. «La via italiana al socialismo»(1956), *Opere*, éd. L. Gruppi, Rome, Editori riuniti/Instituto Gramsci, 1984, t. IV, 2e partie, pp.155-159; «Alcuni problemi della storia dell'Internazionale communista»(1959), ibid., t. VI, p.401. "1934년 경, 우리가 단일한 중심으로부터 진정한 지도 역할을 수행할 수 있다고 생각하는 것은 불가능해졌을 뿐 아니라 멍청한 짓이 되었다." *idem, Le Parti communiste italien*, trad. R. Paris, Paris, Maspero, «Cahiers libres», 1961, pp.89-91, p.165.

121 *Citations du Président Mao-Tsé-Toung*, Pékin, Éditions en langues étrangères, 1966, p.214. «Compter sur ses propres forces et lutter avec endurance»{自力更生, 艰苦奋斗}["자기 자신의 힘에 의지하면서 끈질기게 싸워나가기"].

122 *Le Capital*, Livre III, op. cit., p.998.

123 Ibid., p.1440.

124 Ibid., p.874.

알튀세르의 비-역사, 알튀세르의 비-현재성*
《역사에 관한 글들》한국어판에 부쳐

진태원·성공회대학교 민주자료관 연구교수

— 알튀세르의 새 유고집이 나왔군. 읽어봤어?

— 방금 읽어봤지.

— 그래 어떤 거 같아?

— 흠, 놀랐지. 아니 어쩌면 그렇게 놀랄 것도 없겠지. 왜냐하면 읽기 전부터 그럴 거라고 생각했으니까.

— 놀랍지만 놀랄 것도 없다…… 어떤 점이 그렇지?

— 마치 거대한 장벽이 이 책과 우리 시대 사이를 가로지르고 있는 것 같다는 느낌을 받았어. 젊은 사람들이 흔히 말하듯, 100만 년 전의 이야기 같다고나 할까? 그게 놀라웠지. 이 유고집에 수록된 글들은 1963년에 쓴 글에서부터 1986년에 쓴 글까지 약 20여 년의 시간적 범위에 걸쳐 있지만 대부분 1970년대 초·중반에 작

---

*   이 해제는 가상의 대화자들 사이의 대담 형식으로 쓰였다.

성한 것이니 지금으로부터 50년 전인데, 실제 느낌은 수백 년은 된 것처럼 느껴져. 반면 예컨대 발터 벤야민Walter Benjamin이 1921년에 쓴 〈폭력의 비판을 위하여〉나 아니면 1940년에 쓴 〈역사의 개념에 대하여〉 같은 글들은, 알튀세르의 이 책보다 족히 50년 내지 30년 전에 쓴 것인데도 오늘날에도 생생한 현재성이 느껴지지. 그런 점이 놀라워. 하지만 다른 한편으로는 이게 그렇게 놀랄 만한 일도 아닌데, 아까 말했듯 이 책을 읽기 전부터 이미 그럴 거라고 짐작했기 때문이야. 알튀세르의 다른 유고집, 예컨대 《검은 소》나 《비철학자들을 위한 철학 입문》 같은 것을 읽었을 때도 똑같은 느낌을 받았거든. 이미 지나간 시대의 지나간 언어로 말하고 너무 낡은 이론에 매달리고 있다는 느낌이지.

— 아 그렇군. 그건 결국 마르크스주의와 관련이 있겠지? 알튀세르는 말하자면, 동시대의 다른 프랑스 철학자들(들뢰즈Gilles Deleuze, 푸코, 데리다Jacques Derrida, 리오타르Jean-François Lyotard 등)과 달리 마르크스주의와 운명을 같이한 철학자니까 말이야.

알튀세르는 몽테스키외에 관한 훌륭한 작은 책을 썼고,* 라캉 정신분석에 관한 탁월한 논문을 썼고,** 피콜로 극단에 관한 비범한 비평을 했고,*** 루소에 관한 위대한 논문을 발표했고,**** 마

---

*   Louis Althusser, *Montesquieu, la politique et l'histoire*, Paris: PUF, 1959[루이 알튀세르, 〈몽테스키외: 정치와 역사〉, 《마키아벨리의 고독》, 김석민 옮김, 새길, 1992].

**   Louis Althusser, "Freud et Lacan", *Écrits sur la psychanalyse*, IMEC/Stock, 1993[루이 알뛰세르, 〈프로이트와 라캉〉, 《아미엥에서의 주장》, 김동수 옮김, 도서출판 솔, 1991].

***   Louis Althusser, "Le 'Piccolo', Bertolazzi et Brecht: Notes sur un théâtre

역사에 관한 글들

키아벨리에 관한 독창적인 유고를 남겼고,***** 더욱이 스피노자에 관한 저작이나 심지어 논문 한 편도 발표하지 않고서도 현대 스피노자 연구에 깊은 영향을 미친 철학자이지만,****** 그 모든 게 결국 마르크스와 관련되어 있었지. 헤겔 변증법과 구별되는 마르크스주의 변증법의 독창성을 사고하기 위해 스피노자를 거쳐 우회하려고 했고, 이데올로기와 주체의 문제를 설명하기 위해 정신분석, 특히 라캉 정신분석과의 "이론적 동맹"을 시도하려고 했고, 관념론의 영향력에서 벗어나 역사와 정치의 관계를 유물론적으로 사고해보기 위해 몽테스키외에 관한 책을 썼고, 구조적인 역사 개념과 다른(결국 거기에서는 정치의 가능성을 사고하기는 어려우니까), 말하자면 정세 또는 콩종크튀르conjonctures로서의 역사를 극한적으로 생각해보려고 마키아벨리를 끌어들인 거지.

— 그렇지. 알튀세르는 마르크스주의를 빼면 남는 게 없지. 그런 만큼 너무 마르크스주의적이라고 할까? 또는 '마르크스주의적'인 것에도 여러 가지 종류나 양상이 있을 테니, 너무 경제주의적이라고 할까 아니면 교조주의적이라고나 할까?

---

matérialiste", *Pour Marx*, Paris: Éditions la Découverte, 1996[루이 알튀세르, 〈피콜로 극단: 베르톨라치와 브레히트(유물론적 연극에 관한 노트)〉, 《마르크스를 위하여》, 서관모 옮김, 후마니타스, 2019].

**** Louis Althusser, "Sur le *Contrat Social* (Les décalages)", *Cahiers pour l'analyse*, no. 8, 1967[〈루소: 사회계약에 관하여〉, 《마키아벨리의 고독》; 루이 알튀세르, 《알튀세르의 정치철학 강의》, 진태원 옮김, 후마니타스, 2019; 루이 알튀세르, 《루소 강의》, 황재민 옮김, 그린비, 2020].

***** Louis Althusser, *Machiavel et nous*, Paris: Tallandier, 2009.

****** 특히 Juan Domingo Sánchez Estop, *Althusser et Spinoza. Détours et retours*, Éditions de l'Université de Bruxelles, 2022 참조.

이 책을 읽어보면, 역사란 무엇인지, 역사를 어떻게 인식할 수 있는지, 역사와 비역사의 구별 기준은 무엇인지에 관해 철학적 논의를 제시하는 것처럼 보이지만, 그 모든 게 결국 생산양식으로 귀착되거든. 이렇게 말하지. "만일 최초심급에서 사회구성체들의 역사만이 존재한다면, 최종심급에서는 생산양식들의 역사만이 존재한다고. 이는 생산양식이 하나의 역사를 갖는다는 점을 의미한다."(311쪽) 또는 이렇게도 말하지. "사회구성체들의 생산양식으로부터의 [역사-인용자], 그리고 사회구성체들의 생산양식에 의한 역사, 즉 사회구성체들의 역사만이 존재한다."(315쪽) 마치 사회구성체나 생산양식 말고는 역사라는 게 존재할 수 없다는 듯이 말하지. 그럼 미시사나 여성사 같은 건 뭐지? 또는 이주사나 환경사는?

더 나쁜 건 끊임없이 생산양식의 본질을 계급투쟁으로 환원한다는 거지. 마르크스와 엥겔스의 《공산주의자 선언》이나 레닌의 《제국주의》에 기초해 "계급투쟁이 자본주의의, 그리고 또한 이 자본주의의 제국주의적 단계의 역사적 동력"(275~276쪽)이라고 말하고 있으니까 말이야. 1980년대라면 아마 여러 사람에게 당연한 진리처럼 여겨질 수 있었겠지만, 이제 그 시대는 끝난 거 아닌가? 말 그대로 지나간 역사, 돌아오지 않을 역사지. 물론 계급에 대해 계급투쟁이 선행한다는 주장은, '포스트-구조주의적인' 관점과 부합하는 그럴 듯한 얘기인데, 그렇다고 해도 오늘날 《공산주의자 선언》의 "[지금까지의] 역사는 계급투쟁의 역사일 뿐이다"라거나 "계급투쟁이 역사의 동력이다" 같은 명제를 그대로 반복하는 것은 너무 낡아빠진 얘기 아니야? 이런 본질주의, 이런 환

역사에 관한 글들

원주의는 정말이지 오랜만에 읽어보는 듯해.

― 나도 한마디 해보자면, 생산양식이나 계급투쟁을 말한다고 해서 그것을 꼭 본질주의적이라거나 환원주의적이라고 할 수 있을까? 아까 자네가 지적했듯이 알튀세르가 마르크스주의와 운명을 같이한 철학자라고 한다면, 그는 또한 마르크스주의를 개조하는 작업을 자신의 철학 전체의 내기로 삼았던 철학자라고 할 수 있겠지. 알다시피 알튀세르는 스피노자에 관해 이렇게 말한 바 있지. "만약 스피노자가 이 세상에 출현한 이단이 남긴 가장 위대한 교훈 가운데 하나일 수 있다면, 이단적 스피노자주의가 되는 것은 거의 정통 스피노자주의인 것이다!"*

이건 알튀세르 자신의 마르크스주의 개조 작업에도 그대로 적용될 수 있는 말이지. 알튀세르의 마르크스주의는 어떤 기준으로 봐도 사실 교조주의적이라거나 본질주의라고 하기는 어려워. 《마르크스를 위하여》, 《'자본'을 읽자》를 내고서 교조주의적인 프랑스 공산당으로부터 온갖 비판과 압력을 받았다는 사실이 그것을 입증하지. 더욱이 알튀세르가 마르크스주의를 개조하기 위해 고안해낸 과잉결정이라든가 인식론적 절단, 아니면 이데올로기나 이데올로기 국가장치, 호명 같은 개념들은 마르크스주의 이론 바깥에서도 널리 활용되었잖아.

그럼에도 자네와 같은 독자들이 알튀세르 사상을 교조주의적이라거나 본질주의, 또는 환원주의라고 하는 것은 한편으로 보

---

* Louis Althusser, "Éléments d'autocritique", éd. Yves Sintomer, *Solitude de Machiavel*, Paris: PUF, 1998, p.182.

면 그만큼 마르크스나 마르크스주의에 대한 외상trauma이 깊다는 뜻이겠지. 요컨대 마르크스(주의)를 말하고 생산양식이나 생산관계 또는 계급투쟁을 말하고, 사회주의나 프롤레타리아 독재에 관해 논하는 것이 먼 과거처럼 느껴진다면, 그것은 실제 그런 범주들이 먼 과거에 속한다기보다는 그 범주들, 그리고 그것과 결부되어 있었던 20세기 노동자운동 및 사회주의 운동의 실패의 상처를 망각하고 싶은 욕망 때문이 아닐까? 또 그것은 그만큼 알튀세르가 마르크스주의를 대표하는 철학자 중 한 명이라는 것을 뜻하기도 하고.

— 그렇다고 해서 알튀세르의 이 책이 낡은 사상을 담고 있다는 것, 그리고 그 궁극적인 원인은 알튀세르가 마르크스주의의 현재성에 대한 깊은 신념을 바탕으로 이 책에 수록된 글들을 썼다는 사실에 있다는 점을 부인하긴 어렵지. 왜냐하면 자네가 말한 대로 알튀세르가 다양한 이론적 원천을 활용해서 마르크스주의를 새롭게, 비-교조주의적으로 재해석하려고 시도했다는 점은 나도 인정해. 하지만 그건 이미 옛날 얘기지. 1960~1970년대라면 알튀세르의 이론이 새롭고 의미가 있었겠지만 오늘날의 시점에서 보면 그건 이미 시대에 뒤떨어진 얘기야. 오늘날에는 알튀세르의 제자뻘인 에르네스토 라클라우Ernesto Laclau와 샹탈 무페Chantal Mouffe의 포스트-마르크스주의조차 이미 옛날 얘기로 간주되고 있잖아?

더욱이 알튀세르가 이단적인 마르크스주의자였다고는 하지만 한 가지 본질적인 측면에서는 상당히 교조주의적이었다고 생각해. 이 책에도 나오지만 알튀세르는 역사적인 것과 비역사적인 것을 구별하는 기준을 생산양식에서 찾을 수 있다고 하지. 생산양

역사에 관한 글들

식은 단순히 한 사회의 경제적 토대를 구성하는 역할에 국한되지 않고, 사회 전체, 더 나아가 역사 전체를 인식할 수 있는 근거를 제시해주지. 말하자면 칸트의 초월론적인 것이 알튀세르에게는 생산양식에 해당되는 거야. 무엇이 역사적인 것이고 무엇이 역사적인 게 아닌지, 수많은 사건들 내지 현상들 가운데 어떤 것이 역사적인 것이라고 불릴 자격이 있는지 그것을 '최종심급에서 결정'하는 게 바로 생산양식이라는 거지. 이것은 통속적 마르크스주의보다 훨씬 더 깊이 있고 정교한 이야기이긴 해도 결국 교조주의적인 것 아닌가? 이렇게 되면 결국 인종적 관계도, 성적 관계도, 그리고 생태적 위기도 모두 생산양식에 의해 규정되는 것이니까 말이야. 물론 '최종심급'에서. 하지만 최종심급이 가능하다고, 그런 게 존재한다고 생각하는 것이야말로 오늘날 시대에 뒤떨어진 생각이 아닐까?

― 나는 자네들의 이야기에 각자 일리가 있다고 봐. 한편으로 보면 알튀세르는 확실히 생산양식을 일종의 초월론적인 것으로 간주하지. 초월론적인 기준을 정확히 파악하지 않으면 우리는 역사주의 또는 역사적 상대주의에 빠질 수밖에 없는데, 관념론 철학과 달리 마르크스는 초월론적인 기준을 초월론적 주체나 정신에서 찾지 않고, 물질적 토대인 생산양식에서 찾았다는 것이지. 그런 점에서 알튀세르는 확실히 '마르크스주의자=철학자'라고 할 수 있어. 그리고 또 이렇게 단일한 초월론적 근거가 존재한다고 생각한다는 점에서 알튀세르는 오늘날의 사유 흐름에 비춰보면 낡은 것처럼 보일 수 있지.

오늘날의 사상가들은 자본주의나 생산양식에 대해, 계급투쟁에 대해서는 거의 말하지 않고, 대신 푸코를 따라 규율권력이나 생명권력, 통치성에 대해 말하거나 아니면 신유물론자들처럼 사물 그 자체의 권력power of the things에 대해 말하지. 또는 젠더나 성적 관계에 초점을 맞추거나 기후위기에 대한 대응을 모색하느라 바쁘지. 아니면 '적녹보 연대'라든가 '교차성'에 대해서도 말하고 말이야.

현실 사회주의 체제의 몰락과 함께, 그리고 그것이 산출한 거대한 외상과 더불어 세계가 변화하고 사회운동도 많이 바뀐 것이지. 아울러 사상의 조류도 크게 변화했고. 우리나라만 해도 1980년대 말~1990년대 초 이후에 민중민주주의나 마르크스주의 대신 '포스트' 담론(포스트-모더니즘, 포스트-구조주의, 포스트-마르크스주의, 포스트-식민주의 같은)이 사상계의 전면을 차지하게 되지. 그것은 어떤 의미에서 보면 비가역적인 현상이야. 아까 자네가 말했듯이 20세기 사회주의나 마르크스주의는 "돌아오지 않을 역사"가 되었지.

그런데 알튀세르가 이 책에서 계속 질문하고 있는 주제가 바로 이것 아닐까? 역사란 무엇인가를 묻는 것은 곧 변화한 것은 무엇이고 변화하지 않은 것은 무엇인지, 역사의 방향은 어떤 것인지, 그것을 판단하는 기준은 어떤 것인지 등을 묻는 셈인데, 우리는 과연 어떤 기준에 따라 사회주의나 마르크스주의가 돌아오지 않을 역사라고 말할 수 있는 거지? 더군다나 자본주의가 여전히 건재하고, 착취와 배제, 생태계 파괴 등과 같은 각종 문제점을 양산하고 있는데 말이야. 진지한 이론가나 시민이라면, 또는 적어도 진보적인 사람이라면 당연히 자본주의에 대한 대안이 무엇인

역사에 관한 글들

지 생각해봐야 하는 게 아닐까? 그렇게 되면 또 당연히 자본주의란 무엇인지를 질문하게 되고, 그것은 또다시 생산양식, 생산관계, 계급투쟁 같은 질문을 수반하게 되겠지. 그런 점에서 보면 알튀세르의 어법은 오늘날의 사상 조류와 잘 맞지 않을지 몰라도 그의 질문이나 주제는, 따라서 마르크스주의 역시 여전히 현재성을 갖고 있다고 해야 하지 않을까?

— 내게도 발언의 기회를 줘. 나는 인식론의 측면에서 한마디 해볼게. 자네는 알튀세르와 오늘날의 사상의 차이를 "어법"의 차이라고 말하지만, 그것은 조금 더 심층적일 수도 있을 듯해. 왜냐하면 알튀세르의 작업은 이른바 '언어적 전회linguistic turn' 바깥에서 진행되었는데, 포스트 담론은 결국 언어적 전회 이후의 사상이라고 할 수 있기 때문이지. '담론'이라는 개념이 그토록 유행한 것은 이 때문이지. 라클라우와 무페의 포스트-마르크스주의가 담론에 기반을 두고 있는 것도 그 때문이고. 그런데 언어적 전회의 관점에서 보면, 실재는 언어적 또는 담론적으로 구성되는 것이며 그것 이전에 미리 존재하는 것은 아니지. 그렇다면 생산양식보다 더 중요한 것은 이를테면 담론 양식일 거야.

하지만 흥미롭게도 이러한 담론 양식이 칸트적인 의미에서 초월론적인 것의 자리를 차지하는 것은 아니지. 그럴 수도 없고. 왜냐하면 초월론적인 것의 자리에 놓이게 되면 담론은 대문자 주체가 되거나 실재 그 자체가 될 텐데, 언어적 전회는 이것을 불가능하게 만들었기 때문이지. 따라서 담론적인 것은 인식론적으로 다른 어떤 것보다 상위의 질서에 놓이되 그 자체가 초월론적인 것은 아닌 셈이야. 이런 측면에서 보면 데리다가 유사-초월론quasitranscendantal이라고 부른 것은 언어적 전회의 정점이라고 볼 수 있지. 왜냐하면 유사-초월론적인 것은 단지 고전적인 초월론 철학에서처럼 '가능성의 조건'일 뿐만 아니라 '동시에 불가능성의 조건'이기도 한 어떤 것이기 때문이지. 그리고 이 경우 '담론'은 단순히 방법론적 용어 이상의 것이 되지.

초월론에서 유사-초월론으로의 전환은 사실 보편의 다수성과도 관련되어 있어. 보편이 단일한 것이라면 단일한 초월론적 토대(말하자면 생산양식 같은 것)를 생각해볼 수도 있겠고 과잉결정 surdétermination이라는 개념으로 충분하겠지만, 다수의 보편이 문제가 된다면 과잉결정만으로는 불충분하고 과소결정 sousdétermination을 함께 말해야 하지. 과소결정을 혁명을 불가능하게 만드는 조건으로 이해할 수도 있으니 말이야.

— 그렇다면 알튀세르는 언어적 전회 바깥에 있었지만, 사실 그 나름의 방식대로 언어적 전회와 비견될 만한 문제설정의 전환을 겪었다고 말할 수 있지 않을까? 왜냐하면 알튀세르는 초기에는 과잉결정에 대해서만 말했지만, 어느 시점 이후부터 과잉결정과 과소결정을 함께 말하거든. 그리고 그 시점은 아마도 68혁명의 실패 이후 알튀세르가 이데올로기의 문제를 진지하게 제기하면서부터라고 할 수 있겠지. 다시 말하면 초기에는 어떻게 하면 혁명이 일어나는지, 혁명의 가능 조건에 관해 과잉결정 개념으로 답변하려고 했다면, 68혁명 이후에는 어떤 조건에서 혁명이 실패하게 되는지 그 불가능성의 조건을 함께 사고하려고 했으니까.

아울러 알튀세르는 나름의 방식대로 다수의 보편을 사고해보려고 한 게 아닐까? 그런데 여기에는 두 가지 상이한 방식이 존

역사에 관한 글들

재하는 듯해. 한편으로 알튀세르는 이 책에도 나오지만(《마르크스와 역사에 관하여》) '최종심급에서의 결정'이라는 개념을 반-교조주의적으로 재해석함으로써 다수의 보편을 사고하려고 하지. 그것을 가리키는 명칭이 바로 '토픽'이야. 알튀세르에 따르면 프로이트와 마르크스의 공통점 중 하나는 이론에 토픽의 형태를 부여한 것인데, 마르크스에게 토픽은 토대와 상부구조라는 건물의 비유로 나타나지. 토픽의 관점에서 이해하면 '최종심급에서의 결정'은 다수의 보편을 사고할 수 있도록 해주는 거야. 왜냐하면 그것은 "토대와 상부구조 간의 구별"(132쪽)을 가능하게 할 뿐만 아니라, 더 나아가 "경제적인 것, 법적·정치적인 것, 이데올로기적인 것"(132쪽)을 각각 독자적인 층위 내지 "어떤 통일체에 내부적인 효력의 정도들"로 사고할 수 있게 해주기 때문이지.

하지만 다수의 보편에 대한 사고에서 더 흥미로운 것은 아무래도 우발성의 유물론이야. 이 책의 〈발생에 대하여〉라는 글에서 이 점이 잘 드러나지. 알튀세르는 '공접합conjonction'이라는 범주로 이 문제를 제기하지. 《'자본'을 읽자》에서 제시된 알튀세르 자신의 이론을 포함한 고전적인 생산양식 이론과 비교해볼 때, 공접합 개념을 중심으로 한 우발성의 유물론의 핵심은 두 가지로 집약돼. 하나는 생산양식의 요소들을 비동시대적인 것으로 사고하는 거지. 이 경우에만 '맹아'라는 형태로 출현하는 목적론과 근본적으로 단절하는 게 가능해지거든. 다른 하나는 요소 A와 요소 B의 관계를 선형적 인과관계로 해석하지 않고 구조적 효과에 따른 인과관계로 파악할 수 있게 해주는 구조적 인과성 개념이야. 이 개념 덕분에 생산양식 안에서 상이한 요소들의 인과적 다원성을 인정하면서도 그것들에게 구조적 통일성 내지 제약을 부여할 수 있게 되지. 더욱이 알튀세르는 제한된 지대 내지 시퀀스에서 선형적 인과성의 효력을 긍정하고 있기도 하지.

물론 이것만으로는 '최종심급에서의 결정'에서, 초월론적인 것에서 벗어날 수 있는지 불분명하지. '최종심급에서의 결정'이 과소결정 개념의 토대 위에서 급진적으로 탈구축될 때에만 진정한 의미에서 보편의 다수성을 사고할 수 있거든. 요컨대 생산관계와 인종관계, 젠더관계 또는 생태적 관계를, 그중 어느 하나가 다른 것들의 배타적 근거가 된다고 생각하지 않고서 함께 사고할 수 있는 것이지. 우발성의 유물론은 그런 사고의 싹을 함축하기는 하는데, 역으로 보면 그것은 구조적 인과성 전체의 효력을 실추시킬 위험도 지니고 있지.

그런데 이것이 알튀세르의 결함은 아니야. 우발성과 구조적 인과성을 함께 사유하는 길을 제시할 수 있다고 자처할 수 있는 사람은 누구도 없거든. 그것이 우리 시대의 핵심적인 철학적 과제인데 말이야.

— 나는 이 책을 다른 측면에서 읽었어. 내게는 알튀세르가 철저하게 피지배자의 관점에서 역사를 사유하려고 한 것이 인상적이더군. 아까 자네는 벤야민의 〈역사의 개념에 대하여〉가 오늘날 생생한 현재성을 지니고 있다고 했는데, 사실 벤야민도 철저하게 패배한 사람들의 관점에서 역사를 읽고 있지. 그가 메시아적인 것 또는 "약한 메시아적 힘"(〈역사의 개념에 대하여〉의 두 번째 테제)이라고 부른 것은 과거에 패배한 사람들이 남긴 "구원이라는 항목을 지시하는 어떤 은밀한 색인heimlichen Index"에 담겨 있는 것이고,

역사에 관한 글들

우리에게는 승자의 관점에서 쓰인 역사의 결을 거슬러 "억압받는 이들의 전통"에 입각해 역사를 읽어야 하는 과제가 부과되지. 그런데 알튀세르가 이 책에서 여러 차례 호소하는 것도 바로 그것과 다르지 않아.

예컨대 알튀세르는 《철학의 빈곤》에 나오는 마르크스의 유명한 명제, 곧 "역사는 나쁜 측면에 의해 전진한다"는 명제를 "모든 형태들 밑에 있는 비-역사의 광대한 장을 열어젖"(141쪽)힌 것으로 해석하지. 이것은 참으로 알튀세르다운, 이단적인 해석이지. 그에 따르면 역사에서 존재하는 것으로 간주되는 대상, 곧 역사적 사실, 역사적 현상으로 간주되는 것은 사실 "지배계급에 의해, 그리고 그들을 위해 우리의 서구 전통 속에서 쓰인 공식적인 역사"(140쪽)가 보여주는 사실이고 현상이야. 이것은 이를테면 역사의 "좋은 측면"이지. 반면 알튀세르는 마르크스가 말하는 "역사의 나쁜 측면"을 이러한 지배계급의 공식적인 역사 밑에서 사라진 역사, 또는 공식 역사에 의해 역사가 아닌 것으로 배제된 데 주목하며 '비-역사'라고 재해석하지. 따라서 마르크스가 "역사는 나쁜 측면에 의해 전진한다"고 말함으로써 보여준 것은 "착취당하고, 압제에 신음하며, 모든 노역과 학살을 위해 과세를 부과당하고 징집되었던 대중들의 생성"(141쪽), 곧 '비-역사'가 되는 거야. 어때? 벤야민의 생각과 놀랄 만큼 가까운 발상이 아닌가?

— 자네 얘기를 들으니 흥미로운 생각이 떠올랐어. 말하자면 세 가지 유사-초월론의 가능성을 생각해볼 수 있겠다는 것이지. 데리다의 유사-초월론은 칸트 또는 후설적인 것이지. 원래 데리다의 철학적 원천이기도 하고. 반면 패배한 이들의 관점에서 역사를

읽으려는 벤야민의 유사-초월론은 라이프니츠적인 거야. 벤야민은 '지금-시간Jetzt-Zeit'이라는 것을, 공허한 동질적 시간과 대비되는 일종의 역사의 모나드로 이해하니까 말이야. 반면 알튀세르가 과소결정 개념이나 우발성 개념을 통해, 또는 이 책 곳곳에서 나오는 패배하거나 소멸된 것들의 비-역사라는 개념을 통해 시사하는 것은 스피노자에 기반을 둔 유사-초월론이 아닐까 싶어. 참으로 기발한 발상이지!

— 그런데 지금까지 듣고 있자니 자네들은 아무도 〈문학사에 관한 대화〉에 관해서는 말하지 않는군. 마치 그 글은 별로 중요하지 않은 것처럼 말이야. 하긴 '문학사'는 역사라고 하기도 뭐하고 철학이라고 하기는 더 그러니, 알튀세르라는 철학자가 역사에 관해 쓴 글 모음집에서 제대로 주목받기는 애초 어렵겠지. 그렇지만 《마르크스를 위하여》에서 사람들이 잘 주목하지 않지만 놀라운 통찰력을 품고 있는 글이 〈피콜로 극단〉이듯이, 알튀세르의 이 책에서도 이 글이 다른 글들 전체를 파악하기 위한 흥미로운 실마리를 제공해준다고 볼 수 있지 않을까?

예컨대 나는 알튀세르가 "문학사의 병리학"에 관해 말한 게 아주 마음에 들었어. "전 세계 모든 문학의 사산아들"(59쪽)에 관한 문학사라니! 이런 생각을 누가 할 수 있었을까? 알튀세르는 이러한 문학사가 진정한 의미의 문학사에 필수적이라고 생각하지. 더 정확히 말하면 문학사는 항상 세 가지 요소를 품고 있는데, 첫 번째가 "문학으로 추구되었지만 문학에 이르지 못하고 유산되었던 것의 역사"(62쪽)라면 두 번째는 문학으로 생산되고 성공했던 것의 역사이며, 세 번째는 "문학의 은총을 받지 못해 문학으로 간주되지 않은 것"(62쪽)의 역사가 바로 그것들이지. 참 놀라운 생각 아닌가? 자네가 방금 전에 언급한 비-역사와도 관련되는 것이지. 더 과감하게 말하자면, 알튀세르의 과소결정 개념은 결국 이런 사고방식에 그 뿌리를 두고 있다고 할 수도 있을 테고 말이야.

― 그건 알튀세르 제자 중 한 명인 피에르 마슈레Pierre Macherey가 '문학의 재생산'에 관해 말했던 것을 연상시키는데. 마슈레가 《문학은 무엇에 관해 사유하는가?》(1990) 이후로 '문학 생산의 이론'보다는 '문학 재생산의 이론'에 더 관심을 기울였지. 그리고 그건 결국 문학의 역할을 현실을 있는 그대로 재현하는 데서 찾는 게 아니라 오히려 현실 속에서 공백, 빈 틈, 균열을 발견하는 것에서 찾지. 알튀세르의 생각과 아주 가까워 보여.

― 그런데 오늘날은 '문학의 종언'에 대해 말하고 있으니, 사실 문학사는 비-문학의 역사가 된 건가? 아니면 문학의 비-역사? 하하.

― 정리하자면, 이 책은 결국 알튀세르의 비-역사 또는 비-현재성의 증거가 되겠군.

― 오늘날은 역사라고 하는 것이 소멸될 지경에 이르게 된 시대인 만큼, 비-역사, 비-현재성이라는 게 나쁘지 않겠군. 데리다식으로 말하자면 때맞지 않음, 시대에 거스름contretemps으로서의 비-역사인 셈이지.

― 그럼 자네가 아까 알튀세르가 시대에 뒤떨어졌다거나 낡았다고 한 것은 칭찬이겠네?

― 이봐, 그런 식으로 위안을 삼지 말라고. 그건 따져봐야 아는 거라고.

— 그런데 지금 누가 누구하고 말하고 있는 거지? 자네는 누구고 자네는 또 누구인가? 우리는 과연 몇 사람이 대화하고 있는 거지?

— 그게 뭐가 중요하지? 자네는 자네가 누구인지, 자네가 몇인지 아나?

— 하긴 역사가 시작되면 모든 게 빗나가고 꼬이는 법이지. 그래서 특히 역사가들이 '민족'에 집착하는 건지도 모르지. 마치 그게 역사를 구원할 수 있는 것처럼 말이야.

— 그건 또 다른 초월론적인 것이겠지? 그들이 이 책에서 뭔가 흥미로운 걸 발견할 수 있을까?

역사에 관한 글들

여기, 또 하나의 알튀세르 유고집 번역을 내놓는다. 알튀세르가 생전에 출간했던, 사상으로서의 마르크스주의에 깊은 영향을 미쳤던 주요 저서들 중 상당수가 아직 한국어로 번역되지 않은 상태에서, 저자가 출간을 사실상 포기한 텍스트들을 한국어로 번역하는 것이 어떤 의미를 가질 수 있을까? 물론 알튀세르가 생전에 공식적으로 출간한 텍스트들을 번역한 뒤 사후에 출간된 유고들을 번역하는 것이 이상적인 순서일 것이다. 하지만 그렇다고 해도, 지금 이 시기에 그 유고들을 번역해 출간한다는 것은 알튀세르의 현재성을 가늠해볼 수 있는 몇 가지 의미 있는 단서들을 제공한다.

첫째, 오늘날 그 사상의 윤곽이 꽤나 선명히 드러나 있는, 알튀세르가 자신의 생전에 밟아나갔던 일관된 궤적이 사실은 매우 복잡하거나 복합적인 것이라는 점을 유고들을 통해 확인할 수 있다. 우리는 유고들을 독해함으로써 알튀세르가 우발성의 유물론(혹은 우연의 유물론)이라는 '은밀한 사상'(또는 '지하 흐름')을 (자신의 삶 속에서 표면화했던 사유와 정확히 동시에) 분열증적으로 심화시켰다는 사실을 확인할 수 있다. 그렇기에 지금까지 일관된 것으로, 심지어는 내적 논리에 따라 변화 혹은 발전(심지어는 소멸)하는 하나의 체계로 해석되어온 그의 철학적 궤적은 사실 그 자신 안에 있는 두 가지 사유 경향들 간의 어떤 형세, 즉 특정한 정세 속에서 자신의 이론을 통해 겨냥하고자 했던 효과에 따라 동요하기를 멈추지 않았던 불안정한 역학관계 그 자체와 다르지 않다. 이 점을 고려할 때만, 우리는 우발성의 유물론을 (알튀세르의 철학적 궤적을 일관된 것으로 오해했던 그의 해석자들처럼) 1980년 아내 엘렌 리트만을 살해한 이후 극심한 혼란과 회한 속에서 자신의 기존 이론 체계를 스스로 파괴한 결과물로, 아니면 정반대로 그 자신에게 언제나 잠재되어 있던 일종의 철학적인(심지어는 형이상학적인) 토대로 간주하는 데서 벗어날 수 있다. 그리고 그때 비로소 우리는 그 우발성의 유물론을 그의 사유 속에 비동시적으로 존재해온 하나의 사유 경향이 철학/정치의 독특한 단락 속에서 일종의 개념적 성좌로 전면화된 것으로 이해할 수 있다.

둘째, 한국에서 알튀세르 이론이 만들어낸 효과 속에서 마르크스주의자 '로만' 여겨져왔던 알튀세르가 마르크스주의의 자장을 넘어 현대 프랑스 철학자, 포스트-구조주의자, 심지어는 반-마르크스주의자로 규정될 수 있다는 점을, 그래서 이를 통해 알튀세르를 훨씬 더 풍부하게 그리고 훨씬 더 현재적으로 읽을 수 있다는 점을 유고들 속에서 확인할 수 있다. 알튀세르를 수용했던 국내의 강력하고 강렬했던 정세 속에서 알튀세르의 사유는 주로 마르크스주의라는 렌즈를 통해서만 이해되어왔다. 하지만 그의 유고들 상당수가 출간된 지금, 프랑스를 포함한 서구 학계에서는 알튀세르가 마르크스주의자로만, 심지어는 포스트-마르크스주의자로만(물론 여기서 이 '포스트-마르크스주의'라는 딱지가 무엇을 의미하는지부터가 심원한 논쟁 대상이 되지만) 규정될 수 없다는 광범위한 합의가 이뤄져 있다. 우리는 알튀세르를 단지 마르크스주의자로만 규정하지 않음으로써만, 그러니까 여러 현대 프랑스 철학자들의 선생이자 제자이자 선배이자 후배이자 동료로, 더 나아가서는 철학자를 넘어 사회과학자로, 심지어는 이 유고가 선명히 보여주듯 역사학자로 규정함으로써만 그의 사상의 역량 전체를 온전히 현재적인 것으로, 즉 우리의 것으로 다시 취할 수 있다.

이 유고가 우리에게 몸소 보여주듯, 알튀세르는 포스트-마르크스주의자, 현대 프랑스 철학자임과 동시에 역사학을 사유했던 이이기도 했다. 물론 알튀세르를 통상적인 의미의 역사학자로 규정할 수는 없겠지만, 역사 그리고 역사학에 대한 알튀세르의 사유는 마르크스주의가 '역사'유물론이라는 점에서, 알튀세르 자신이 강조했듯 마르크스가 '역사'라는 대륙을 발견했다는 점에서, 마르크스주의가 역사학과 어떻게 마주칠 수 있는지를, 더 나아가서는 역사학에 대한 비판적 성찰을 통해 마르크스주의 자신이 어떻게 자신의 한계들을 지양해나갈 수 있는지를 우리에게 가르쳐준다. 그러나 역사와 역사학에 관한 텍스트라는 공통점을 제외한다면 이 유고집에 시기순으로 편집되어 실린 텍스트들 전체를 꿰뚫는 하나의 원리가 부재하기에, 옮긴이들은 〈옮긴이의 말〉에서 이 유고집에 실린 텍스트들에 관한 구체적 언급을 통해 그 의미를 고정하지는 않기로 했다. 이론적, 정치적 등등의 우리가 알 수 없는 무수한 이유들로 인해 결과들로 태어나지 못하고 유산되어 그의 서랍 속으로 들어갔던, 어떤 의미에서는 그의 비-역사를 이루는 텍스트들을 가지고 무엇을 할지 고민하는 일은 오롯이 우리의 몫이다. 그것이 알튀세르는 물론 우리 자신에 대한 인정의 형태가 아닌, 비-역사적 조건들로부터 역사의 조건으로 나아가는 일종의 시대착오적인 여행일 것이며, 이를 통해 역설적이게도 알튀세르의 현재성이 증명될 것이라는 확신과 바람을 함께 남겨둔다.

옮긴이들은 이 유고집에 실린 한 권의 책 《제국주의에 관하여》 전체를 읽고 귀중한 의견을 제공해준 중앙대학교 사회학과 백승욱 교수님, 그리고 우리가 알튀세르를 정말 읽는다면 결코 우회할 수 없는 중요한 문제들을 담고 있는 귀중한 해제를 통해 이 유고집의 모든 이질적인 텍스트들을 '함께' 읽는 한 가지 방식을 보여주신 진태원 선생님께 깊은 감사의 말씀을 드린다.

2023년 11월
서울과 파리에서 배세진과 이찬선

역사에 관한 글들

초판 1쇄 펴낸날 2023년 11월 27일
지은이 루이 알튀세르
옮긴이 배세진·이찬선
펴낸이 박재영
편집 이정신·임세현·한의영
마케팅 신연경
디자인 조하늘
제작 제이오
펴낸곳 도서출판 오월의봄
주소 경기도 파주시 회동길 363-15 201호
등록 제406-2010-000111호
전화 070-7704-2131
팩스 0505-300-0518
이메일 maybook05@naver.com
트위터 @oohbom
블로그 blog.naver.com/maybook05
페이스북 facebook.com/maybook05
인스타그램 instagram.com/maybooks_05

ISBN 979-11-6873-084-7 03100

만든 사람들
책임편집 임세현
디자인 조하늘